흔들리는 분단체제

흔들리는 분단체제

백낙청 지음

창비

책머리에

　한반도에 분단체제라는 것이 있다면 그것이 몹시 흔들리는 중이라는 점만은 분명하다. 북쪽에서는 주민들을 먹여살리는 기본적인 과제가 제대로 해결되지 않은 지 여러 해 되었고, IMF사태가 상징하는 남쪽의 위기가 그보다는 덜 심각하다고 해도 한때 세계에 자랑해 대던 고도성장이 갑자기 마이너스 성장으로 돌아서고 실업과 도산, 범죄가 급증하는 전에 없던 난국이 벌어지고 있다.

　이것이 남북에서 우연히 같은 시기에 일어난 것이 아니라 '분단체제'의 흔들림이요, 북은 물론 남에서도 분단체제가 굳건히 유지되던 상황에 맞춘 체제운영 및 발전 모형이 더이상 통하지 않게 된 데 따른 한층 본질적인 위기라는 것이 이 책이 말하고자 하는 바다. 물론 분단체제가 극복해 마땅한 체제라고 믿어온 사람들에게는 이런 범한반도적 위기가 반드시 싫어할 사태는 아니다. 하지만 부당한 체제를 허물더라도 그 과정에서 너무 많은 생령이 다치는 일은 피해야 하고, 더구나 나쁜 체제가 무너지면서 그만도 못한 체제가 들어서는 일 또한 없으라는 법이 없다. 그러므로 온당한 위기타개와 바람직한 분단극복을 위해서는 분단체제가 무엇이고 어떻게 움직이는지를 제대로 인식할 필요가 있음을 나는 줄곧 강조해왔는데, IMF의 구제금융에 매달리게 된 최근 사태를 겪으면서 그 생각은 더욱 절실하다.

남쪽에서의 대응은 일단 경제회생에 초점이 맞춰져 있다. 그리고 이는 당연한 일이다. 분단체제극복이나 세계체제변혁 같은 대안 구상이 이 책의 중요한 일부를 이루고는 있지만, 자본주의 세계시장 속에서 어느정도의 경쟁력과 생활수준을 유지하는 당면과제를 도외시한 이상주의 또한 본서가 일관되게 경계하는 바다. 그 결과 논지가 어찌 보면 너무 급진적으로, 어찌 보면 너무 타협적으로, 엇갈린 반응을 일으키고 심지어 헛갈린다는 인상마저 줄지 모른다. 하지만 이는 내 나름으로 숙고 끝에 도달한, 분단극복의 그날까지는 특히나 유념해야 할 중도주의가 어쩔수없이 떠맡은 짐이 아닌가 한다.

아무튼 현시국의 대처 방안으로 적어도 남쪽의 국민에 관한한 '경제회생'이 초점이고 이는 곧 일정한 성장률의 회복을 뜻한다는 데에도 나는 쉽게 동의한다. 다만 올해보다는 다소 나아지더라도 대량의 실업사태가 지속되고 민족의 자주력이 획기적으로 저하되며 장차 또다른 금융위기마저 결코 배제되지 않는 '성장률회복'은 원론상으로 가능할뿐더러 세계자본주의의 대세라고 보아야 옳다. 우리가 이 대세를 거스를 힘은 많지 않다. 특별한 부존자원이 있는 것도 아니고, 흔히 들먹이는 '양질의 노동력'이라는 것도 주로 근대화의 초기 단계에 해당하는 이야기지 오늘의 현실에서는 하나의 숙제에 가깝다. 그리고 이 숙제는 '민주주의와 시장경제를 동시에 추구'하겠다는 결심만으로 풀릴 일도 아니다. 오직 분단체제극복이라는 민족사적이자 세계사적 과업이 실제로 민주화의 동력과 시장경제에 대한 적응력을 동시에 제공할 때만, 그리하여 딴 곳에서는 길러낼 계제가 흔치 않은 그야말로 양질의 노동력과 경영력과 자치역량이 배양될 때만 해결될 것이다. 당장은 경제회생에 치중하되 좀더 길게는 그 회생의 내용을 분단체제극복사업의 진행에 두고, 더욱 긴 눈으로는 한반도의 원만한 통일을 거쳐 획기적인 문명전환에 이르는 길을 내다보는 우리 고유의 'IMF대책'이 요구되는 것이다.

이런 요구를 제기하는 것은 지식인의 몫이요 예술가의 몫이며 '운동'의 몫이다. 좁은 의미의 정책수행자들은 당면한 경제회생 달성에 헌신성과 전문성을 발휘하는 것으로 족하고, 정치지도자는 '시장경제'에 곁들여 '민주주의'에 대한 강조를 잊지 않는 것만도——끝까지 잊지 않는다면——특기할 일이며 여기에 남북의 화해와 통일에 대한 경륜까지 함께한다면 더 바랄 나위 없다. 그러나 정치인을 움직이는 것은 현실이지 그 개인의 소망이 아닌 점을 감안할 때, 우리 민족을 포함한 수많은 사람들의 앞날이 분단체제의 극복을 위한 우리 모두의 공부가 얼마나 깊어지고 그 사업이 대중 속에 얼마나 뿌리내리는가에 따라 좌우될 것이다.

4년 전 『분단체제 변혁의 공부길』이라는 책을 묶어내면서 나는 이 논의의 중심에서 조금은 벗어나는 계기가 마련되기를 바랐다. 지속되는 토론에서 아주 손뗄 생각은 물론 아니었지만, 좀더 전문적인 식견을 갖춘 분들의 활발한 개입을 통해, '전공'도 아닌 문제에 달리는 기운을 쏟아야 하는 부담을 좀 덜었으면 싶었던 것이다. 다행히 생산적인 토론이 전혀 없지는 않았고, 분단체제라는 말이 도대체 쓰일 필요가 있느냐는 말씨름보다는 이 낱말이 얼마간 관용화되면서 분단현실의 내용에 대한 검토가 늘어난 것도 즐거운 일이다. 그러나 그간에 쓴 글들을 바탕으로 다시 한 권을 펴내면서 착잡한 느낌 또한 없지 않다. 자기가 앞장서 벌여온 논의의 시의성과 유효성을 과대평가하고 있는 게 아닌지, 잠시 되물어보기도 한다.

IMF사태는 우리 현실에 대해 얼마 전까지도 별다른 의문 없이 통용되던 온갖 담론을 일거에 재검토의 대상으로 만들었기에 이런 되물음은 더욱이나 불가피하다. 한데 그야말로 망상인지 모르나 결론은 지금이야말로, 그리고 더 늦기 전에, 부족한 내용 그대로라도 독자들 앞에 내놓고 다시 한번 공론화를 위해 미력이나마 보탤 필요가 있겠다는 것이었다. 이게 옳은 생각인지는 약간의 두근거림을 안은 채 독자들의 판정을 기다릴 뿐이다.

지난번 책은 지금보다 초보적 단계의 논의였지만 하나같이 그때그때의 특정한 요구에 맞춰 쓴 글이었던 까닭에 분단체제론에 익숙지 않은 독자들이 접근하기가 유난히 힘들다는 지적이 있었다. 이번 책 제1장은 그러한 지적을 다소나마 염두에 두고 썼으며, 분단체제론과 직접 관련이 없는 글은 넣지 않았다는 내용상의 집중성도 독자의 이해에 도움이 될지 모른다. 그러나 가령 '분단체제란 무엇인가'라는 질문에 체계적으로 답해주는 '총정리'식 설명은 1장에건 다른 어디에건 없다는 점도 미리 밝혀야겠다. 역량이 있고없음을 떠나,

그런 식의 '정답찾기'에서 벗어날 필요가 있다는 것이 분단체제론을 펼치는 의도의 일부이기 때문이다. 이는 분단체제 문제에 국한된 일도 아니지만, 분단극복의 정답을 가졌다고 생각하는 사람의 의식 자체가 이미 분단체제에 의해 적잖이 왜곡되어 있음을 뼈저리게 깨닫고 자기탐구와 자기쇄신의 수행을 마다하지 않는 것이야말로 이 사업의 관건이라 믿는다.

책의 구성은 앞서 말한 1장에 이어 IMF사태를 겪으면서 새로 집필한 2장을 제1부로 따로 묶어 기왕의 논의에 비교적 생소한 독자가 관심을 기울이기 쉽도록 하였고, 제2부는 『공부길』 간행 직후로 돌아가 그동안 쓴 글들을 대략 발표시기순으로 배열했다. 내용에는 되풀이도 없지 않다. 하지만 중복을 아주 제거하기도 힘들려니와, 저자 나름의 고충이 담긴 토론과정을 읽는이가 실감케 하는 의의 또한 있으리라 보아, 따로 명시한 경우 외의 수정은 잔손질에 그쳤다. 논쟁적인 글이 많은 점은 고충이기 전에 오히려 보람이다. 부질없이 상처를 주고받는 일은 피해야 옳지만 어느 분야에서든 평필을 들고 나선 이상 적당한 논쟁은 임무이자 화합의 한 방식이기도 하다는 것이 나의 신조이기 때문이다. 그 점에서 논쟁의 계기를 마련해준 분들께 특별히 감사하는 마음을 늘상 간직하고 있다.

책을 내면서 떠오르는 고마운 얼굴과 이름은 그밖에도 물론 많다. 그러나 이번 책은 사위를 포함한 내 자식들에게 주고 싶다. 이제는 막내조차 제법 머리가 굵었으니 저마다 주견이 다르고 받아들일 마음이 다를 테지만, 아무튼 통일을 틀림없이 볼 세대이며 그것이 분단체제의 극복에 값하는 통일이 될지를 크게 좌우하게 될 세대의 대표로서 이 책을 주려는 것이다.

끝으로 실무진행을 맡은 창비사 편집국 신채용형의 세심한 노고에 감사와 위로의 말을 전한다.

1998년 5월
지은이 씀

차 례

I

1

분단체제극복운동의 일상화를 위해

1. 머리말: 통일운동과 일상성

'운동'이라는 말은 일상성과의 미묘한 관계를 함축하고 있다. 한 편으로는 무언가 일상성의 틀에서 벗어난 목표를 이루려는 노력이 운동이면서, 다른 한편 그 노력이 하루이틀에 끝나지 않고 그야말로 하나의 운동으로 지속되자면 일상생활 속에 자리잡을 필요가 있는 것이다. 물론 운동도 운동 나름이어서 일상성의 큰 틀을 벗어나지 않는 '소시민적' 목표에 국한된 운동도 있다. 다른 한편 '일상'이란 것도 정의하기에 따라, 일체의 의미있는 삶과 양립하기 힘든 상투화된 시간으로 이해되기도 한다. 그러나 평범한 사람들의 일상적인 삶

* 이 글은 1997년 10월 3~4일 안동대학교에서 열린 제2회 한국학 국제학술대회에 '분단체제극복을 위한 통일운동의 일상화'라는 제목으로 제출하고 그 요지를 발제 했던 논문을 뒤에 적잖이 수정·보완했다가 이번에 다시 이 책의 체재에 맞게 약간 손질한 것이다. '덧글'까지 쓰고 난 뒤에 이른바 IMF사태라는 커다란 정세변화가 있었으나 더이상 내용에 손대지는 않았고, 제2장 'IMF시대의 통일사업'을 제2의 보 론 삼아 새로 집필하는 것으로 대신했다. 본래의 논문은 다른 발표논문 및 토론문 과 함께 별도의 단행본으로 1998년중 출간될 예정이며 판권은 안동대학교 국학부 가 소유하고 있다. 본서에 수록하는 것을 허락해준 안동대 국학부에 감사드린다.

을 통해서도 창조적인 변화가 이룩되고 나아가 생활 속에 구현되는 진리라야 정녕 진리의 이름에 값한다고 믿는 경우에는, 일상성과의 미묘한 긴장과 균형은 역사적으로 의미있는 운동이 불가피하게 떠맡을 짐이 될 것이다.

갈라진 남북한을 다시 합치려는 통일운동의 경우도 물론 그렇다. 분단이 반세기 넘어 계속되면서 그것은 한반도 주민들의 일상생활 구석구석에 뿌리를 내리며 '고착화'하였다. 따라서 이를 극복하는 통일은 어떤 식으로든 그러한 일상의 획기적인 타파에 해당하는 변화를 뜻할 터인데, 동시에 바로 그렇게 고착된 까닭에 전쟁 같은 파국을 상정하지 않는한 일상에 뿌리박은 지속적인 운동이 아니고서는 통일의 달성이 불가능한 것이다.

그런데 이러한 복합적인 요구에 부응하는 어려운 균형을 그간의 통일운동이 제대로 찾았는지는 의문이다. 예컨대 남한이 경제성장을 지속하고 자유민주주의를 먼저 완성해놓으면 통일은 언젠가 따라오리라는 발상은, 통일 없이도 경제성장이나 민주개혁이 무한정 지속될 수 있느냐는 현실적인 문제를 떠나서도, 남한의 주어진 일상성을 무반성적으로 받아들이는 발상이라는 점에서 예의 '미묘한 긴장관계'를 보여주지 못한다. 우리가 사는 일상의 역사적 뿌리나 그 도덕적 타당성에 대한 아무런 근본적 문제제기가 없기 때문이다. 그에 반해 1980년대에 위세를 떨쳤고 지금도 그 여진이 만만찮은 혁명적 구상들은, 그것이 '민족해방'을 최우선 목표로 삼는 통일운동이건 남한에서 민중혁명을 먼저 이룩함으로써 통일의 길도 열 수 있다는 남한 자체의 체제변혁운동이건 간에, 대중의 생활현실·생활감정과 너무나 동떨어진 운동을 낳았고, 그리하여 일상성을 완전히 등진

운동이 그럴 수밖에 없듯이 대중의 호응을 거의 못 얻거나 일시적으로만 얻는 운동으로 그칠 따름이었다.

그 결과 오늘의 현실은 일상화된 민간 통일운동은 그 세가 매우 약해졌고 정부나 대기업들이 벌이는 통일준비사업이 오히려 실속이 있는 편이다. 96년 총선 때도 그랬지만 금년(1997년) 대통령선거에서 역시, 상투적인 안보논리를 넘어선 통일의 구체적 방안 같은 것은 후보자간의 주요 쟁점에 끼지도 못하는 실정이다. 다만 뒤에 논하듯이 북한의 식량위기를 맞아 북녘동포돕기가 대중적인 운동으로 어느정도 자리잡았고, 기존의 재야 통일운동가들이 국민정서와 너무도 멀어진 운동방식을 청산하려는 움직임이 새롭게 눈에 뜨인다. 이런 현상이 과연 '분단체제극복을 위한 통일운동의 일상화'로까지 나아갈지는 지켜볼 일이다.

그러한 일상화를 위해서는 분단현실을 좀더 총체적이고 체계적으로 인식하는 안목이 필요하리라는 점은 누구도 부인하기 힘들다. 그렇다고 굳이 '분단체제'라는 개념을 끌어들이는 게 유익한지에 대해서는 아직 의견들이 갈리지만, 용어 자체는 어느덧 많은 사람이 사용하는 바가 되었다. 나 자신은 남북한이 각기 다른 '체제'(즉 사회제도)를 가졌으면서도 양자가 교묘하게 얽혀 분단현실을 재생산해가기도 하는 구조적 현실을 좀더 확연히 인식하기 위해 이를 '분단체제'로 파악하는 것이 필요하다고 주장해왔다. 다만, 남한이나 북한의 '체제'를 말할 때 좀더 본래적인 의미의 사회체제(social system)인 '자본주의 세계체제'를 말할 때와 '체제'의 의미가 다르듯이, '분단체제'라고 할 때의 '체제'는 또 조금 다른 내포를 갖는 개념임을 전제하고 하는 말이다.

아무튼 '분단체제'라는 낱말이 한갓 수사를 넘어 **개념**의 수준에 이를 때 비로소 '분단**체제**극복을 위한 통일운동'이라는 표현은——'분단극복을 위한 통일운동'이라는 동어반복과는 달리——구체적인 내용을 갖게 된다. 나아가, 그것이 통일운동의 일상화라는 주제와 특별한 연관이 있는 표현임이 분명해진다. 운동과 일상성의 관계를 앞에서 언급했지만, '체제'라고 하면 좋든싫든 그 안에 사는 사람들의 일상생활에 만만찮게 뿌리를 내린 사회현실을 뜻하게 마련이다. 곧, 남북분단이 일정한 체제적 성격을 띠고 있다는 말은 분단이 고착되면서 분단구조가 문자 그대로 남북 주민 모두의 일상생활에 그 나름의 뿌리를 내렸고 그리하여 상당수준의 자기재생산 능력을 갖추었다는 말이 된다. 이는 또한 비록 분단이 민족성원 대다수의 의지에 반하여 성립했지만 전쟁처럼 대중의 일상생활을 폭력적으로 파괴하는 방식의 통일이——십중팔구 핵무기의 사용까지 가져올 사정을 빼고서도——정당한 분단극복이 되기가 어렵다는 뜻이 된다. 동시에 분단체제의 자기재생산 과정이 '체제'의 이름에 값할 만큼 다양하고 끈질긴 것이어서, '남북의 대결'이라든가 '냉전의 유산'이라든가 '제국주의의 세계지배'라는 식의 일면적이고 피상적인 관찰로는 충분히 파악되지 않음을 암시한다. 분단체제가 매우 독특한 차원의 체제라는 단서를 달아가면서까지 이 개념을 우리 현실에 적용하는 까닭도 바로 그런 것이다.

2. 분단체제의 개념과 분단체제론의 통일구상

여기서 분단체제 개념을 처음부터 다시 설명하는 것은 너무 새삼스럽다. 비록 나 자신이 한번도 체계적인 설명을 시도한 적은 없지만 이곳저곳에서 참으로 여러 차례 언급한 바 있기 때문이다.[1] 더구나 정연한 이론체계를 만들어낼 자신은 아직도 없으며, 설혹 가능하다 해도 그런 식의 '모범답안'을 제출하는 것이 사려깊은 논의에 도움이 되는지 의심스럽다. 그러므로 여기서는 개념에 대한 얼마간의 부연을 시도하면서 분단체제론의 통일구상을 단편적으로나마 소개하기로 한다. 분단체제극복과 같은 창조적인 작업에서 미리부터 확정된 설계를 갖고 출발하는 것은 불가능할 뿐만 아니라 소망스럽지도 못하지만, 일정한 통일구상은 관념에 머물지 않는 실천을 위해 필수적일뿐더러 그 자체가 개념규정 작업의 일부이기도 할 터이다.

세 가지 다른 차원의 '체제'

먼저 '체제'라는 낱말이 세계체제, 분단체제, 남한 또는 북한의 체제라고 할 때 각기 조금씩 다르게 쓰인다고 했는데, 도대체 무엇 때문에 '체제'라는 말을 끌어들여 이런 혼란을 자초하는가라는 질문이 나올 수 있겠다. 하지만 혼란은 정도의 차이가 있을지언정 인간의 언어생활에서, 심지어 학술언어의 영역에서조차 불가피한 것이다. 실제로 '체제'의 용법만 하더라도 위의 세 가지로 국한된 것이 아니고, 가령 '냉전체제'라고 할 때의 '체제'는 또 좀 다르다. 따라서 중요한 것은, 첫째 현실 자체가 다소간의 혼란을 감수하면서도 '체제'라는 말을 끌어들일 것을 요구하느냐는 점이고, 둘째로는 그럴 경우

---

1) 그중 대부분이 본서 및 직전의 졸저 『분단체제 변혁의 공부길』(창작과비평사 1994)에 수록되어 있으며, 『민족문학의 새 단계』(창작과비평사 1990)에 실린 몇 편에서도 찾아볼 수 있다.

그때그때 어떤 뜻으로 쓰였는지를 명백히함으로써 혼란을 최소화하는 일인 것이다.

분단체제론의 경우는, 분단 한반도의 현실이 단순히 남북한 각기의 '체제'만을 고려한다거나 세계체제와 남북한 체제라는 두 차원의 체제 개념만을 동원해서는 제대로 해명할 수 없다는 인식을 전제로 한다. 분단현실에는 남북의 대립뿐 아니라 일정한 상호의존까지 야릇하게 뒤섞여 있고, 게다가 외국의 작용까지 지속적으로 가세하는 까닭이다. 다시 말해 현실 자체가 워낙 복잡하고 혼란스러우니까 '분단체제'라는 또 하나의 체제 개념을 도입하는 것이 차라리 혼란을 정리하는 길이요, 이 작업의 복잡성은 기본적으로 분단현실이 복잡한 탓이지 분단체제론의 잘못이 아니라는 것이다.

이때 세 가지 의미의 '체제'를 동일선상에 늘어놓는 것이 아니라는 점이 일견 복잡성을 더해주는 것 같지만 실제로는 혼란을 제거하는 데 이바지한다. 곧, 세계체제와 그 속의 분단체제 그리고 후자를 구성하는 두 분단국가의 '체제'는 각기 다른 차원에 속하면서 구체적인 상호관계를 맺고 있는 현실이다. 그중 본래 의미의 사회체제에 해당하는 것은 자본주의 세계체제라고 이미 밝혔는데, 그럴 경우 예컨대 남한의 '자본주의체제'라는 것은 어디까지나 세계체제의 일개 하위범주로서 '자본주의적 제도를 대부분 갖춘 한국' 정도의 의미이지 그 자체로서 완결된 체제는 아니라는 말이 된다.

여기서 북한의 '사회주의체제'도 자본주의 세계체제의 하위범주에 속하느냐는 물음에는 남한의 경우하고는 또다른 복잡한 문제들이 따른다. 그러나 북한뿐 아니라 지난날의 소련도 사회주의 혁명가들이 집권하여 특정한 사회주의적 제도를 (다소간에) 갖춘 나라였지 사회주의라는 목표를 실제로 달성한 사회는 아니었다는 점을 인정한다면, 이런 '사회주의체제'들이 자본주의 세계경제와 그 상부구조인 근대적 열국체제(interstate system)의 테두리를 벗어난 별개의 사회체제가 아니라는 점도 수긍할 수 있을 듯하다.

아무튼 분단체제론은 북한사회 역시 완결된 체제는 아니라는 가정에서 출발한다. 따라서 남북분단의 주원인을 '자본주의와 사회주의 진영의 모순'이라든가 '체제간의 대립'이라 보는 시각에 대해서도 입장을 달리한다. 분단현실의 탄생과 그 체제화 과정에서 '진영대립'이 중요한 몫을 한 것은 사실이지만, 진영대립이라는 것 자체가 '자본주의와 사회주의' 두 세계체제간의 모순이라기보다 근대 세계체제 역사의 한 국면을 이룬 '냉전체제' 안에서 벌어진 현상으로서의 '동서대립'으로 규정하는 것이 더 정확할 터이다. 따라서 남북이 각기 자본주의(또는 자유민주주의)와 사회주의(또는 공산주의)라는 대립되는 이념을 표방하고 상이한 정치·사회제도를 건설한 것이 양자의 적대관계를 부추기는 것은 분명하지만, 이러한 적대관계조차도 분단의 고착화에 동원하는 범한반도적 구조가 양쪽 모두의 현실에 대해 더욱 근본적인 규정력을 발휘하고 있다는 것이다.

남북한이 각기 완결된 체제가 못 되는 이유가 이처럼 단순히 세계체제의 하위범주라서만이 아니고, 분단이 되지 않은 국가들과는 달리 남북한이라는 두 개의 하위체제의 경우에는 그들이 세계체제에 참여하고 세계체제의 규정력이 그 내부에 작동하는 방식이 일정하게 구조화된 분단현실을 매개로 하여 이루어지기 때문에, '분단체제'라는 또 하나의 체제 개념이 끼여들 수밖에 없다. 다시 말해 분단체제라는 중간항을 생략하고서는 남북 어느 한 쪽 '체제'의 작동방식도 제대로 규명할 수 없다는 것이다. 더구나 이는 단순한 인식의 문제가 아니라, 통일을 이룩하려고 하든 분단상태에서나마 어느 한 쪽의 현실을 개선하려고 하든——더 크게는 세계체제를 개량하거나 변혁하려고 하는 경우에도——분단체제의 극복이라는 과제를 떠나서는 한반도에서의 효과적인 사업이 불가능하다는 실천의 문제인 것이다.

분단체제론의 실천적 의의

분단현실에 대한 불충분한 인식이 실천의 영역에서 수많은 실패의 원인이 되어왔음은 더이상 간과할 수 없게 되었다. 좁은 의미의 통일운동이 그러함은 물론이요, 예컨대 남한 내부의 민주적 개혁부터 제대로 해보자는 노력도 분단문제의 개입으로 좌절되기 일쑤다. 이를 두고 공안세력 쪽에서는 남북대치 상황에서 당연히 그럴 수밖에 없다고 하고, 민주화운동세력은 정권에 의한 남북관계의 '악용'을 지적하곤 한다. 양쪽 다 일리있는 주장이다. 그러나 막연한 상식 수준을 넘어 분단상황에서 안보문제가 정확히 어느 선까지 실재하는 것이고 그 악용의 여지는 얼마큼인지를 가늠하여 효과적으로 대응하려면, 남북 모두의 공안세력들이 한편으로 극과 극으로 대치하는 중이면서 동시에——당자들이 의도하건 않았건——묘한 공생관계에 있음을 알아차리고 이를 과학적으로 밝혀내야 한다. 양쪽의 이른바 강경파들간의 실질적 공존·공조관계야말로 분단체제의 자기재생산 능력에서 중요한 대목이기도 한 것이다.

이것이 사실이라고 한다면 '분단이데올로기'라는 것도 남쪽의 재야운동에서 흔히 지적하는 극우반공이념만이 거기에 해당하는 것이 아니라 북쪽의 공식이념인 통일지상주의 역시 객관적으로는 분단정권의 유지와 분단체제의 재생산에 복무하는 이데올로기가 될 수 있으며, 가령 통일문제와는 직접 관계가 없는 듯이 보이는 남한의 지역주의도 분단이데올로기의 또다른 변형일 수 있다.[2] 그러므로 남한의 민주화운동이든 언젠가 조직화될지 모르는 북쪽의 민간 개혁운동이든, 남북간의 대치현상뿐 아니라 그 심층적 재생산 메커니즘과 음성적 작동양태까지를 꿰뚫어보면서 이 메커니즘을 견제 또는 타파해나가지 않고서는 효과적인 운동이 될 수 없는 것이다.

차원을 달리하여 세계체제의 변혁운동에 참여하는 경우라도 분단체제변혁운동에 의한 매개작용은 필수적이다. 세계체제변혁이란 워낙 거창한 과제여서 애당초 꿈꿀 엄두조차 포기하거나 반대로 남한 노동자계급에 의한 혁명으로써 세계혁명에 불을 당긴다는 식의 허황된 꿈에 빠져들기 십상인데, 남북을 아우르는 분단체제가 현존 세계체제에서 얼마나 중대한 고리를 형성하는 독특한 하위체제인지를 깨달을 때 분단체제를 허무는 사업이야말로 다른 어느 곳에 '사회주의체제'를 하나 더 건설하는 것보다 훨씬 뜻깊은 성취가 됨을 인식할 수 있다. 이로써 한반도의 통일은 자본주의 세계체제의 개선과 변혁을 꿈꾸는 세계 각국의 많은 사람들에게 바로 그들 자신의 일로 떠오르게 된다. 더구나 여기에 합류하는 사람들은 '남한혁명'이라거나 또는 북한주도 통일에 기대를 건 낡고 국한된 세력이 아니라, 각자 자기의 일상생활이 숨쉬는 국지적 현실 속에 행동하면서 전지구

---

2) 분단이데올로기의 복합적 성격에 관해서는 본서 제6장 '개혁문화와 분단체제' 및 10장 '6월민주항쟁의 역사적 의의와 10주년의 의미', 그리고 지역문제에 대한 1987년 당시의 논의로 『분단체제 변혁의 공부길』에 수록된 「분단시대의 지역감정」 참조.

적 현실의 변화를 동시에 꿈꾸는 광범위하고 생기발랄한 세력들일
것이다.

이처럼 분단체제극복운동은 세계체제 차원의 원대한 변혁운동과
남북한 각기의 내부개혁운동 사이의 중간항이자 그 두 차원을 이어
주는 연결고리 노릇을 한다. 그리하여 통일운동뿐 아니라 더 거창한
세계변혁운동까지가 남한사회의 구체적 개혁이라는 일상성에 뿌리
를 내리게 되고, 역으로 지금 이곳에서 그날그날 좀더 나은 생활을
쟁취하려는 일상적인 노력은 주어진 일상성의 발본적 타파라는 전
망을 획득함으로써 일관성과 추진력을 더하게 된다. 이는 첫머리에
언급한 기존 통일운동의 세 가지 큰 흐름——각각 '자유주의' '민족
해방' '민중혁명' 노선이라 일컬을 수도 있겠는데[3]——의 동력을 하
나로 모으는 길인 동시에, 일상성과의 균형잡힌 관계를 비로소 가능
케 하는 길이다.

두 개의 국가와 하나이자 둘인 민중을 아우르는 다원방정식

분단체제론이 남북한의 기득권세력과 이 체제의 희생자인 남북한
민중을 그 주요 대립항으로 설정한다고 해서 남북의 정권을 무조건
적대시하는 포퓰리즘(정서적 민중주의)적 운동을 제창하는 것은 아

---

3) 실제로 80년대 급진운동의 흐름으로는 이른바 NL(민족해방)과 PD(민중민주) 외
에 NDR(민족민주혁명)이라는 제3의 노선이 있었고 이 노선은 적어도 통일문제에
관한 이론에서는 앞의 두 노선을 변증법적으로 종합하는 면모를 다소간 보여주었
다(예컨대 『노동해방문학』 1989년 10월호에 실린 이정로 「"노동해방"의 전망에 선
'통일운동'의 진로」 참조). 다만 실천 면에서 이 노선의 추종자들이 남달리 분파적
성격이 강했을뿐더러, 이론 자체도 우리의 현실이 요구한 것은 NL과 PD에다 '자
유주의' 노선까지도 그 장점을 아우르는 종합이었으므로 두 급진노선만의 종합으
로는 미흡했던 것이다.

니다. 정권담당자를 포함한 쌍방의 기득권세력이 실질적인 공생관계를 이루면서 분단을 유지하고 있는 것은 사실이지만, 이 공생관계는 어디까지나 적대관계에 수반되는 특이한 성격이니만큼 양자의 이해득실이 완전히 일치할 수는 없다. 다시 말해 분단체제의 기득권세력 역시 민중세력이나 마찬가지로 남북으로 분열된 세력이며, 남북 어느 정권도 절대적인 선이나 절대적인 악일 수 없다. 물론 분단국가가 아니더라도 '국가'라는 것을 여러 세력이 갈등하는 장으로 파악하는 것이 원론상 타당하고 설령 악한 세력이 거의 절대적인 힘을 발휘하는 국면이라도 불변의 절대악으로 단순화하지 않는 자세가 필요하지만, 분단정권과 통일운동의 관계는 더더구나 복잡하고 가변성이 많다는 것이다. 분단체제극복의 과정에서 그때그때의 정세에 따라 남북 정권이 각기 얼마만큼 장애가 되고 얼마만큼의 이바지를 할 수 있을지는 민중의 입장에서 판별하여 대응할 일인바, '민중의 입장'이라는 것 자체가 남북 민중들——그리고 양쪽 각기의 다양한 내부 구성인자들——의 때로는 상충하는 이해관계를 포괄하는 복합적인 성격을 띠는만큼 남북의 정권 및 정부에의 대응도 다원고차방정식(多元高次方程式)의 일부로 지혜롭게 풀어가야 할 것이다.

이 다원방정식에는 당연히 분단체제의 상위체제인 세계체제의 작동이 반영되어야 하고, 특히 미국·중국·일본·러시아 등 주변 강대국들을 중요한 변수로 대입해야 한다. 다만 이들의 역할 또한 세계사의 국면과 정세에 따라 달라지는 '고차방정식'임을 주목할 필요가 있다. 예컨대 미국의 경우 애당초 제2차 세계대전 직후 세계체제의 패권국가로서 한반도 분단에 가장 큰 작용을 했고 지금도 민중주도의 통일에 반대하는 입장은 어느 때 못지않게 강력하지만, 다른 한편 남북한의 평화공존과 자본주의적 세계질서 속에서 관련당국이 주도하는 합의통일에 대해서는 위협을 제일 덜 느낄 처지에 있기도 하다. 따라서 (다른 외국에 대해서도 원칙적으로 마찬가지일 테지만) 미국을 악마시하는 통일운동은 분단체제극복에 요구되는 복합적인 인식과 거리가 먼 것이다.

방정식을 복잡하게 만드는 결정적인 요인 가운데 하나는 앞서 말했듯 분단체제의 민중세력 또한 분열되어 있다는 사실이다. 이는 단지 남북간의 의사소통이나 교류가 차단되어서 생기는 현상만이 아니다. 분단체제극복을 위한 통일운동이 일상에 뿌리박으면 박을수록 서로 다른 일상을 사는 남북한 민중들의 운동은 그 구체적 내용이 달라지게 마련인 것이다. 따라서 분단체제론은 남한 민중은 남한 자체의 개혁을 일차적인 과제로 삼고 북한 민중은 그들대로 북한사회의 바람직한 변화를 우선 추구하는 가운데 그러한 양쪽의 운동이 한반도 민중의 생활주도력을 극대화하는 통일이라는 공통목표를 중심으로 연대한다는 구상이다. 비록 상이한 당면과제로부터 출발한다 해도 그 과제들은 기본적으로 동일한 세계체제의 작동과정에서 파생하고 범한반도적 분단체제에 의해 매개되어 나타난 것이니만큼, 각각의 당면과제에 충실한 운동은 분단체제극복이라는 중기 목표와 세계체제변혁이라는 장기적 목표를 중심으로 하나의 큰 흐름을 이룰 것을 기대해도 좋을 것이다.

국가연합 그리고 그 다음

그러면 이러한 운동에서 현존 분단국가들을 어떻게 변화시켜나갈 것인가? 남북한의 국가기구 모두가 분단체제의 일익을 맡고 있다는 점에서 궁극적인 극복대상임은 물론이다. 하지만 바로 그렇기 때문에 민중운동의 입장에서 중요한 것은, 스스로 극복대상인 어느 한쪽이 다른 쪽을 일방적으로 정복하는 일이 아니라 민중역량의 성장에 따른 양자 모두의 지양(止揚)을 이룩하는 일이다. 그러므로 민중운동은 우선 남북 가운데 자신이 속해 있는 쪽의 기성질서를 현실로 인정하고 출발하는 것이 순리일 터이며, 다른 쪽의 분단국가 또한 그쪽에 살고 있는 동포들이 마찬가지로 인정해 마땅한 하나의 실체이자, 사안의 성격상 절대악도 절대선도 될 수 없음을 인정하는 일이 필요할 듯싶다. (물론 특정 국면에서 어느 한 쪽의 특정 정권이 우선적인 타도대상이 되는 일은 가능하다.) 이는 곧, 비록 분단으로 불구화된 국가지만 두 개의 국가가 한반도에 공존함을 인정하고 그것이 **평화적** 공존이어야 한다는 명제에서 출발함을 뜻한다.

이러한 현실적인 자세를 바탕으로 추구할 다음 과제는, 분단체제가 전쟁재발이라는 파국적 방식을 통해 무너지는 사태는 피하면서도 '고착화'의 과정을 무한정 끌고가려다가 필경 전쟁 또는 전쟁에 버금가는 어떤 재앙으로 끝맺는 결과도 막아줄 국가체제를 구상하는 일일 것이다. 그런데 통일을 향한 획기적인 한걸음을 뜻하면서도 분단체제의 급격한 붕괴를 피하는 국가체제라면 비교적 느슨한 형태의 복합국가인 국가연합(confederation)이 아닐 수 없다고 본다.

남북간에 합의를 이루기가 워낙 힘들고 이루어진 합의가 이행되는 일은 더욱이나 어려운 터라, 국가체제에 대한 합의를 예상하는 것은 탁상공론처럼 들릴지 모른다. 그러나 일찍이 북의 '연방공화국' 제안이 영어로는 'confederal republic'(즉 국가연합 공화국)으로 표현되었고 1988년 남한 정부의 '한민족공동체' 통일안에 국가연합 단계가 포함되었다는 사실들을 떠나서라도, 남북간에는 국가연합을 향한 더욱 실질적인 합의가 이미 이루어진 상태임을 주목할 필요가 있다. 남북한의 UN 동시가입이야말로 국가로서의 상호인정이라는 면에서 그 어느 공동선언보다 실질적인 조치였으며, 이렇게 상호인정을 나눈 두 국가 당국은 1991년 12월에 조인되어 92년 2월에 발효한 '남북합의서'에서 남북관계를 "나라와 나라 사이의 관계가 아니라 통일을 지향하는 과정에서 잠정적으로 형성되는 특수한 관계"로 규정함으로써 이미 국가연합 형태의 단초를 열어놓은 형국이다. 물론 이 조항이 적화통일 가능성을 남겨두려는 북측의 의도가 반영된 결과였다는 해석도 있지만, 한반도 내 역학관계가 남쪽에 현저하게 유리해진 지금에 와서는 그 점이 크게 문제될 바 없다. 오히려 동시가입의 취지를 더욱 확고히 살리면서 합의서의 이 조항을 그 다음 단계로 진행할 근거로 삼는 후속조치가 따른다면 국가연합 형성에 대한 선언적 합의에 북쪽이 동의하지 않는다고 애를 태울 필요조차 없게 된 상황이다.

물론 국가연합 자체도 하나의 잠정적 단계로서, 그 뒤에 어떤 국가형태가 올지에 대한 의문은 남는다. 하지만 이는 어디까지나 국가연합 단계의 경험을 바탕으로 남북 민중의 상이하면서도 점차 공통성이 늘어나는 생활상의 욕구에 맞추어 그 답을 찾아낼 문제지 미리 어떤 형태를 못박아 분란을 자초할 까닭이 없다. 더군다나 그것을 기존 형태의 단일국민국가로 못박는 일은 현단계에서 많은 사람들의 (각기 다른 이유에 따른) 공포감을 자극하기 십상일뿐더러 다양한 복합국가 형태의 모색이 새로운 시대적 과제로 떠오른 현실에도 부합하지 않는다. 그보다는 분단시대를 거쳐온 민족의 구체적인 필요에 걸맞은 새로운 연방국가 형태를 창안할 기회를 국가연합 단계를 포함한 분단체제극복의 과정에서 찾아내야 할 것이다.[4]

그러나 운동이 일상생활에 뿌리내린다고 할 때 아무래도 가장 중요한 것은 경제적인 문제일 터이다. 따라서 분단체제극복운동도 이에 대한 고려가 빠진다면 공허해지지 않을 수 없다. 지금 남한의 경우는 그동안 고도성장을 지속하면서 자본주의 세계경제 속에서의 자기 위상을 높여온 한국경제가 몇가지 위기증상을 보임에 따라 '경제살리기'를 너도나도 부르짖고 있는 실정이다.[5] 여기에는 이데올로기적인 조작도 가세한 것이 사실이지만, 그렇다고 이 살벌한 전지구적 경쟁의 시대에 한국경제가 이만큼의 경쟁력이나마 확보한 점을 무시한다거나 지금보다 경쟁력이 더 떨어져도 나는 모른다는 식의 통일운동이 대중의 지지를 얻을 수는 없을 듯싶다. 이에 대해 분단체제론은, 첫째 이제까지의 고도성장을 분단 한국의 정치적·군사적 예속성의 다른 일면에 해당하는 여러가지 유리한 경제적 여건의 결과로 인식하면서, 둘째 주로 경제개발의 초기 단계에 유효한 그런 여건들이 거의 한계에 달한 현싯점에서는 분단체제를 허물어가는 작업이 오히려 경쟁력의 강화 내지 보존에 필수적임을 내세운다. 동시에 무조건적인 선진국 따라잡기가 결국은 인류의 공멸을 재촉하기 쉬운 데 반해, 분단체제보다 나은 사회를 한반도에 건설하다 보면 비록 그 통일국가가 자본주의 세계시장의 틀을 벗어나는 일은 현실적으로 어렵다 하더라도 좀더 나은 세계체제 건설을 위한 중대한

---

4) 본서 제7장 '독일과 한반도 통일에 관한 하버마스의 견해' 참조.
5) 이들 부르짖음이 대부분 헛된 구호였고 1997년 말의 금융위기와 경제파탄을 방비하기는커녕 정확히 예견하지도 못했음은 이미 밝혀진 대로다. 하지만 경제문제의 중요성을 모두가 실감하게 된 것 또한 분명하다.

발걸음이 한반도에서 내디뎌지리라 보는 것이다. 여기서 다시 우리는 남한 주민의 당면과제와 분단극복이라는 범한반도적 과제, 그리고 세계체제변혁이라는 한층 원대한 목표 들의 행복한 결합을 전망할 수 있게 된다.

3. 분단체제의 위기와 통일운동의 새로운 계기

이러한 분단체제극복 구상에 대한 가장 큰 위협은 물론 한반도에서 새로운 전쟁이 터지는 사태다. 전쟁재발은 설혹 그 결과가 6·25보다 더욱 심한 한반도의 초토화와 민족의 대살상까지는 안 갈 수 있다 하더라도 민중의 창의력이 발휘되는 통일에는 결정적인 타격이 될 것이 분명하다. 그러므로 전쟁의 가능성은 단순히 기득권세력의 선동이나 협박으로 돌릴 일이 아니고 민주화운동·통일운동의 입장에서도 진지하게 검토할 문제이다.

물론 전쟁이 일어날 가능성을 과장해서도 안된다. 하지만 전쟁발발의 위험을 부정하는 논리 또한 적잖은 허점을 지녔음을 간과하지 말아야 할 것이다. 예컨대 냉전시대가 끝나고 더구나 소련의 해체, 중국의 개방과 한·중 수교 등으로 북한의 입지가 약화되었음을 지적하지만, 전쟁은 쌍방이 엇비슷한 힘을 지녔을 때보다 어느 한 쪽이 (걸프전 당시의 미국처럼) 너무나 압도적으로 우세하거나 아니면 한 쪽이 (태평양전쟁 직전의 일본처럼) 현저히 약세인 상태이면서 시간이 흐를수록 더 불리해지리라고 예상하는 상황에서 일어나기가 오히려 쉬운 법이다. 게다가 국지전의 경우는 냉전시대보다 냉전 이후의 시대에 더 빈번해졌음을 근년의 역사가 증명해준다. 특히 북한이 김일성(金日成) 주석 사망 이후의 불안정과 뒤이은 식량난 등 종합적 위기상황인 대목에서 '총체적 난국'의 와중에 빠진 남한이 섣부른 대북압력마저 가할 경우 전쟁이 터질 가능성은 결코 무시할 수 없을 터이다.

전쟁으로까지 안 가고도 북쪽의 내부사정에 의해 정권 또는 체제의 붕괴가 올 가능성 역시 배제하지 못한다. 이 또한 현싯점에서는 통일운동의 일상화에 큰 타격을 줄 것이다. 남한의 지배세력 가운데는 이러한 붕괴야말로 통일과정에서 민중을 배제한 채 자신들의 주도력을 행사할 절호의 기회로 생각하는 이들도 적지 않은 모양인데, 이것도 십중팔구 오산이다. 북한에 대혼란이 일어났을 때 그 수습을 맡을 당자가 남한 정부가 될지, 중국이나 미국이 될지, 또는 일본까지 포함한 외세들의 연합체가 될지부터가 두고볼 일이다. 또, 한국이나 미국이 진입하는 경우라면 6·25전쟁의 노병들과 그들이 길러낸 간부층이 포함된 북한군대의 상당수가 유격전을 벌이게 되고 그결과 작년의 강릉 잠수함침투사건의 몇십 배 몇백 배에 이르는 혼란이 야기될 것이 너무도 뻔하다. 이로 인해 첫번째로 희생되는 것은 그동안 비록 제한적이나마 남쪽 민중의 피땀으로 쟁취한 한국의 민주주의일 것이요, 역시 민중의 피땀이 어린 남한경제의 성취도 함께 소멸되기가 십상일 것이다.

분단체제가 극복되어 마땅한 체제라는 점에서, 오늘날 남북한을 통틀어 나타나는 그 위기증상이 우려만 할 일은 물론 아니다. 그러나 실제로 분단체제의 극복에 해당하는 바람직한 통일은 체제의 모순을 해결하려는 민중의 역량이 쌓여서 적어도 주요 변수의 하나로 투입되는 과정을 요구하는 것인만큼 위기라고 무조건 환영할 일 또한 아닌 것이다. 다행히 위기의 심화는 그에 상응하는 기회를 열어놓기 마련이라는 말대로, 전쟁이나 '붕괴'에 따른 대혼란의 위기, 그리고 이에 적절한 대응을 못하는 남한 지배세력의 위기는 북한의 식량난 해결을 위한 민간운동의 대중화라는, 분단체제극복운동의 새로운 돌파구를 열었다. 물론 정부와 거대언론의 비협조적인, 때로는 적극 훼방하는 자세로 인해 북한 주민의 굶주림을 해소하기에 그 성과가 태부족일뿐더러 운동 자체의 대중적 확산도 아직껏 만족스럽지 못하다.

그런데 지속적이고 일상화된 분단체제극복운동이라는 관점에서는 이 지원운동의 자기인식을 확립하는 일이 그 양적 확산 못지않게 중요하다. 이제까지의 북한동포돕기는 주로 동포애와 인간애 차원에서 전개되었는데, 이는 정부나 극우세력의 방해를 뛰어넘어 대중적 호소력을 얻는 데 가장 효과적인 전술이었다고 판단된다. 뿐만 아니라 모든 운동이 동포에 대한 동포로서의 사랑을 포함한 인간의 기본적인 도리에 근거해야 한다는 점에서도 그것은 타당한 출발이었다. 그러나 북한의 식량난이 단시일에 해결될 기미가 안 보이고 '추상적 인도주의' '감상적 민족주의' '무책임한 통일지상주의' 운운하는 반격이 예상되는 상황에서 이것이 지속적인 운동으로 되고 분단체제극복에 구체적인 이바지가 되려면 예의 인간사랑·동포사랑 원칙은 몇가지 점에서 보완되고 한결 복합적인 인식으로 발전해야 할 것이다.

먼저 북한에 대한 식량지원은 기득권세력이 늘상 들먹이고 일반 국민도 지대한 관심을 안 가질 수 없는 안보와 경제 차원에서도 중요하다는 점을 인식할 필요가 있다. 즉 전쟁방지와 남한경제의 보호를 위해서도 북한 주민의 다급한 사정을 도와주는 것이 이롭다는 것인데, 처음에 '군량미 전용' 운운하며 마치 안보에 위협이 되는 듯이 선전하던 남한 정부도 요즘은 식량(및 의약품 등)의 지원이 남한의 이익에도 부합함을 어느정도 인식한 기미가 보인다. (대국을 보는 데 능한 미국 정부는 이 점에서도 한걸음 앞선 바 있다.) 그럴수록 민간운동으로서는 북한동포돕기를 반대하는 세력이 동포애와 인도주의가 결여된 비도덕적 집단일뿐더러 위기관리에 무능하고 무모한 인사들이라는 점을 부각시킴으로써 정부의 대북정책을 올바른 방향으로 이끌면서 국내의 수구세력을 약화시키는 과제를 동시에 수행할 필요가 커진다. 아니, 분단체제 아래서는 이 두 과제가 항상 동일 과제의 양면임을 확인하는 또 하나의 계기를 발견하는 것이다.

나아가 이 운동은 북쪽에서도 분단체제를 반대하는 세력을 확보하고 길러내는 가장 확실한 방법이기도 하다. 식량 등의 지원으로 현 북한 정권의 수명이 무한정 연장된다면 이는 극우세력만이 아니라 남북 기득권세력 모두에 맞선다고 하는 민중세력으로서도 반대해야 마땅할 것이다. 그러나 분단체제극복운동의 일상화라는 관점에서야말로 북쪽 정권의 급격한 붕괴가 소망스럽지 않음은 위에 밝힌 바이고, 다른 한편 분단체제의 일익을 맡은 그 정권에 대한 민중적 심판이 언젠가 이루어져야 한다면 할수록 그 심판의 일차적인 주체가 될 북쪽 민중, 특히 다음 세대 북한 민중의 생존과 건강을 확보하는 일이 절실한 것이다. 더구나 굶주리고 병들어 죽을 위험으로부터 벗어나는 계기를 만드는 데 바로 남쪽의 동포들이 크게 이바지했음을 북쪽 동포들이 알 때 남북 민중의 연대는 곧바로 몸으로 실감하는 현실이 되게 마련이다. 물론 북한 민중이 북한 당국의 선전이

나 사실은폐에 의해 남한 민중의 역할을 인식하기까지 시차가 생길 가능성은 배제할 수 없지만, 그런 은폐가 언제까지나 가능하리라고 믿는 것은 북쪽 통치자들의 전능성을 믿거나 한민족의 선천적 아둔성을 은연중에 전제하는 발상에 다름아니다.

그렇다고 하더라도 북한 민중에 의한 분단정권 비판 또는 심판이란 하나의 공상에 불과하지 않은가라는 회의론이 끊이지 않는다. 물론 북한 민중의 동향에 대해서는 확실한 정보가 너무도 부족하며, 남쪽에서 4·19 이래 끈질기게 이어져온 민중항쟁의 전통에 비견할 만한 움직임이 아직껏 감지되지 않는 것은 분명하다. 이는 물론 북한 당국의 선전처럼 당과 인민이 한 치의 어긋남도 없이 혼연일체가 되어서 그런 것은 아닐 터이고, 동일한 분단체제의 일부이면서도 바로 **분단**체제이기 때문에 남과는 전혀 대조적이게 마련인 사회제도, 국가와 당에 의한 통제방식, 북녘판 통일지상주의를 포함하는 그쪽의 통치이데올로기, 미국 등에 의해 강요된 농성체제 등 여러가지 요인을 감안하여 분석해볼 문제이다. 다만 '민중운동'이라는 것도 너무 남쪽의 재야운동 위주로 생각할 일은 아니다. 예컨대 북한 '사회주의체제'의 가장 기본적인 요소 가운데 하나가 식량배급체계인데, 오늘날 대다수 주민이 배급만으로 생존을 유지할 수 없어 '지하경제'를 포함한 온갖 자구책을 통해 생활을 꾸려가고 있다면, 이는 어떤 의미로 4·19나 6월항쟁에 버금가는 전국적인 변란이 진행중이라는 이야기가 된다. 물론 이를 추진하는 민중의 동력은 조직되지 않은 역량이지만, 이렇게 동원된 민중의 자발성과 창의성이 장차 어떤 방향으로 쏠릴지는 아무도 확언할 수 없다. 어쨌든 이들 북한 동포들에 대한 남한 민중의 지원이 일방적인 시혜로 끝나지는 않으리라고 예견해도 좋을 것이다.

4. 일상에 뿌리박은 민중주도 통일운동의 가능성

얼마 전까지도 한갓 관념적 주장에 불과하다고 무시되던 남북 민중의 연대가 어느새 가장 절실한 생활상의 문제를 갖고서 이미 진행되고 있다는 점은 시사하는 바가 크다. 무엇보다도, 1953년의 휴전 이래 굳어질 대로 굳어져서 분단**체제**라고 일컬어지기까지 하는 현실도 그것이 **분단체제**인 이상 본질적으로 불안정한 체제임이 새삼 입증된 셈이다. 사실 북한동포돕기운동은 일차적으로 자기 주민을 먹여살리는 데 실패한 북쪽의 위기에 근거한 것이지만, 동일 체제 내의 절반에서 일어난 '체제위기'는 나머지 절반에도 위기를 낳기 마련이라는 이치에 따라 남한 지배층의 총체적 혼란상이 벌어졌기 때문에 민간운동이 나서지 않을 수 없었던 면도 있는 것이다.

아무튼 분단체제극복운동의 일상화가 북한동포돕기 민간운동을 중심으로 벌써 시작되었음을 깨닫고 보면 그동안의 민족민주운동 내지 민중운동의 분열과 부진이 일시적인 현상에 불과할 가능성이 엿보인다. 그중에서도 특기할 점은 흔히 '시민운동'과 '민중운동'으로 갈라져 있던 조직들이 이번 일에 함께 나섰다는 사실이다. 물론 우리민족서로돕기운동본부 등 중산층 중심의 단체나 종교단체들이 모인 '옥수수 10만톤 보내기 범국민운동'과, 민주노총(전국민주노동조합총연맹)·전국연합(민주주의민족통일전국연합) 등이 가담한 '겨레사랑 북녘동포돕기 범국민운동'이라는 양대 중심축의 존재가 말해주듯이 종래의 분리현상이 여전히 눈에 띄기는 한다. 그러나 이번 경우는 갈등보다 상호보완의 성격이 강하며 민족문학작가회의처럼 양쪽 모두에 공식적으로 가담한 단체도 있다. 다만 동포 및 같은 인간으로서의 긴급구호활동이라는 공유된 목표만으로는 운동이 지속되기가 힘들어지는 싯점에 다다를 때 그때까지 드러나지 않았던 이념이나 노선의 차이가 표면에 떠오르면서 갈등을 일으킬 가능성은 있다. 앞서도 말했듯이 인도주의와 동포애의 원칙만으로 운동을 끌어가기에는 북한의 위기가 너무나 구조적인 것이고 장기화할 전망인 것이다. 그러므로 북한동포돕기운동 자체가 유지되기 위해서도 현재의 그 여러 갈래들이 힘을 합치고 그렇게 합쳐진 운동이 일상화될 필요가 있는데, 이는 운동의 이념이나 노선 문제를 덮어둔 상태로는 불가능하다. 반면에 이러한 통합과 일상화를 가능케 하는 인식과 실천방안의 공유가 이루어진다면, 이는 1987년 6월항쟁 당시에 달성됐던 범민중적 연대를 한층 높은 수준에서 재현하는 성과가 될 것이다.

그런 점에서 87년 이래 남한 사회운동의 분화를 초래한 세 가지 쟁점을 선별하여 검토하고자 한다.

계급담론과 분단체제론

먼저, 6월항쟁에 이은 그해 7~8월의 '노동자 대투쟁'은 80년대 지식인담론의 가장 뜨거운 주제이던 계급문제를 현실적인 과제로 부각시켰다. 여기서 6월항쟁의 중요 가담세력의 하나였던 개혁지향적 중산층과 보수야당 들이 민중운동과 일정한 거리를 두게 되었다. 게다가 당시 계급담론을 가장 열정적으로 추구한 정파는 이미 박두한 소련식 사회주의의 몰락을 예견하지 못한 채 단순논리를 휘두름으로써, 90년대 들어서 계급담론 자체가 외면당하는 경향에 일조하였다. 물론 과격한 담론이 그다지도 위세를 떨치게 됐던 데에는 분단 상황에서 노동운동뿐 아니라 학계의 계급담론도 줄곧 억압되었던 저간의 사정이 크게 작용한 바 있다. 아무튼 그러한 정황이나 그간의 자세한 진행을 여기서 되새길 필요는 없겠다.

경직된 계급논리를 아직껏 고수하는 논자들이 남아 있기는 하다. 그러나 이들은 80년대의 '선민주변혁, 후통일' 노선의 연장선에서 여전히——어찌 보면 독일 통일 이후 옛날보다 더욱——통일에 미온적인 태도를 취함으로써 대중 속에 뿌리를 내리지 못하고 있다. 북한의 식량위기를 맞아 어떤 지원논리나 실천운동을 제시하지 못한 것이 그 단적인 예라 할 수 있다. 실제 한국 노동운동의 양대 산맥 중 7~8월 대투쟁의 계승자에 해당하는 민주노총이 동포돕기에 적극 나선 것과는 너무나 대조적이며, 오히려 정파투쟁에서 가장 극단적인 대립을 보여온 한총련(한국대학총학생회연합) 지도부가 북한식량 지원에 관해서는 비슷하게 소극적이었던 점이 흥미롭다.

그러나 명심할 사항은 '80년대식'의 메마른 계급논리가 계급의 문제를 단순화한 논리이지 그 현실성을 부정하는 증거일 수는 없다는 점이다. 당장에 북한의 식량위기야말로 민족문제인 동시에 계급문제가 아닌가? 북에서 굶어죽는 이가 있어도 당과 국가의 고위 간부나 그들 가족은 아니며, 남에서 이 문제는 극소수가 대북정책과 통일과정을 주도하느냐 다수 대중의 참여를 허용할 것이냐의 싸움이 되고 있지 않은가? 이런 명백한 사실들만 보더라도 계급모순이 '더 기본적'이기 때문에 동포돕기와 같은 '민족문제'로 인해 그것이 호도되어서는 안된다는 식의 논리가 또 한번의 탁상공론임이 드러난다. 동시에 실제로 이를 민족문제, 그것도 동포사랑의 문제로 국한

하여 계급문제의 실상을 간과하는 인식이나 운동방식이 얼마나 장기적으로 실효를 거둘지도 의심스러워진다.

하지만 섣불리 계급담론을 끌어들이는 일이야말로 공연히 운동을 분열시키고 기득권세력의 반격을 자초하는 결과나 되기에 알맞은 것은 아닌가?

계급문제에 대한 인식 자체가 지혜롭지 않고서는 이러한 우려를 씻을 길이 없다. 예컨대 우리가 사회계급 운운할 때에 '사회'란 것의 단위를 무엇으로 잡고 있느냐는 점부터 곰곰이 따져볼 필요가 있다. 북한의 식량위기야말로 민족문제인 동시에 계급문제라고 했는데, 이는 어떤 범한반도적 계급(내지 민중이라는 계급연합)을 전제로 한 것인가 아니면 남한과 북한 각기를 단위로 해서 각각의 계급문제가 병존하고 있다는 말인가? 남북한을 아우르는 범한반도적 분단체제가 있고 그 주된 모순은 남북을 막론한 체제의 기득권세력과 남북한 민중의 대립을 통해 구현된다는 분단체제론의 논지에 따른다면 계급담론에서의 기본단위가 남한 또는 북한 사회로 설정되어서는 안될 듯싶은데, 그렇다고 가령 남북한을 통틀어 하나의 '한반도 노동자계급'이 실재한다고 말할 수 있을까? 경수로 건설을 위해 파견된 남한 노동자들에 대한 임금이나 처우가 북한 노동자들에 비할 때 가위 천양지차임을 감안하더라도 이들을 단일 계급으로 간주하는 것은 무리이다.

분단체제론은 분단체제를 하나의 완결된 사회체제로 보는 것이 아닌만큼 남북한의 단일한 '노동자계급'이라든가 단일한 '특권계급'을 주장하지 않음은 당연하다. 다만 남한 또는 북한이라는 '사회'도 사회과학적 담론에서 마땅히 기본적인 분석단위가 되는 그러한 의미의 사회는 아니라는 주장인데, 이 점은 분단국가나 식민지의 경우에는 한층 쉽게 수긍되지만, 분단이나 식민지화를 겪고 있지 않은 '정상적'인 국가라고 해서 과연 하나의 완결된 사회체제로 볼 수 있을 것인가라는 물음으로까지 나아갈 필요가 있는 것이다. 일국사회 역시 사회분석의 기본단위일 수는 없고 '세계체제'의 하위체제(subsystem)에 해당한다는 것이 월러스틴(Immanuel Wallerstein) 등의 세계체제분석에서 일관되게 강조되는 시각인데, 그렇다고 이것이 일국사회의 존재를 부정하는 발상이 아님은 물론이다. 근대 세계체제는 자본주의 세계경제라는 하나의 토대를 지닌 사회이면서 많은 수의 일국사회들이 모인 열국체제를 상부구조로 하는 사회이다. 따라서 경제적 실체로서의 계급은 엄밀히 말해 세계체제 전체 차원에서 규정되지만, 그 자기형성과정이나 정치투쟁의 전개는 일국사회 차원의 고려를 떠나서는 무의미해진다. 바로 그렇기 때문에 계급담론은 어떤 경우에도 단순해질 수 없는데, 단지 그 점이 한반도처럼 분단체제라는 특이한 중간항이 끼여들었을 때에 더욱 도드라질 따름인 것이다.[6]

그러므로 '남한 노동자계급의 주도성'을 섣불리 내세워서 대중에게 위화감을 주고 운동을 분열시키는 것은 단순한 전술적 착오가 아니라, 자본주의 세계경제의 상부구조인 열국체제 및 분단체제의 작동에 휘말려 세계체제 차원의 성숙한 계급의식 형성을 방해하는 한층 심각한 오류이다. 다시 말해 세계체제의 경제적 실상에 대한 인식을 흐리고 그에 바탕한 운동의 진행을 가로막는 결과가 되는 것이다.

분단체제론은 바로 이러한 오류에 대한 비판을 전제하고 있는만

6) 『분단체제 변혁의 공부길』 중 「분단시대의 계급의식」 참조.

큼 북한의 식량난 문제에도 계급관계가 개입함을 지적한다고 해서 북한동포돕기운동을 '남한 노동자계급'이 주도해야 한다거나 그것이 '남북한 노동자계급'의 혁명운동으로 발전해야 한다는 식의 허황되고 자멸적인 논리로 치달을 염려는 없다. 오히려 세계체제 단위의 계급관계라는 더없이 복잡하고 유동적인 현실 속에서 남한의 '시민운동'과 '민중운동' 세력 중 대다수는 장차 서로 갈라지기보다 상호 접근할 가능성이 더 많은 존재라는 인식을 유도한다. 동시에 이들이 상호간에 어떻게 갈라지고 어떻게 뭉쳐서 세계체제의 역사에서 어떤 구실을 맡을지는, 그들 각자가 북쪽의 민중들과, 그리고 외국의 다양한 계급·계층과 어떤 관계를 맺어나가는지에 따라 크게 달라질 것이다. 시민운동가 중에는 장기적으로 범한반도·범세계적 민중운동에 합류할 가능성에 거부감을 느끼고, 그러한 전망을 담은 운동이라면 설혹 동포돕기운동이라도 참여하지 않겠다고 물러설 사람도 있을 수는 있다. 하지만 성급하고 폐쇄적인 '남한 노동자계급운동'과의 차이가 명백해지는한 그런 사람은 소수에 지나지 않을 것이며, 오히려 각자 자기가 처한 위치에서 일상성의 요구를 전적으로 외면하지 않은 채 세계사적 과업에 동참한다는 의식에 고무되는 사람이 더 많기 쉽다. 또한 남한의 노동운동은 노동운동대로, 교조주의적 '노동해방운동'이나 노동자들의 집단이기주의를 대표하는 '경제주의'냐라는 딜레마를 넘어, 한편으로 목전의 민주화와 개혁을 위해 다양한 시민운동들과 연대하면서 이 범민주세력이 분단체제 및 세계체제 변혁세력으로 성장하게끔 앞장서서 이끌어가는 역할을 맡을 수 있을 것이다.

생태계 문제와 민족민주운동

90년대 민족민주운동의 분열 내지 약화를 초래한 또 하나의 쟁점은 환경 및 생태계 문제이다. 80년대까지의 주된 운동론들이 계급이나 민족 문제에 몰두하면서 환경문제를 상대적으로 소홀히한 탓에 운동논리 자체의 호소력이 떨어지게 되고 실제로 '민민운동'과의 유대의식을 갖지 않은 환경·생명운동을 낳기도 했던 것이다. 물론 원칙적으로 환경과 계급 또는 민족 문제가 서로 관련이 있다는 정도는 기존의 사회운동이나 새로운 환경운동 양쪽에서 대체로 인정해온 터이다. 하지만 아직은 양자의 좀더 확실한 연대를 통해 운동의 역량과 효력을 극대화하는 길이 열린 것 같지는 않은데, 환경문제의 심각성을 보나 분단체제의 위기증상을 보나 이는 시급한 과제이다.

이 대목에서도 북한의 식량위기는 시사하는 바가 많다. 우선 북한 농업의 실패가 상당부분 환경보호의 실패이자 그 배후에 있는 명령형 국가운영·경제운용의 실패라는 점에서 환경운동과 민주화운동이 별개가 아님을 짐작케 한다. 또한 '연간 8조원 상당의 음식쓰레기'로 표상되는 남한의 환경파괴적 과잉소비사회의 죄악성은 아프리카 어느 나라의 기근을 말할 때보다 핏줄을 나눈——많은 경우 실제 친척을 포함하기도 하는——동포의 생존에 당장 필요한 물량과 견주어질 때 더욱 생생하게 다가오게 마련이다. 그리하여 구체적인 생활에서 이러저러한 낭비만 자제해도 몇 사람의 북한 동포가 굶주림을 면할 것이라는 '민족의식'은, 북한 동포가 아니더라도 이렇게 살아서는 안되지 않는가라는 '환경의식'으로 발전할 수 있다. 나아가, 북쪽의 생활방식도 그대로 존속될 수 없는 것이지만 남쪽의 생활방식 그대로 통일이 되더라도 한반도와 지구 전체에 불행한 결과가 되리라는 점을 새삼 깨닫는 계기를 이룬다.

하지만 통일운동이라는 민족운동이 생태학적 사고 및 실천과 굳건히 결합하기 위해서는 분단체제와 지구환경문제의 연관성에 대한 좀더 확실한 인식을 요한다. 사실 한반도 주민 중 아직은 대다수가 통일을 갈망한다는 점에서 이땅의 환경운동이 통일운동과 연대하지 않고서 그 역량을 극대화하기 힘들다는 명제가 성립하기는 하지만, 정작 연대가 다급한 쪽은 통일운동이라 할 수 있다. 환경문제야말로 주민 모두의 일상생활에 직결된 동시에 '지구를 살린다'는 문자 그대로 전지구적인 목표를 통해 세계인의 관심을 모으고 있으며, 그 결과 국내외적으로 정부, 기업, 각종 민간단체 사이에 적어도 '환경보호'라는 대의 자체를 놓고서는 폭넓은 합의가 형성되어 있는, 이 시대 민간운동의 총아가 환경운동인 것이다. 따라서 환경운동의 주민동원력과 그 다양한 신생조직, 폭넓은 국제연대 등을 자기 것으로 삼지 못하는 통일운동이 대중화에 한계를 지니리라는 점은 더욱 명백하다.

여기서 현존 세계체제가 자본주의체제이고 자본주의는 본질적으로 환경파괴적인 체제라는 명제를 제시하는 것은 하나의 출발에 불과하다. 자본주의가 어째서 환경파괴적일 수밖에 없는가에 대해서도 세밀한 논증이 필요하려니와, 그렇다면 반자본주의의 깃발을 내걸었던 현실사회주의는 어찌하여 환경파괴에서 한술 더 뜨기 일쑤였는가를 해명해야 한다. 현실사회주의가 온전한 의미의 사회주의가 못 되었다는 분단체제론(및 세계체제론)의 문제의식을 받아들인다 해도, 분단체제극복(및 세계체제변혁)의 구상에서 생태학적 담론이 얼마나 핵심적인가를 입증할 일이 과제로 남는다고 하겠다.

　이러한 과제를 풀어가는 한가지 방식은, 자본주의가 본질상 환경 파괴적 성향을 지닌 체제일뿐더러 그러한 성향이 체제 자체의 가장 심각한 문제로 대두한 것은 그중에서도 미국의 패권이 수립된 20세기 중반 이래, 즉 분단체제의 형성 및 유지와 겹치는 시기의 현상이라는 점에 눈을 돌리는 길이다. 이에 관해 나 자신은 세계체제분석의 관점에서 '근대'를 좀더 다원적으로 파악하자는 피터 테일러의 제안에서 많은 시사를 얻었는데,[7] 그는 17세기의 네덜란드, 19세기의 영국, 2차대전 이래의 미국 등 세 개의 패권국가가 그때그때 결정적인 역할을 하는 가운데 자본주의 세계체제가──자본주의적 근대라는 큰 틀 안에서지만──세 개의 상이한 '근대'를 경험해왔다고 주장한다. 그중 첫 단계의 특징을 중상주의, 둘째 단계를 산업주의라고 한다면 미국이 주도하는 제3단계는 '대량소비'의 세계요, "영국적 근대의 커다란 모순이 새로운 생산과정에 기인하는 프롤레타리아트의 대두였던 데 비해, 미국적 근대의 큰 모순은 새로운 소비과정에 기인하는 환경의 고갈"(8면)이라고 한다. 따라서 현실사회주의의 실패도 산업주의 시기의 '근대'에 맞춘 반체제운동, 즉 프롤레타리아트 스스로가 주도하는 산업화와 일국 단위의 평등을 추구한 운동이 새로운 '미국적 근대'의 단계에서 겪을 수밖에 없는 불가피한 실패였고, 전세계적 반체제운동의 주도권이 환경 및 생태계 운동으로 넘어간 것도 당연한 현상이 된다. 하지만 이 새로운 운동이 과

---

7) Peter J. Taylor, "Modernities and Movements: Antisystemic Reactions to World Hegemony," *Review* 20, 1997 겨울, 1~17면.〔이 글은 이후 『창작과 비평』 99호, 1998 봄에 「세계 헤게모니에 대한 반체제적 대응들」이라는 제목으로 번역되었음.〕

연 그 목표를 달성할지는 미지수인데, '미국식' 자본주의가 앞단계의 산업화를 폐기한 것이 아니라 이를 수렴하면서 새로운 소비과정을 창출했듯이 생태계운동 또한 전단계 반체제운동인 프롤레타리아트운동의 타당한 목표와 실천을 수용하면서 일종의 '환경사회주의'(environmental socialism)로 나아가야 되리라는 것이다.

테일러의 이러한 논지는 따로 더 세밀한 검토가 필요하겠지만, 전지구적 환경파괴가 자본주의 일반의 속성이라 하더라도 현단계 자본주의에 좀더 특유한 모순이라고 한다면 그러한 세계체제의 하위체제인 분단체제가 환경보전에 유난히 불리한 체제임을 수긍하기는 어렵지 않다. 실제로 분단 한반도는 환경운동을 포함한 일체의 민간주도 사회운동에 불리한 비민주적 현실이——남과 북에 따라 그 정도가 다르고 구체적인 형태가 다르긴 하지만——지배한다는 일반론 차원에서만이 아니고, 자본주의 세계경제 속에서 타국과의 경쟁에다 남북간의 '체제경쟁'마저 겹쳐 환경파괴적인 개발이 더욱 무분별하게 자행되어온 것이 사실이다. 지구를 살리자라는 범세계적인 목표를 위해서도 분단체제의 극복이 시급함을 실감할 수 있거니와, 환경운동의 궁극적 목표달성을 위해서도 민족운동, 계급담론 등 일견 낡은 듯한 운동방식을 수용한 새로운 인식과 실천이 필요하다는 관점에서는 분단체제극복운동이야말로 그러한 새로운 운동방식의 전범을 마련할 호기가 아닐 수 없다.[8]

---

8) 생태지향적 사고와 운동이 "계급과 민족의 틀에 기초한 사고를 넘어서지 않고는 가능하지 않다"(권혁범 「무엇이 생태지향적인 사고를 가로막는가」, 『창작과비평』 95호, 1997 봄, 337면)는 식의 문제제기는 계급과 민족 담론이 종래의 틀에 사로잡혀 있는 한에는 타당하다. 그러나 세계체제론 및 분단체제론에서 계급담론은 일국주의적 사고를 넘어서는 것임을 앞서 지적했다. 그렇다고 '민족담론'이나 일국 단

여성운동의 독자성과 연대의 가능성

끝으로 여성운동과의 관련을 두고 한두 가지 토막 생각을 피력하기로 한다.

여성운동 역시 90년대에는 민족민주운동과 다분히 멀어지는 경향을 보여왔다. 원래 한국의 여성운동은 일제시대 이래 저항적 민족주의 및 사회주의 운동의 전통이 강하여, 관이 주도한 경우를 빼고는 스스로 민민운동의 일부임을 자처하는 경향이 우세했다. 그러나 활동가들 사이에도 뿌리깊은 성차별 의식과 관행이 여성운동의 독자화를 다그친데다, 90년대 들어 계급 및 민족 담론이 전반적으로 쇠퇴함으로써 이러한 독자화가 민민운동의 다변화보다 분열과 약화에 기여한 면이 적지 않은 것 같다. 그런데 여성운동도 우리 사회에서 제대로 힘을 쓰려면 국민의 통일여망에 부응할 필요가 있겠지만, 분단체제극복운동이 그 목표를 달성하기 위해 국내뿐 아니라 전세계적으로 위력을 더해가는 여성운동의 동력을 빌려야 할 것임은 더말할 나위 없다.

이 경우에는 북한동포돕기운동을 통해서도 새로운 결합이나 제휴의 실마리가 쉽게 드러나지 않는다. 식량난의 와중에서 일정한 남녀차별이――예컨대 모자라는 식량을 딸보다 아들에게 먼저 주거나 더

위의 정치행위를 폐기하는 것은 아닌바, 그것이 세계경제 단위의 현실에 대응하는 방편이자 그러한 현실이 은폐되는 방식일 수도 있다는 양면을 지녔다는 인식이 기존의 한층 단순한 계급담론과의 결정적인 차이다. 그러므로 민족운동이나 일국 단위의 계급운동은 전지구적 생태계위기에 효과적으로 대응하려 할 때에도 빠뜨릴 수 없는 요건이면서, 생태지향적인 사고를 포함한 전지구적 반체제의식의 형성을 가로막는 장애요인이 될 가능성을 아울러 지닌 것으로 인식된다.

많이 주는 식으로——진행되는 일은 상상할 수 있으나, 그렇더라도 일제식민지 아래서의 '종군위안부' 문제라든가 보스니아 내전에서의 집단강간 사태에 필적할 반여성적인 사태가 벌어지고 있지 않음은 분명하다. 실제로 차별은 앞서도 말했듯 주로 계급과 계층에 따른 것이어서, 딸이냐 아들이냐보다 누구의 아들딸이냐가 더 중요한 상황이라 짐작된다. 급진적인 여성해방운동일수록 최근 사태에서 제 목소리를 낸 바 없는 것도 이러한 사실과 무관하지 않을 것이다.

다른 한편 여성차별이 분단체제에 의해 조장되는 것은 명백한 것 같다. 북한의 여성현실에 관해서는 정확한 자료가 부족하지만, 현실 사회주의권의 한 특징인 여성의 괄목할 노동현장 진출이 그 자체로서는 여성해방의 진전인지 '이중근무'를 통한 착취의 가중인지 판별할 수 없는데다가, 북한이 남자인 '어버이'——그러니까 문자 그대로 가부장(家父長)——를 수령으로 하는 유일체제라는 점을 감안하면 사회주의를 표방하는 나라치고는 보기 드문 가부장주의 사회라는 혐의가 짙다.

남한은 남한대로 예컨대 교육수준이라거나 경제성장 등 여타 지표에 비추어 여성의 사회적 지위가 현저히 낮고 여성들 자신 가운데 상당수를 포함하여 사회 전반의 남성우위의식이 상대적으로 강한 사회가 아닌가 한다.[9] 물론 이러한 현상 중 분단 특유의 규정력에 말미암은 것이 무엇이고 유교 등 전통적인 요소에 기인한 것, 자본

---

9) 얼마나 신빙성있고 정확히 어떤 의미를 지니는 자료인지는 모르겠지만, 교육부가 내놓은 '97년 유네스코 교육 통계자료'에 따르면 한국은 '인간개발지수'가 세계 32위권인 반면 여성의 권한을 나타내는 '성별권한척도'에서는 73위로 나타났다고 한다(『한겨레』 1997. 9. 18, 1면). 물론 일본도 각각 7위, 34위로 두 지수간에 큰 격차를 보였지만, 한국에 비하면 훨씬 좁은 폭이다.

주의 일반에 해당하는 것 등에 돌릴 몫은 각기 어느 정도인지를 가려내기 위해 다른 나라들의 사례도 폭넓게 감안한 실증적이고 비교사회학적인 연구가 필요하다. 하기는 여성권익의 지표라는 것도, 그중에서 여성을 포함한 남녀 모두의 인간다운 삶을 제대로 측정해주는 것과 자본주의 세계체제 및 서양 근대문명의 지배담론을 반영한데 불과한 것을 식별하는 좀더 원칙적인 탐구가 따라야 할 것이다.

아무튼 분단체제가 남녀간의 동일한 권리 획득에도 심한 질곡을 가하고 있다면 여성운동이 분단체제극복에 한층 적극적으로 나설 이유가 충분하며, 또한 그것이 통일운동의 일상화에 획기적으로 기여할 것임은 더말할 나위 없다. 그런데 여타 운동과의 행복한 결합이 한결 쉬운 면과 어려운 면을 동시에 지닌 것이 여성운동이 아닌가 한다. 쉽다는 것은 계급이나 민족, 환경 등이 쟁점이 되는 어떠한 사안에도 수많은 여성들의 이해관계가 이미 걸려 있게 마련이요, 그러한 운동 내부에 남녀관계의 문제가 반드시 개입하기 때문이다. 반면에 바로 이처럼 여러 쟁점들의 찬반 양쪽에 모두 끼여든 여성들의 어떤 공통관심사를 추출하고 그에 따른 독자적 운동을 추구할 경우, '급진적 페미니즘'(radical feminism)에서처럼 여타 운동과의 결합보다 **분리**가 여성운동의 주된 목표가 되기도 쉽다.

여기서 분단체제극복운동과 여성운동의 결합 또는 제휴를 위한 어떤 처방을 제시하려는 것은 아니다. 다만 그러한 유대를 이룩하려면 여성문제 및 여성해방의 과제가 갖는 독특한 성격을 전제한 지혜로운 접근이 필요함을 상기하고자 하는 것이다. 먼저 유념할 점은, '여성문제'는 예컨대 계급문제가 계급과 계급 간의 문제인 것과는 다른 차원에서 남성과 여성 간의 관계 문제라는 것이다. 다시 말해

계급간의 문제가——적어도 대표적인 계급담론인 맑스주의에서는
——궁극적으로 착취계급의 소멸을 통한 계급해방, 즉 무계급사회를
성취하는 문제인 데 반해, 아무리 극단적인 여성주의 담론에서도
'남성의 소멸'을 주장할 수는 없고 오히려 남녀의 공존, 그것도 대부
분의 여성해방론에서는 **조화로운** 공존을 목표로 삼고 있다. 물론 여
성해방론에서 표적으로 삼는 '사회적으로 구성된 성차'(gender)를
'생물학적인 성별'(sex)과 엄격히 구별하여, 여성운동이 전자에 따
른 '남성'(및 '여성')의 소멸 또는 철폐를 주장한다는 점에서는 맑스
주의의 계급철폐론과의 비유가 여전히 성립한다고도 말할 수 있다.
하지만 그 점을 인정한다 해도 인류의 절반에 해당하는 남자들을 살
려둘뿐더러 늘상 함께 살아가면서 '남성'을 철폐하는 과정이 애당초
소수로 뜻매겨진 착취계급을 고립시켜서 마침내 계급으로서 소멸하
게 만드는 과정과 크게 다르리라는 점만은 명백하다. 이때에 맑스주
의적 과제와 여성운동적 과제의 '중복'을 말할 수는 있을지 모르나,
둘 사이의 '유추'를 설정하기는 어렵다.

　다른 한편 생태계운동은 원칙적으로 인간과 자연의 조화로운 공
존을 겨냥한다는 점에서 남녀의 공생을 도모하는 여성운동과 통한
다. 그러나 이 경우 그 목표를 실현하는 노력은 인간의 몫이라는 점
에서 '인간문제'지 '생태계문제'가 아닌 데 반해, '여성문제'는 여성
문제이자 남성문제요, 올바른 남녀관계의 성취는 남녀가 함께 떠맡
아야 할 일이라는 점이 아무래도 특이하다.

　이러한 고유성을 지혜롭게 반영하지 못하는한 여성운동이 통일운
동 또는 그밖의 어느 운동과 결합하더라도 한때의 전술적 효과는 거
둘지라도 결국 여성 고유의 과제를 다른 운동의 목표에 희생시키거

나 여성운동이 전체 운동의 분열적 요소로 작용하는 결과가 되기 십상이다. 예컨대 남녀간 불평등이 계급사회의 특징이라는 맑스주의적 명제도, 계급해방이 선결과제라는 논리를 낳거나 아니면 '여성해방'이라는 것을 '계급철폐'와의 단순화된 유추를 통해 접근함으로써 여성차별뿐 아니라 남녀의 당연한 차이마저 철폐하려는, 어떤 의미로는 자본의 획일화논리에 오히려 부합할 위험이 크다. 그렇다면 이것이야말로 계몽주의 이래의 서구중심사상을 드러내는 기계적 평등주의가 되는 것이다.

사실 부당한 차별과 마땅히 있어야 할 차이를 어떻게 규정하느냐는 문제는 여성해방론의 핵심적인 난제라고 하겠는데, '성별'과 '성차'를 개념상으로 구분하여 하나는 남기고 하나는 없애자고 한다고 해서 이 문제가 해결되는 것은 아니다. 사회적으로 구성된 성차라 해도 그것이 성별과 무관하지 않게 구성된 이상 '마땅히 있어야 할 차이'의 일부로 받아들여야 할지 여부를 새로 따져야 하며, '마땅히 있어야 할 차이'라는 것이 어떤 의미로 본질적이면서 이른바 본질주의(essentialism)와는 차원을 달리하느냐는 지난한 철학적인 문제와도 직결된다.[10] 아마도 이 문제는 서양의 형이상학적 사고와 동양의 전통적 남존여비 관념 모두를 뛰어넘어, 본질주의와는 차원을 달리하는 음양의 분화가 어떻게 실재하는 남녀 사이에 상생과 조화의 관계로 구현될지를 탐구함으로써만 그 해결의 실마리를 찾을 수 있을 것이다.

---

10) '차이'의 중요성을 표방하면서도 '본질주의'를 배격하는 포스트모더니즘에서 여성차별철폐 주장이 부딪치는 이론적 난제에 관해서는 김영희·이명호·김영미 「포스트모던 여성해방론의 딜레마」, 『여성과사회』 3호(창작과비평사 1992) 참조.

이런 난제를 지적하는 것이 여성운동의 역사적 사명을 확인하는 말일지언정 당장의 차별과 억압에 맞서 싸울 필요성을 부정하는 이야기가 될 수는 없다. 마찬가지로 이 문제를 포함한 여성운동의 여러 과제가 결국은 남녀가 함께 풀어나가야 할 일이라고 해서 여성들이 활동주체가 되는 별개 운동의 필요성이 사라지는 것이 아님은 물론이다. 인간으로서의 동일한 권리가 제도적으로 박탈된 집단이 우선 자기들끼리 뭉쳐서 그 시정을 구하는 것은 어느 운동에서든 당연한 수순이며, 이를 두고 '왜 남성운동은 없는데 여성운동이냐' 운운하는 것은 압제자들의 상투적 반응에 불과하다. 실제로 이와 비슷한 반응을 우리 사회에서 얼마든지 만나볼 수 있다는 사실은, 남녀차별의 현실이 권리를 빼앗긴 여성들뿐 아니라 지적으로나 도덕적으로 저열한 남성들을 양산하고 있음을 보여준다. 여성을 노예나 노리개로 갖고 있는 것이 우선은 남성에게 편할지 몰라도 결국은 남성 자신의 자주력과 자활력을 제한하기 마련이며, 못난 백인일수록 흑인을 무시하려 들듯이 여자로 안 태어난 것을 무슨 큰 벼슬로 아는 못난 사내들이 횡행하는 사회를 낳게 된다. 이런 상황에서는 여성들의 다소 과격한 자기주장도 그나름의 의의, 즉 남자답지도 못한 남자들의 전횡을 견제하고 그들의 각성을 촉구하는 의의를 지니게 마련이다. 여성권익을 측정하는 기존의 지표 가운데는 기계적이거나 서구중심주의적인 것들이 적지 않다고 생각되지만, 이는 여성운동의 과정에서 점검하고 바로잡아갈 문제지 그것이 여성운동 자체를 부정하는 이유가 될 수 없는 것도 그 때문이다.

그러나 운동의 이러한 당위성과 그것이 성공할 수 있는지 여부는 별개의 이야기다. 저열한 남성들에게 한 차례 각성을 주고 부당한 차별을 부분적으로 시정하는 데 만족하는 운동이 아니려면, 여성운동은 앞서 지적한 거대한 사상적 작업을 포함한 이 시대의 여러 핵심적 문제들을 집단행동의 과제이자 각 개인이 자기만의 인생에서 구체적인 관계들을 통해 풀어나갈 사안으로 떠맡고 있는 운동으로서의 특이성을 살려야만 한다. 물론 다른 운동의 경우도, 참가자 개개인의 수양과 보람있는 생활을 수반하지 못하고서는 그 집단적 실천이 실다운 성과를 기대하기 힘들기는 마찬가지다. 다만 여성운동의 경우 '사적(私的)인 것이 정치적인 것이다'(The private is the political)라는 유명한 명제가 말해주듯이, 가장 개인적인 차원의 수양과 남달리 지혜로운 정치적 실천을 요구하는 점이 두드러진다는 것이다.

따라서 오늘의 한국 여성운동에서도, 그 출발점이야 무엇이건 남녀평등에 관한 기존의 해석에 얽매이기보다 한국사회가 당면한 제반 모순과 한국인 개개인의 삶을 왜곡하는 구체적인 현실을 바탕으로 남성과 여성의 관계를 어떤 식으로 재정립하는 것이 이 현실을 개선하는 길인지를 찾아가는 수순이 필요할 듯싶다. 이때에 분단체제극복운동과의 친화성은 저절로 성립하지 않을까 한다. 아무런 통일이라도 좋다는 운동이라면 이야기가 다르지만, 장기적인 세계체제변혁운동의 일환으로서 분단체제보다 더 나은 체제로 통일하겠다는 운동이라면, 그 과정에서 우리 모두가 새로운 인간적 각성에 도달할 필요가 절실한 것이다. 사실 이 점은 분단이 한반도 내부에서 하나의 체제로서 자리잡고 무시 못할 자기재생산 능력을 확보했다는 명제에 함축된 뜻이기도 하다. 분단체제를 비판하고 반대하는 사람 역시 다소간에는 그 재생산에 기여하고 있으며, 이 체제가 강요하는 왜곡된 삶으로부터 자유롭지 못하기 때문이다.

개인적 수행과 집단행동의 슬기로운 결합을 요구하기로는 환경운동도 마찬가지다. 아니, 노동자계급의 평등운동 역시 일하는 사람 하나하나의 지극한 수양과 자기개조를 반드시 수반해야 한다는 것이야말로 현실사회주의의 몰락에서 얻은 교훈이 아니었는가. 그렇다면 계급담론 및 생태계담론을 재해석하면서 그들과의 새로운 종합을 이미 시도하고 있는 분단체제극복운동에 대한 여성운동의 친화성은 더욱 분명해진다. 고금동서를 막론한 인류의 보편적 과제이면서 개개인의 내밀한 삶에 가장 깊이 스며드는 남녀간의 관계정립 문제를 떠맡은 여성운동이 그러한 친화성을 제대로 살림으로써 분단체제극복운동과 결합할 때, 통일운동의 일상화가 드디어 결정적으로 확보될 것이며, 한층 공정하고 조화로운 인류문명의 건설을 위해서도 어떤 결정적인 실마리가 풀릴 것이다.

이제까지 살펴본 세 가지 운동 외에도 90년대 민족민주운동과 관련하여 진지한 고찰을 요하는 운동들이 많음은 물론이다. 그러나 본격적인 운동론이 이 글의 목적이 아니며, 모든 운동을 하나의 이론체계 속에 정리하려는 것은 더욱이나 아니다. 다만 민중의 주도성이 최대한으로 발휘되는 통일운동이라면 한편으로 그날그날의 대응이 가능하고도 필요한 일상적 과제에 주력하면서 다른 한편 분단체제의 극복이라는 세계사적 과제에 걸맞은 원대한 전망을 요구하게 마련인데, 이를 위해 전지구적 보편성과 일상적 실천의 필요성을 아울러 지닌 대표적인 몇가지 운동들과의 관계를 점검해본 것이다. 이들과 분단체제극복운동의 결합 가능성이야말로 우리가 오늘날 위기에 처한 분단체제를 슬기롭게 끝장낼 수 있다는 자신감을 갖는 근거이다.

덧 글 (1997. 11)

학술대회 당일에는 본인의 발표를 두고 조형(趙馨), 이종호(李鐘虎) 두 분의 약정토론이 있었고, 이튿날 종합토론에서도 짤막하게 발언할 기회가 나에게 주어졌다. 그중 종합토론 내용은 따로 정리·수록되지만[11] 첫날의 토의는 약정토론자들이 미리 제출한 문건 외에는 따로 기록으로 남길 계획이 없는 것으로 안다. 더구나 당일의 시간제약 때문에 토론자들 자신이 준비한 질문을 다 하지 못했을뿐더러 발표자도 나온 질문 가운데 다시 일부만을 추려서 극히 소략하게 답할 수밖에 없었다. 이 덧글 역시 그분들의 물음에 대한 충분한 답변이 될 수는 없겠지만, 그날의 토의내용을 일부라도 기록에 남기면서 본문의 논의를 다소간 보완하는 기회로 삼고자 한다.

그에 앞서, 대회 전체를 통해 '분단체제'라는 표현이 전에없이 널리 사용된 점이 나로서는 무척 흐뭇한 일이었음을 고백한다. 그중에는 임재해(林在海) 교수의 기조발제처럼 나의 논저를 명시적으로 언급한 경우도 있지만, 대부분 특정인의 개념이라는 의식 없이 사용된 것이었다. 그만큼 학계에서 이 낱말이 공민권을 얻어가고 있다는 증거일 터인데, 다만 엄밀한 개념으로 쓰인다는 느낌은 들지 않았다. 개념규정이야 하기 나름이라고 하지만, 분단현실을 굳이 하나의 '체제'로 인식할 때에는 내가 제시한 이런저런 내용 중 최소한 상당

---

11) 본서에서는 그중 필요하다고 생각되는 대목을 이 보론의 일부로 뒤의 주12에 수록했다.

부분은 채택되어야 하지 않을까 싶다. 그런데 분단체제를 말하면서도 여전히 남한의 반공체제만을 염두에 두는 듯한 경우가 흔했고, 남북한 민중 대 남북한 체제라는 개념에 도달한 듯싶다가도 남북한 당국의 합의와 공생이 곧바로 분단체제의 극복을 낳을 수 있다는 생각으로 되돌아가는 경우도 적지 않았던 느낌이다.

약정토론자의 구체적인 질문 가운데는 발표문에 이미 그 답이 들어 있는 것들도 있다. (이런 질문이 나오게 된 데에는 미리 전달된 발표요지가 나의 게으름 탓에 미완성 상태였다는 사실에 기인하는 바가 클 것이다.) 예컨대 "'분단체제 극복을 위한 통일운동'과 '분단 극복을 위한 통일운동'이 어떻게 다른가"(안동대학교 제2회 한국학 국제 학술대회 자료집『민족통일을 앞당기는 국학』143면)라는 이교수의 질문이나, 발표자가 구상하는 분단체제극복운동의 일상화가 종전의 선개혁·후통일운동론과 어떤 차이가 있는가라는 조교수의 질문은, 둘다 본고에서 이미 답변이 되지 않았다면 내 능력으로 더이상 부연하기가 쉽지 않은 물음이다. 다른 한편, "여기서 한가지 모호하게 느껴지는 점은, 체제변혁이라는 방대한 목표와 일상적 실천 간의 연계가 그리 매끄럽지 못하다는 것이다"(135면)라고 조교수가 지적한 데 대해서는, 본문에서 그 의혹을 해소했달 수 없다. 더구나 "기존의 구조적 변혁론(특히 계급론과 구조주의적 여성해방론)과 직결시켰을 때, 그것이 과연 대중의 일상적 통일운동 실천에 효과적으로 접목될 것이라는 보장이 있는가의 의문" 앞에서는 아무런 '보장'도 못함을 고백하지 않을 수 없으며, "오히려 이론적으로나 실천 면에서 기존의 사회운동의 논리를 넘어서는 새로운 인식이 요구되는 것이 아닐까라는 생각도 든다"(같은 곳)는 말에 전적으로 동의하는 터이다. 다만 계급론이든 여성해방론이든 '기존의 사회운동의 논리'로서의 '기존의 구조적 변혁론'과는 다른 차원을 개척함으로써 분단체제극복운동과 결합할 수 있고 스스로의 활력을 되찾을 수 있다는 점이 바로 본고의 논지요, 이를 위해 저들 담론과 일상적 통일운동 실천의 '접목' 가능성을 미흡하게나마 고찰해본 것이다.

조형 교수의 질문 중 당일 토론에서 언급한 대목은 "전쟁과 북의 (정권 또는 체제의) 붕괴 위험의 가능성을 열어놓고 통일운동을 대중화하고 일상화하는 것은 과연 현실적으로 타당한 기대인지는 깊이 새겨볼 일이다"(136면)라는 문제제기다. 이에 대한 나의 답변을 여기서 대충 새로 정리해본다. 전쟁 등 파국의 위험이 항시 존재하는 것이 분단체제인만큼 이를 극복하려는 통일운동은 그 일상화의 성공이 '현실적으로 타당한 기대'인지를 묻기 전에 이미 피할 수 없이 그러한 짐을 지고 있다고 보아야 할 듯하다. 좀더 나은 여건에서 활동하고 싶은 욕망이야 누구나가 갖는 바지만, 여건에 맞춰서 활동하는 것이 실천운동이지 활동가의 뜻에 맞는 환경을 먼저 주문해놓고 할 수는 없는 것 아닌가. 이렇게 말하면 너무나 뻔한 이야기 같지만, 분단체제가 야기하는 온갖 거북하고 위험한 문제들을 분단시대의 모든 운동이 안고 있는 필연적 조건이라기보다 무언가 불필요하게 돌출한 장애물처럼 생각하는 것이 실은 우리 시민운동들의 최대 약점이다. 그에 반해 전쟁이나 북한의 급속한 붕괴가 분단체제의 현상태보다 결코 나은 결과를 가져오지 않으리라는 전망이야말로 통일운동을 하루속히 더 대중화하고 일상화할 필요를 다그친다. 조교수가 우려하는 위험은 오히려 분단체제극복운동에 필요한 동력이 될 수 있는 것이다.

물론 대중화와 일상화가 얼마나 성공할지는 미지수다. 이와 관련해서 조형 교수는 식량돕기운동의 경우도 "작년처럼 잠수함사건과 비슷한 사태가 벌어지면 돕기운동은 움츠러들고 오히려 정반대의 방향으로 선회할 수도 있을 것"(136면)이라는 점을 지적하면서, 동시에 북의 식량난 문제로 촉발된 대중적 운동 자체가 "우연히 발생한 사건이다. 우리의 통일운동은 이런 우연적 요소들에만 의존할 수밖에 없는 것인가?"(137면)라고 물었다. 나 자신은 북의 식량난이 정녕 우연한——주로 천재지변에 의한——것인지가 의문이지만, 좀더 우연의 요소가 컸던 잠수함사건이라 할지라도 이런 '우연'들이 '시도 때도 없이' 돌출하게 되어 있는 것이 분단체제의 '필연적' 현실이 아닌가 한다. 그렇다고 매사를 구조결정론이나 음모론의 시각으로 풀이하려는 것은 아니고, 다만 분단현실 속의 다양한 사건들을 체제유지를 위해 창출하거나 활용할 줄 아는 남북 기득권세력의 유연한 능력에 못지않은 역량을 민중운동 쪽에서도 갖추어야 한다는 것이다. 다시 말해 제2, 제3의 잠수함사건이 터지더라도 그로부터 심각한 타격을 입지 않고 다른 어떠한 사태변화에도 능동적으로 대처할 만큼 분단체제의 실상을 확고하게 인식해야 하며 이에 상응하는 실천적 성과를 쌓아가야 할 것이다. 실제로 1996년의 잠수함사건이 국내의 개혁세력에게 적잖은 타격을 주기는 했지만 예전처럼 전면적인 공안정국으로까지는 나아가지 못한 것은 그만큼 국민의 의식수준이 높아지고 남한의 민주화가 진전되어 있었던 까닭이기도 하다.
　이종호 교수는 발표자에게 다섯 개의 질문(143면)을 던지기에 앞서 자신의 통일관과 통일운동론을 피력하였다. 먼저 그는, "우리가 맞게 될 통일을, 오랫동안 헤어져 있던 형제(이산가족)가 다시 만나는 것으로 볼 것인가? 아니면 남남북녀가 신혼살림을 차리는 것으로 해석해야 할 것인가? 만일 지금까지 통일을 형제간의 재회로 생각했다면, 이제부터는 새로운 부부관계의 성립으로 생각하는 것이 온당하지 않을까 한다"(138면)고 하면서, "그러므로 현단계에서 통일을 위해 남북한이 할 일은 건강성을 함양하고 동포애를 촉진하는 것이다. 어느정도 건강과 애정이 확인되면, 약혼식을 올릴 수 있을 것이고, 약혼을 계기로 보다 애정의 밀도가 더해진다면 책임있는 부부관계를 증거하는 결혼식에 이를 수 있을 것이다"(139면)라는 주장을 내놓았다. 이에 대해 나는 통일이 새로운 관계의 성립이며 점진적인 과정이어야 한다는 그의 입장이 모두 분단체제론의 문제의식과 부합함을 대전제로 깔고서, 단지 그러한 관계가 성립하는 조건이 '건강과 애정'이라는 말로 표현되기에는 너무나 복잡한 것임을 환기하고자 했다. 즉, 어떤 의미로는 형제냐 부부냐라는 문제보다 형제든 부부든 이들에게는 복잡한 과거가 있다는 점이 더 중요하다는 것이다. 가령 부부관계로 비유한다면 이것이 선남선녀의 새로운 결합이라기보다 일단 싸우고 헤어졌던 부부, 게다가 헤어져 사는 동안 각자 다른 삶을 살았을뿐더러 별도의 이성교제도 없지 않았던 남녀, 이러한 한 쌍이 아무래도 더이상 이렇게는 살 수 없음을 뒤늦게 깨닫고 재결합을 시도하는 상황으로 생각할 필요가 있다는 것이다.

'건강과 애정'론에 대해 이런 토를 단 데에는 이교수가 언급한 강만길(姜萬吉) 교수의 '대등통일론'(안동대학교 국학부 편『우리 국학의 방향과 과제』, 집문당 1997에 실린 제1회 학술대회 발표논문「민족통일을 모색하는 국학」 참조)에 대한 약간의 이의제기도 없지 않았다. 대등통일론 역시 "부부의 결합방식을 전제로 제출된 것이 아닌가 한다. 왜냐하면 양

가의 가풍이나 습속을 서로가 인정해야 부부관계가 원만히 이루어
질 수 있기 때문이다"(138면)라는 이교수의 해석은 물론 옳고 나 자
신 그러한 원칙에 찬성하는 터이다. 하지만 양가의 가풍과 습속을
일단 '인정'하는 것과 신접살림에서 양쪽 습속이 대등하게 채택되는
것은 별개 문제다. 우리의 전통문화에서는 시댁의 풍습을 신부가 따
르는 것이 관례였다면, 평화적 통일의 과정에서는 군사력뿐 아니라
경제력과 문화능력 등 종합적으로 힘이 더 강한 쪽의 주도력이 '불
균등하게' 행사될 수밖에 없는 것이 엄연한 현실이다. 어느 한 쪽에
의한 정복이 아니어야 한다는 기본원칙을 천명하는 정도가 아니고
말 그대로 대등한 통일을 말하는 것은 하나의 관념에 불과하다. 뿐
만 아니라 현존하는 남북한 당국간의 합의에 의한 대등한 공생관계
의 성립이 관념치고도 아름다운 관념인지조차 의문이다. 남북한에
걸친 분단체제와 이에 맞선 남북한 민중을 대립의 기본축으로 잡을
경우, 남북한 당국의 합의는 어디까지나 남북한 민중의 이익을 최대
한으로 증대하게끔 이루어지는 것이 가장 아름다운 결말이고, 이 과
정에서 쌍방 정권들의 입장이 얼마나 대등하게 반영되는가는 그다
지 중요하지 않다. 물론 각각의 정권이 자기 쪽 민중의 이해관계를
정확하게 대변하고 있다는 전제라면 이야기가 달라지지만, 분단체
제 전반의 비민주성을 감안할 때 그런 전제는 수긍하기 어렵다.

그밖에 이교수의 토론문 중 남북기본합의서 이행의 필요성이라든
가 지방자치제의 중요성 등은 나로서도 공감하는 대목들이고 5개항
의 질의도 대부분 (비록 발제요지문에서는 아니더라도) 이 글 본론
에서 답변이 되었다고 믿기 때문에 더이상의 논의를 생략한다. 다만
"대북정책과 통일과정을 민간에서 주도하기 위해서, 현단계의 시민

단체들이 어떠한 노력을 해야 하며, 만일 민간이 주도하게 될 때, 정부의 역할은 어떠해야 하는가?"라는 네번째 물음과 관련하여 한마디 덧붙일까 한다. 이는 종합토론에서 이진설(李鎭卨) 총장이 서중석(徐仲錫) 교수에게 던진 두 개의 질문 중 첫번째 것, 즉 그간의 통일논의나 통일정책에서 정부측의 역할도 중요하지 않았는가라는 물음으로 당일 내 발언에서는 시간관계상 언급을 생략했던 부분과 이어지는 것이기도 하다.[12] 나 자신 '민중주도의 통일'이라는 표현을

---

12) 두번째 질문은 정부가 통일 한반도를 위해 내건 '시장경제와 자유민주주의'라는 양대 원칙을 어떻게 생각하느냐는 것이었다. 이에 대해 나는 종합토론의 발언 도중 다음과 같은 내 나름의 견해를 밝혔다. "자유민주주의와 시장경제가 우리 정부 통일방안의 대전제가 되어 있고 또 현재 우리 사회에서 상당한 지지를 받고 있는데, 가령 제가 구상하는 분단체제극복에서는 이런 문제를 어떻게 볼 것인가를 말씀드려보지요. 저는 남북분단이라는 것이 흔히 말하듯이 사회주의와 자유민주주의가 대립하고 있는 그런 상황이 아니고 사회주의를 표방하는 반쪽 국가와 자유민주주의를 표방하는 반쪽 국가가 분단체제라는 틀 안에 얽혀 있는 현실이라고 믿기 때문에, 그 어느 쪽도 제대로 된 사회주의나 제대로 된 자유민주주의가 되지 못한다는 입장입니다. 물론 정도의 차이는 있지요. 북한의 사회주의체제라는 것이 정말 사회주의와는 너무나 거리가 멀다고 생각되고요, 남한의 경우는 그나마 경제개발에도 성공을 했고 또 남쪽 민중들이 많은 피와 땀을 흘리면서 독재와 싸워왔기 때문에 자유민주주의에 다소 접근하기는 했지만 그래도 아직 요원하다고 봅니다. 그렇기 때문에 통일된 한반도가 지금 남한이 가진 정도보다 나은 수준의 자유민주주의, 아니 최소한 그 수준의 자유민주주의를 성취할 수 있더라도 저는 일단은 진보라고 생각합니다. 문제는 그것이 가능하냐는 겁니다. 우리가 이 정도의 자유민주주의면 됐다라든가, 남한이 일방적으로 주도해서 통일을 하면 최소한 현 수준의 자유민주주의는 성립되지 않겠는가라고 쉽게 생각한다면 그것조차 못한다는 점이 문제가 아닐까 하는 거지요. 자유민주주의의 결함은 무엇이고 민중민주주의 등 다른 형태의 민주주의는 무엇이며 통일 한반도에 가장 알맞은 민주주의를 어떻게 성취해나갈 것인가에 대한 구상을 하고 이를 위해 어떤 단계를 거쳐야 할 것인가에 대한 구상까지도 함께 하지 않고서는 지금처럼 불완전한 자유민주주의조차도 달성하기 어려우리라는 것이 제 생각입니다. 그렇기 때문에 우리가 일은 그날그날 부딪치는 작은 일부터 하지만 꿈은 크게 가질 필요가 있다고 믿습니다. 시장경제에 대해서도 마찬가지입니다. 오늘날 세계시장의 논리에서 벗어날 수 있는 나라는

자주 쓰지만 이는 더 엄밀히 말하면 '민중의 주도성과 창의력이 최대한으로 발휘되는 통일'이지 실제로 민중이 통일과정을 얼마나 주도할지는 두고볼 문제다. 더구나 대북정책에 이르면 우리가 각기 자기 사는 쪽의 정부를 현실적으로 인정하는 한 어디까지나 정부가 작성하고 집행하는 것이 원칙이요, 단지 그러한 결정과 집행의 과정에 민의가 최대한으로 반영되도록 정부를 감시하고 견제하며 더러는 북돋우는 민간운동을 활발하게 전개할 필요가 있는 것이다. 실제로 7·4공동성명에서부터 노태우(盧泰愚)정권의 북방정책, 한민족공동체 통일방안, 남북기본합의서 채택 등 일련의 정부측 조치에는 민중쪽의 힘이 적지 않게 작용했다고 보며, 90년대 중반으로 넘어오면서 민간 통일운동의 영향력이 오히려 줄어든 데에는 대북관계의 이런저런 진전을 모조리 '정권유지의 수단'으로 몰아붙이거나 아니면 순전히 민중의 힘으로 쟁취한 것인 양 과신하는 운동가들의 비현실적 태도가 일조했다고 본다. 본론에서도 지적했듯이 분단체제극복운동과 기존 분단정권의 관계는 전적으로 우호적일 수도 적대적일 수도 없는 복잡하고 가변적인 관계이니만큼 통일과정의 국면과 정세에

아무데도 없다고 봅니다. 그 단적인 예가 베트남인데, 베트남은 적화통일을 했는데도 지금 오히려 한국보다도 낮은 위상에서 세계시장에 편입되려고 나선 상황입니다. 그렇기 때문에 한반도 역시 누가 어떻게 통일을 하든 일단은 세계시장의 일부로 남을 수밖에 없고 또 그런 상황에서 현재의 남한보다 경제적 위상이 더 떨어지지는 않도록 우리 나름의 최선을 다하는 것이 옳다고 믿습니다. 하지만 그러한 현실적인 자세와 함께, 시장경제의 파괴적인 면이 무엇이고 반문명적인 요인은 무엇인가에 대한 통찰과 또한 그것을 넘어설 수 있는 길이 무엇이고 우리의 통일은 그 길로 가는 과정에서 얼마큼의 업적에 해당하는 것인가, 이런 데 대한 깊은 생각까지 있어야 통일 한반도에서 그나마 자유민주주의적 가치도 어느정도 실현할 수 있고 자본주의 세계경제 속에서 우리 삶의 질도 어느정도 유지할 수 있으리라는 것입니다."

따라 정부의 몫과 민간의 몫, 민간에서도 예컨대 재벌의 몫과 근로 대중의 상이한 몫을 각각 인정하는 가운데서, 다만 분단체제와 현존 세계체제의 존속으로 자신의 인간다운 삶이 위협받을 수밖에 없는 일반 민중의 몫을 최대한으로 늘리기 위한 노력을 기울여야 할 것이다. 〈1997〉

2
IMF시대의 통일사업

　'IMF시대'라는 것을 설정할 경우 그 시발점을 한국의 임창열(林
昌烈) 부총리가 깡드쒸(J.-M. Camdessus) 국제통화기금(Inter-
national Monetary Fund) 총재에게 '국제통화기금 대기성차관 도입
을 위한 정책의향서'를 제출한 1997년 12월 3일로 잡는 데에 별 이견
이 없을 것이다. 그러나 이 시대가 'IMF 이전'과 어떤 기준, 어떤 차
원에서 구분되는가에 대해 합의하기는 힘들다. 예컨대 요즘 흔히 들
리는 '6·25 이후 최대의 국난'이라는 표현이 말 그대로 사실이라면,
한반도 전역에 걸친 엄청난 파괴와 살상 끝에 분단체제가 확립된 지
반 세기에 가까운 역사 속에서 적어도 불행한 사건으로는 가장 획기
적인 전환이 97년 12월에 이루어진 꼴이 된다. 반면에 구제금융 직
후, '경제적 신탁통치'라거나 '제2의 국치' 운운하는 국민적 분노를
겨냥해 어느 일간지의 대표적인 논객이 말했듯이 이번 사태는 현찰
이 떨어져 급전을 꾸어다 쓴 것일 뿐 그 이상도 이하도 아니라고 한
다면, 비록 돈을 갚는 데 시간이 좀 걸리고 갚기까지의 생활이 다소
고달프더라도 단순한 IMF'사태'가 아닌 'IMF시대'라는 호칭은 호들
갑에 가까울 터이다.

단정하기에는 이르지만 적어도 지금까지는 6·25에 견줄 국난은 아니다. 다른 건 젖혀두고, 신군부의 내란으로 수많은 양민이 죽고 실종되며 불법투옥·부당해고가 전국을 휩쓴 1980년보다 '국난'으로 도 더한 국난이라 보아야 할 것인가. 하지만 이미 벌어진 대량 실업 과 기업도산만으로도 '시대'라는 꼬리말을 다는 것이 아주 엉뚱하지는 않은 어떤 새로운 단계 또는 국면이 시작되었음 또한 분명하다. 이 전환의 내용과 성격을 정확히 가늠하는 일도 그만큼 절실하다. 이는 단순한 지적 호기심의 문제를 넘어, 'IMF시대'의 종말이 언제 가 되며 그 다음 '시대'는 과연 어떤 단계나 국면이 될지를 크게 좌우할 것이기 때문이다.

IMF사태를 맞아 통일운동과 통일사업의 여건도 크게 달라졌다. 많은 통일논의가 홀연히 전시대의 낡은 이야기로 바뀌어버린 느낌조차 없지 않은 것이다. 분단체제론이 그러한 경우인지도 당연히 점검해볼 사안인데, 이는 'IMF시대'를 어떻게 인식할지를 검토하는 하나의 우회적 방법도 될 듯싶다. 이번 사태 역시 크게 보아 분단체제 속에서 일어났고 분단시대의 한 단계 또는 국면에 해당하는 것이라면, 분단체제론에 대한 점검을 통해 사태의 내용에 관해 최소한 몇 가지 핵심적인 사항을 확인할 수가 있을 것이다. 반면에 'IMF시대' 가 분단체제론 자체를 무효화할 내용을 가졌다면, 이를 겸허히 받아들이는 과정에서 좀더 적절한 통일논의를 개발함은 물론 구제금융 체제에 대해서도 한층 정밀한 인식에 다가설 수 있을 터이다.

IMF사태를 보는 분단체제론의 시각

분단체제를 논의하면서 나 자신이든 주변의 다른 누구든 IMF사태를 예견하지 못한 것은 사실이다. 그 점에서 분단체제론 또한 우리 현실에 관한 담론으로서 충분히 제 구실을 했달 수 없다. 반면에 분단체제가 온존하는 상태에서 '선진국 진입'이라는 것이 환상이며 그것도 위험한 환상이라는 지적 자체는 'IMF시대'에 오히려 설득력이 커졌을 듯싶다. 특히 '독일식 통일'이 분단극복의 바른 길이 아님에 관해서는, 흡수통일을 꿈꾸는 것만으로도 구제금융에 매달리게 된 마당에 남한이 북한을 갑자기 흡수했을 때 어떤 경제적 파탄에 이르렀을지 실감나는 바 있다.

그동안 한국경제의 고도성장에 관해서도 분단체제론은 분단현실과 직결된 특이한 현상임을 강조해왔다. 그 점에서 80년대 사회과학계를 풍미하던 '신식민지 국가독점자본주의론'과 '식민지 반자본주의론' 그리고 80년대 후반 이래 점점 더 힘을 얻어온 '중진자본주의론' 모두와 일정하게 구별된다. 예컨대 '국독자론'은 남한 자본주의의 일정한 성숙과 그 대외종속성 및 정치적 억압성을 동시에 주목하면서도 남한현실을 분단과 무관한 여러 사회에 통용되는——또는 통용된다고 생각한——일반적 모형의 한 예로 설정했으며, '식반론'은 민족해방의 지상과제를 안은 남한현실의 정치·군사적 예속성과 전반적 낙후성을 강조했고, '중자론'은 남한경제의 예외적인 고도성장을 무엇보다 중시했다. 그에 반해 분단체제론은 '선진국의 문턱'을 들먹일 정도의 경제적 성취와 그러한 성취에 비할 때 예외적이라 볼 수밖에 없는 정치·군사적 예속, 사상적 제약 등이 공존하는 현상이야말로 분단체제의 한 속성이요, '국가독점자본주의'에 '신식민지'라는 머리표를 달고도 다시 '분단사회의 특수성'을 사후적으로 나열하지 않고는 설명할 수 없는 '한국 모델'의 특이성이라 파악했던 것이다.

분단체제도 하나의 역사적 체제인 이상──좀더 엄밀히 말해 자본주의 세계체제라는 역사적 체제 속에서 시·공간상으로 더욱 한정된 하나의 하위체제인 이상── '한국 모델'의 그러한 속성도 한시적(限時的)인 성격을 띠는 것은 당연하다. 즉 동서냉전체제가 분단체제를 굳건히 뒷받침해주던 상황에서 생성되고 유지되어온 것이 '한국 모델'의 위력이며, 냉전의 종식이라든가 국내의 민주화운동 등으로 세계사적 여건과 주체적 조건이 달라졌을 때 이 모델이──분단체제 전체가 그렇듯이──심각한 위기를 맞이하는 것 또한 당연한 결과이다. 물론 IMF사태의 온당한 이해를 위해서는 90년대 들어 자본의 전일화에 더욱 가속이 붙은 세계자본주의의 새로운 양상에 주목해야 하고, 이 과정에서 '한국 모델'보다 더 광범위한 '아시아 모델'에 관한 제반 논의도 새로 검토해볼 필요가 있다. 그러나 타이완경제의 여전한 건재, 심각한 곤란을 겪고는 있지만 전혀 다른 차원의 저력을 지녔고 위기의 성질도 다른 일본경제와의 차별성 등을 올바로 반영하기 위해서라도 분단체제론적 해명이 긴요하다.

아무튼 '한국 모델'이 분단체제에 맞춰 구성되었고 그 경제적 위력이 분단시대의 특정 국면에 한정된 것이라면 IMF사태가 단순히 '급전을 꾸어 쓴', 다시 말해 일시적 유동성의 위기라는 진단은 가당치 않은 것이다. 나아가, 금융위기인 동시에 실물경제 면에서도 세계자본주의에 제대로 적응하지 못한 '선진화의 실패'에 따른 위기요 바로 그 점에서 선진화를 위한 개혁과 구조조정의 호기라는 진단도 무조건 긍정할 수만은 없게 된다. 물론 자본주의의 법칙이 지배하는 세상에 살 수밖에 없는 이상 자본주의적 선진화를 위한 이런저런 개혁의 필요성을 인정하고 그 기회를 살려야 한다. 하지만 선진화 실패 자체가 분단체제와 직결된 것이었다면 선진화를 이루기 위해서도 분단체제를 어떻게 바꿀지 물어야 할 터이며, 더욱이나 자본주의적 선진화만으로 분단체제가 극복되지 않는 것이라면 '선진화'가 무엇이고 '분단체제극복'이 무엇인지 되물을 필요가 더욱 절실해지는 것이다.

다른 한편 '경제적 신탁통치'라든가 '제2의 국치'를 들먹이며 민족주의적 정서를 과도하게 자극하여 오히려 필요한 개혁을 가로막는 태도에 대해서도 분단체제론은 원칙적인 거리를 둔다. IMF의 지배는 '경제적 신탁통치'라 불러 마땅한 바 있지만, 남북한 모두가 국민국가로서의 기틀을 어느정도 갖추기는 했어도 분단체제의 매개를 통해서 세계체제(및 그 상부구조로서의 열국체제)에 참여하는 특이한 단위들이고 그런 점에서 '반 건국' 상태이기 때문에(본서 11장 '통일사상으로서의 송정산의 건국론' 참조), 마치 온전한 건국을 이룬 처지에서 '국치'를 당한 양 흥분하고 분노하는 것은 분단체제에 길들여진 의식을 드러내는 꼴밖에 안된다. 그렇다고 불완전하게나마 이룩했고 키워오던 주권을 심각하게 침해당하고도 분노할 줄 모른 채, 자력으로 못하는 개혁을 타력으로 하게 되었음을 기뻐만 하는 것 또한 일종의 노예근성이요 오랜 미건국상태에 길들여진 민족의 타성이 아닐 수 없다. 단순히 제도의 선진화를 게을리했을뿐더러 제대로 된 건국을 못한 채 정신없이 살아왔다는 점에서 IMF사태가 자업자득(自業自得)임을 반성하면서, 그런 의미의 건국에 아무런 관심이 없는 IMF 당국이나 세계자본주의 주도세력들의 '개혁' 요구를 어디까지나 분단체제극복이라는 우리의 당면과제를 중심으로 평가하고 주체적으로 대응하고자 노력해야 할 것이다.

통일운동 환경의 변화와 그에 따른 대응

당연한 일이지만 IMF사태는 통일운동의 환경도 크게 바꾸어놓았다. 당장에 생활이 궁해진 국민들이 북한 동포들이 여전히 겪고 있는 참상에 대해 한층 냉담해진 데서도 보듯이, 작금의 변화에는 민간 통일운동에 불리한 바도 많다. 정부 차원의 대북지원 역시 설혹 당국자의 의지가 확고하더라도 전보다 여유롭지 못할 것이 분명하다.

반면에 지난 2월 김대중(金大中)정권의 발족은 남북화해와 통일운동에 여러모로 유리한 여건이 아닐 수 없다. 통일문제에 전향적인 자세와 오랜 경륜을 갖춘 인사가 대통령이 되었다는 사실도 중요하려니와, 여야간 정권교체에 따른 시민적 자유 및 비판공간의 확대 또한 무시할 수 없는 호조건이다. 가령 '북풍 공작'에 대한 수사가 어떤 결말에 다다를지는 아직 미지수지만 남북 강경세력의 공조관계가 무의식적 공생의 수준만도 아니라는 심증과 더불어 분단체제의 작동방식에 대한 국민의 인식은 종전과 다른 차원에 이르렀다. 그밖에 4자회담이 시작되었고, 비록 결렬은 되었지만 남북 차관급 회담이 거의 4년 만에 성사된 바 있으며, 기업인들의 대북사업에 대한 제약이 크게 완화되는 등, 남북관계가 새로운 국면에 들어서고 있다는 느낌이 완연하다.

 따지고 보면 IMF사태 자체도 통일사업에 반드시 불리한 것은 아니다. '독일식 통일'이 불가능할뿐더러 위험하기 짝이 없는 환상이었다는 입장에서는, 경제위기를 겪는 한국민들이 헛된 꿈에서 깨어나 좀더 합리적인 통일방안을 구상할 계기가 마련된 셈이다. 북쪽 당국의 시각에서도 종전에 남한이 북을 흡수할 의사가 없다던 발언은 믿지 않았다 해도, 이제 그럴 **능력**도 없다는 주장에는 좀더 신빙성을 두면서 교섭에 임할 것 같다. 물론 남과 북의 실력 차이는 여전히 막대하고, 위기에 처한 분단체제를 관리할 북측 정권의 능력이 거의 한계점에 이르렀다는 인상은 지우기 힘들다. 그럴수록 남쪽의 정부는 정부대로, 민간은 민간대로, 일방적 주도의 욕심을 버리면서도 우리가 가진 실력——단순히 경제력만이 아니라 4·19 이래의 민족민주운동을 통해 축적된 민중역량을 포함하는 실력——에 상응하는 만큼의 주도성을 슬기롭게 행사해야 할 것이다.

 민간 통일운동의 일차적 과제는 작년에 모처럼 전국적 대중운동의 수준에 올랐던 북한동포돕기운동을 새로운 상황에 맞추어 지속시키는 일이다. 심각한 식량난을 맞은 북녘 동포에게 먹거리와 의약품, 옷가지 등을 보내는 모금운동은 정부 당국과 대부분 언론매체의 냉담한 반응——아니, 때로는 적극적인 훼방——에도 불구하고, 일부 추진주체가 내린 '3·1운동 이래 최대의 민족운동'이라는 자체평가가 아주 허황되지는 않을 만한 성과를 올렸다. 하지만 IMF가 아니더라도 순전히 동포애와 인도주의만을 내세운 운동이 항구적으로 지속되기는 어려웠을 터인데, 이제 대다수 국민이 저 살기가 바빠진 상태에서 북한 동포를 돕자는 호소가 먹혀들기는 한층 힘들게 마련이다. 물론 정부 당국과 거대 언론의 견제가 덜해지고 국제적인 관심이 점차 고조된 점은 다행스럽고 총액에서 작년 못지않은 수준을 유지하는 일이 혹시 가능할지는 모른다. 그러나 이제는 쌍방 당국자들이 나서서 정부 차원에서 해결하면 되지 않겠느냐는 국민정서 또한 강화되었고, 어쨌든 대중운동으로서의 열기는 덜해진 것이 사실이다.

남한의 사정이 아무리 어렵다 해도 북쪽의 재난과는 비교가 안되는만큼 동포사랑·인간사랑의 명분은 여전히 살아 있다. 더구나 북녘동포돕기가 잘사는 우리가 먹고 남은 것을 좀 나눠준다기보다 우리 자신의 너무도 낭비적이고 지각없는 그간의 삶을 참회하는 자기쇄신의 계기였다면, IMF사태를 맞아 '자업자득'의 측면을 반추하고 반성하는 시기일수록 북녘돕기에 더욱 박차를 가해야 옳다. 하지만 이러한 명분이나 도덕적 당위의 호소만으로는 IMF시대 국민대중의 정서를 움직이기에 부족하다. 이 점은 남한경제를 살리기 위한 '금모으기' 운동에 대한 범국민적 호응과 견주어보면 너무도 분명해진다. '금 모으기'는 KBS 등 방송사들이 앞장서고 제도권 전체가 움직였다고는 하지만 국민정서에 곧바로 와닿는 바가 있었기 때문에 그만한 성과가 가능했을 것이다.

요컨대 북녘 동포를 돕는 일도 남쪽 우리 자신의 생활상의 문제와 직결된다는 점이 실감으로 다가올 때만 대중운동으로 성공할 수 있다. IMF시대에 대북 민간지원운동이 어려움에 부닥칠 가능성은 그동안 이 운동의 주역 가운데 하나였던 인사도 이미 지적했고, 그 자신 가령 "한국 NGO(비정부기구) 및 미국 NGO 간의 컨소시엄 구성"을 통해 "외국 돈이 한국으로 유입되어 농업지원자재를 한국에서 구입, 북한에 지원될 수 있도록 하여 한국경제살리기와 북한동포돕기를 결합시켜야 IMF시대에 있을 수 있는 북한동포돕기운동에 대한 거부반응을 최소화시킬 수 있다"고 제언하기도 했다.[1] 물론 우리민족서로돕기운동본부가 적극 추진한 4월 25일의 '북한기아대책 하루굶기 국제캠페인'이 교황 요한 바오로 2세를 비롯한 전세계 저명인사들의 동참과 국내 보도기관들의 호응으로 적잖은 성과를 거두기는 했다. 그러나 아무래도 일회성 행사의 성격이 짙었고 보수 언론의 호응은 그야말로 일과성이라 보아 틀림이 없을 것이다. 새로운 북녘돕기운동 방식의 개발이 시급한 대목이라 아니할 수 없다.

반드시 외국 돈을 들여오지 않더라도 국내에서 걷는 돈부터를 남한국민돕기와 연계시키는 방법은 얼마든지 있다. 예컨대 실업자구제와 대북지원에 일정 비율로 나눠 쓴다든가, 값이 좀 비싸더라도 북에 보내는 물품을 국산 농산물과 농기구, 의약품 등으로 명시하여 내수시장의 활성화에 조금이라도 이바지한다는 원칙을 세울 수 있을 것이다. 그러다 보면 북쪽에 전달되는 물량이 크게 줄지 않겠느냐는 반론도 가능하지만, 어차피 민간운동은 절대량보다 민간운동으로서 최선을 다한다는 데 의의가 있는데다가, 절대량으로 쳐도 종전처럼 북쪽에만 보내기로 하고 모금하는 방식이 더 많이 모을지는 의문이다.

더구나 이것은 단순히 일부 국민의 거부반응을 피해가기 위한 전술적 차원의 문제가 아니다. 많은 경우 이른바 재야단체나 민간 통

---

1) 우리민족서로돕기운동본부가 주최한 '새 정부 하의 대북 인도적 지원'에 관한 사회 각계인사 정책집담회에서의 최창무(崔昌武) 주교 발제문 「1998년 대북 민간지원활동의 나아갈 방향」 4~5면 참조. 나 자신도 비슷한 견해를 『창작과비평』 99호 (1998 봄)의 '회화' 30~31면에 피력한 바 있다.

일운동 단체들은 남쪽의 민생문제는 정부나 기업의 책임으로 돌리고 북쪽 걱정에 더 몰두하는 경향이 없지 않았다. 설혹 남쪽 문제를 염려하더라도 두 사업을 함께 생각하는 방식은 드물었던 것이 사실이다. 이러한 습성이야말로 분단체제가 조성한 또 하나의 관성이 아닌가. 남과 북을 하나이자 둘로 보고 둘인 동시에 하나로 봄으로써만 제대로 보이는 것이 분단체제라면, 이 체제의 극복은 남북의 많은 사람들이 각기 자신이 처한 위치에서 북녘돕기와 남녘돕기를 지혜롭게 결합하는 훈련을 쌓음으로써만 가능해질 터이다.

통일사업 주체의 다원성

　운동의 목표로 항상 남녘과 북녘을 동시에 잡는——나아가 한반도 바깥의 세상 전체를 함께 생각하는——다원적 시각이 필요하듯이 통일사업의 주체 또한 다원적으로 설정될 필요가 있다. 분단체제극복운동의 주체를 '남북의 민중'으로 잡더라도 실제로는 이해관계가 결코 동일할 수 없는 양쪽 민중운동의 '연대'가 되어야 함은 일찍부터 강조해왔다. 또한 각각의 민중구성이 복잡한만큼 남북 각기의 민중운동도 그 자체로서 하나의 느슨한 연대운동이 됨이 바람직하다는 것이 요즘은 점점 더 많은 설득력을 갖는 운동론이다. 'IMF시대'를 맞아 한가지 덧붙일 점은, 이제 남한 민중이 통일사업에서 비민중부문의 몫——구체적으로는 정부의 몫과 '민간부문'이긴 하지만 '민중부문'이랄 수 없는 대기업의 몫——을 인정하고 이들과도 연대할 때는 연대할 줄 아는 슬기를 발휘해야 한다는 것이다.

　여기서 굳이 'IMF시대'가 새로운 계기로 들먹여지는 것은 그 전에

도 이런 슬기가 필요했음을 부정해서가 아니다. 분단체제극복운동
이 '친미정권 타도와 민족해방을 위한 자주통일'이라든가 '남한체제
의 변혁을 통한 민중민주주의식 통일'이라는 80년대 급진운동권의
목표에 동조하지 않는 한, 정부의 몫은 더말할 것 없고 남한사회에
서 엄연한 실세를 지니고 남북 경제협력에서 빼놓을 수 없는 주체인
기업들의 몫 또한 당연히 인정해야 한다. 그러나 정부 당국이 남북
관계를 정권유지에 이용하기에 급급하고 모든 민중운동에 적대적이
던 6월항쟁 이전 단계에는 '통일사업에서 정부와의 연대'는 한갓 관
념에 불과했고, 개헌에 따른 새 공화국의 출범과 노태우정권의 좀더
개방적인 대북정책으로 많은 것이 달라지기는 했지만 김영삼(金泳
三)정권이 들어선 뒤에도 정부와 민간 통일운동의 적극적인 연대를
거론하기에는 때이른 감이 없지 않았다. 한편 기업들의 대북진출사
업은 주로 재벌 중심으로 진행되어왔기 때문에, 원래 '정경유착' 상
태에 있는데다가 사업상의 필요로도 허가권을 쥔 정부에 매달릴 뿐
민중운동과 연대할 까닭이 없는 저들을 민중운동 쪽에서도 연대의
대상으로 인정하기가 쉽지 않았던 것이다.

　이러한 사정은 'IMF한파(寒波)'에 김대중정권의 출범이라는 여건
이 맞물리면서 크게 달라졌다. 한국경제의 위기로 '독일식 통일'——
다시 말해 동독에서의 민주화운동과 서독 국민들의 양독교류 경험
에 필적할 만한 민중참여조차 배제된 채 남한의 정부와 재벌 및 외
세가 거의 전적으로 주도하는, 그런 의미에서 실제 독일식만도 못한
통일——의 꿈이 깨어졌는가 하면, 통일과정에서 재벌이나 관변단체
이외의 민간 참여를 형식적인 수준으로 제한하려던 구정권의 자세
에도 일정한 변화가 일어나고 있는 것이 사실이다. 당장에 대북식량

지원만 하더라도 정부는 정부대로, 민간은 민간대로 상대방에서 더 많은 물량을 조달해줬으면 할 만큼 형편이 궁색해진 반면, 상대방의 대응방식을 비난하기에 급급한 기색은 안 보인다. 전 같으면 정부측은 'IMF시대'에도 북한돕기에 열을 올리고 있는 인간들을 수상쩍게 보아 어쩌면 또 한 차례 기부금법 위반혐의 수사를 했을지 모르고, 민간운동 쪽에서는 가령 이산가족 면회소 설치 문제를 둘러싸고 우리 정부의 '상호주의 원칙 고수'로 최근 뻬이징회담이 결렬되고 비료지원이 연기된 데 대해 비난의 소리가 드높았을 것이다.

'IMF시대'의 통일사업에서 무엇보다 새롭게 생각해야 할 것은 재벌 내지 대기업의 몫이다. 사실 이제까지 재벌의 북한진출을 누구보다 반긴 것은 북한 당국이었고 남한 운동권의 '민족해방' 진영에서도 이를 적극적으로 문제삼지 않는 경향이었다. 반면에 '민주변혁'론에서는 재벌이 주도하는 통일이라면 차라리 안하니만 못하다는 주장이 거듭 제기되었다. 통일과정에서 재벌들이 발휘하는 실력이 민중의 힘을 능가한다고 해서 통일 자체를 반대해야 옳으냐는 것도 의문이지만, 아무튼 이 대목에서도 'IMF시대'는 여러가지 변화를 일으키고 있다. 우선 재벌 자체가 전과는 크게 달라지지 않을 수 없는 상황이다. 얼마만큼의 구조조정을 하고 정경유착을 얼마나 청산할지, 이것이야말로 두고볼 일이기는 하다. 그러나 IMF와 정부측의 일부 개혁론자가 구상하는 '미국식 대기업'으로의 전환이든 '계열화된 기업결합'이라는 '일본식 재벌'형으로의 접근이든, 종전과는 크게 달라진 모습이 아니고는 살아남을 수 없는 처지에 재벌 스스로가 놓인 것만은 분명하다. 다른 한편 남북관계에서의 '정경분리 원칙'에 대한 새 정부의 입장표명을 보건 자본의 논리가 점점 더 위세를 발하는 세계적 대세를 보건 대기업의 몫을 배제한 통일논의가 한갓 관념에 불과함을 이제 아무도 부인할 수 없게 되었다.

예컨대 재벌의 북한진출로 남한 노동자들의 단체교섭력이 약화되므로 이를 반대한다는 논리도 설득력이 한결 줄었다. 물론 그것은 애초부터 민족통일의 대의에 어긋나는, 그리고 진정한 계급의식이라기보다 계급적 명분을 앞세운 집단이기주의 또는 맹목적 교조주의의 혐의가 짙은 논법이었다. 그러나 IMF사태를 맞아 한층 명백해진 사실은, 한국 노동자들의 생활조건을 극도로 악화시키고 정리해고조차 감수해야 할 만큼 단체교섭력을 떨어뜨린 것은 남한 재벌의 북한진출이 아니라 세계자본주의의 논리요 위력이며 후자에 비해 전자는 자그만 종속변수에 지나지 않는다는 사실이다. 그나마 남북경협은 자본의 자유로운 이동이 아직 허용되지 않는 지역과의 교역이면서도 국제무역이 아닌 '민족 내부'의 교역으로서 세계자본주의의 전일적 지배에서 얼마간의 예외에 해당하는 경제활동이며, 실제로 IMF체제하 남한 민중의 생활고를 조금이라도 덜어줄 수 있는 하나의 방책인 것이다. 더구나 이것이 북한 민중의 생활에도 도움을 주고 남북간 접촉에서 북한 당국이 정치논리로 좌우하지 못하는 영역을 넓혀주는 것이라면——이는 IMF사태로 남한 기업들의 형편이 어려워져서 '장사가 안 되는' 남북 경협을 꺼리게 된 상황일수록 더욱 불가피할 터인데——분단체제극복 과정에서의 그 중요성은 결코 무시할 수 없다. 다만 대기업 자체의 지향점이 IMF체제극복이자 분단극복일 수는 있어도 진정한 분단체제극복은 아니라는 사실에 유의하면서, 그때그때의 정세에 맞게 협력과 대결을 지혜롭게 수행하는 민중운동이 요구된다.

새로운 발전모형을 찾아

실제로 IMF사태는 이른바 노·사·정 간의 갈등을 첨예하게 드러내면서도 그 일치점의 모색을 강요하고 또 일치의 가능성에 대한 새로운 인식을 낳기도 한다. 예컨대 노조와 기업은 노동자해고 문제를 둘러싸고 맞서게 마련이지만, 무한정의 해고가 기업에 도움이 되지 않고 기업의 도산이 고용유지를 불가능하게 한다는 점은 조금이라도 길게 보았을 때 노·사를 불문하고 인정하는 사실이다. 게다가 재벌의 입장에서도, 급격한 부채청산과 점포정리식 헐값 자산매각 등 무리한 구조조정을 강요당하고 있는 자신들이야말로 실직노동자들 못지않은 IMF 피해자라 생각함직하다. 아니, 그러한 구조조정의 수혜자가 한국의 민중이 아닌 국제 투기자본과 외국의 일부 산업자본이라고 한다면——이런 사태를 불러오기까지 재벌들의 책임이 얼마나 컸느냐는 문제와는 별도로——한국의 재벌(및 여타 기업)과 노동자들이 '공동 피해자'로서 합의에 도달할 영역이 없지 않은 것이다.

오히려 정부가 IMF와 미국 재무부 등의 신자유주의적 '개혁'에 일방적으로 동조하고 나올 경우 특정 쟁점에 관해서는 '노·사의 반정부 공동전선'조차 생각해볼 수 있다. 다행히도 새 대통령은 오늘의 경제위기의 뿌리가 민주주의의 부족에 있다고 일단 진단했고, 신자유주의보다는 '민주주의와 시장경제'의 동시 추구라는 '구자유주의'에 더 가까운 목표를 내걸었다. 그러나 대통령 측근 중에도 극단적인 신자유주의적 발언을 일삼는 인사가 없지 않으며, 외국자본의 유치를 지상목표로 삼는한 정부의 의사가 어떻든 결과적으로 신자유주의가 구자유주의를 압도할 공산이 크다. 특히 정부가 생각하는 '경제회생'은 일차적으로 국민총생산(GNP) 내지 국내총생산(GDP)의 성장률 회복이지 IMF사태로 심화될 빈부격차의 축소가 아니라는 점에서 국내외 자본의 공통된 입장과 크게 다를 바 없다. 다만 외국자본은 사회혼란이 심해졌을 때 자유롭게 국외로 퇴출하면 그만인 반면 정부는 신자유주의 일변도 정책의 후과를 감당해야 한다는 점에서 양자의 객관적인 이해관계에는 엄연한 차이가 있으며, 선거를 통해 자리를 유지해야 하는 인사들이 주력을 이룬 점에서 국내 기업가들과도 다소 처지가 다르다.

이처럼 복잡하게 이해관계가 뒤얽힌 상황이니만큼 정부뿐 아니라 여타 당사자들도 '노·사·정 대타협'을 추구함에 있어, 단순히 외국자본을 끌어들이는 데 필요한 환경을 만든다는 당장의 (불가피한) 현안에만 매달릴 일이 아니다. IMF가 요구하는 사항 중 실제로 노·사·정 모두에 장기적으로 이로운 내부개혁을 받아들이되, 노동자들의 복지뿐 아니라 한국경제의 기반마저 잠식할 무리한 요구에 함께 저항한다는 자세로 임해야 할 것이다.

이런 성격의 '대타협'이 과연 가능한가? 갈등은 없이 협력만이 있는 대타협이라면 이는 '국난'을 핑계로 국내외 자본의 연합체가 민중수탈을 강화하는 기만책밖에 안된다. 그러나 분단체제극복운동은 일국 단위 또는 중·단기적 계급철폐론과는 입장을 달리하기 때문에, 계급간 대립과 협력의 적절한 결합으로서의 노·사·정 대타협을 배제하지 않는다. 다만 그 적절성은 통일된 한반도가 분단체제의 일부인 한국보다 더욱 인간화된 사회이면서 세계체제변혁에 한층 접근한 사회여야 한다는 분단체제극복운동 고유의 목표에 부합해야 하며, 이를 위해 한국경제의 국제경쟁력이 지금보다 더 떨어지지는 않도록 노력한다는 단기적인 현안도 어디까지나 목표를 분단체제극복에 둔 '방어적' 과제이지 남한만의 선진화 또는 흡수통일에 의한 대국화를 꿈꾸는 무모한 공격적 자세와는 질적으로 다른 것이다.

IMF사태로 상징되는 경제위기가 분단체제의 특정 시기에 맞게 형성된 '한국 모델'의 파탄을 뜻한다는 점은 앞서도 지적했다. 당연히 이는 새로운 발전모형의 고안을 요구한다. 그러나 새로운 모형도 어디까지나 분단체제 아래 살면서 이 체제를 허물어가는 상황에 적절해야 하는만큼, 마치 이미 통일이 이루어졌거나 통일의 과제가 애초부터 없는 상황인 양 극단적인 모형전환을 시도할 수는 없다. IMF사태가 세계자본주의의 본질을 더욱 극명하게 드러냈다고 해서 예컨대 분단극복을 통한 부분적인 타개마저 내다볼 처지에 있지 않은 멕시코 농민들처럼 자본에 대한 전면전을 당장에 선포하는 것은(『당대비평』 1998년 봄호에 실린 사빠띠스따 민족해방군 부사령관 마르꼬스의 「제4차 세계대전이 시작되었다」 참조) 우리로서는 낭만적인 발상에 불과하며, 다수의 노동운동가들도 공유하는 개발이데올로기가 인류의 공멸을 재촉하고 있다고 해서 차제에 세계시장에서의 경쟁력의 유지 또는 복원 자체를 포기하자는 일부 녹색운동가의 주장도 대책없는 이상주의가 아닐 수 없다. 이런 급진적인 제안들에 비할 때 분단체제론이 내세우는 새 모형에 무슨 새로움이 있느냐는 반론도 가능하겠다. 그러나 자본주의·개발주의와의 효과적인 싸움을 위해서도 한반도의 분단체제극복이 우선해야 하고 이를 위한 최소한의 경쟁력 유지가 필요하다는 '방어적' 자세는 당장 노·사·정 타협의 내용이나 기타 IMF사태에의 대응에도 적잖은 차이를 가져온다. 아니, 애당초 우리가 '국제경쟁력' 문제를 그런 자세로 대처했다면 IMF사태 자체를 피할 수 있었을지 모른다.

중요한 것은 물론 통일 한반도의 모습을 어떻게 설정하느냐는 점이다. 우리가 당장에 선택할 방어적 전략의 내용도 여기에 좌우될 것이다. 그런데 분단체제는 어디까지나 자본주의 세계경제의 한 하위체제요 세계체제의 수명은 이 하위체제보다 길 것이라는 전망이 정확하다면, 분단체제가 극복된다 해서 우리가 곧바로 시장경제의 논리에서 벗어날 것을 기대하기는 힘들다. 다시 말해 우리가 현실 속에서 살아남아 딴 일을 하는 데 필요한 만큼은 경쟁과 개발의 논리를 수용한다는 방어적인 자세가 여전히 요구되리라는 것이다. 다른 한편 인간보다 자본의 무한정한 축적을 중시하는 체제, 또는 인간을 중심에 둔다는 구실로 인간을 자연으로부터 소외시키고 인간성 자체를 상실케 하는 체제가 인류에 맞지 않는다는 사실은 이때쯤 더욱 명백해질 것이며, 한반도는 바로 그러한 사실을 올바로 깨달은 사람들의 중요한 거점 중 하나가 될 것이다. 분단체제극복은 이런 깨달음이 경륜있는 실력과 대대적으로 결합함으로써만 가능하겠기 때문이다.

분단체제극복운동이 그 궁극적 목표를 자본의 논리보다는 인간의 인간다움에 두고 부국강병(富國强兵)보다는 지구촌의 공존을 토대로 실현될 노자(老子)의 '소국과민(小國寡民)'에 둘 경우, 현재의 통일사업 주체들 사이에 분열이 조만간 불가피해질 것은 사실이다. 재벌을 포함한 기업은——기업가 개개인의 성향과는 별도로——통일된 자본주의 경제대국과 그로 인해 더욱 번영하는 세계경제를 지향하게 마련이며, 정부 역시 비록 '민주주의'라든가 '민족문화'를 첨가

하고는 있지만 개발주의·부국강병론을 기본적으로 벗어나기 힘들 것이다. 그러나 민중운동의 주체들이 장기적 목표와 중기·단기 목표들을 혼동하지 않고 각 단계마다 노·사·정 각계 내부에서 일어날 변화를 놓치지 않는다면, 상이한 궁극목표에 따른 운동세력의 분화가 운동의 성공을 막지는 못할 것이다. 예컨대 정부는 정부대로 통일사업이 진전됨에 따라 점차 민주화하고 분권화하면서 다양한 이념들의 표현공간으로 진화하고, 통일 후에도 분단체제를 극복한 민중의 요구에 걸맞은 새로운 복합국가 모형이 창안됨으로써 그러한 진화를 더욱 촉진할 수 있다. 기업들 가운데서도 자기쇄신을 통해 국제적 경쟁력을 갖추면서 분단체제를 극복하는 과정에서 국민기업·민족기업으로서의 일정한 몫을 해내는 기업과 그렇지 못한 기업의 차별화가 이루어질 것이다. 노동운동의 경우 역시, 벌써 진행중인 현상이지만, 과거의 고전적 산업노동자만이 아니라 사무직·전문직을 포함한 광범위한 근로계층을 포괄하면서 분단체제극복의 대의를 중심으로 여성운동·환경운동 들과도 새로운 연대를 이룩하는 길이 열려 있다.

새로운 발전모형에 관한 분단체제론의 이러한 발본적이면서도 중도적인 입장은 최근 '창비 통권 100호 기념 토론회'에서 제기된 '대국주의와 소국주의의 내적 긴장'[2]과도 통하는 발상이다. 부국강병론과 본질을 같이하는 '대국주의'가 궁극적으로 인류에 해로울뿐더러 한국의 발전계획으로서도 무리라는 뜻에서 이에 대한 발본적인 반성과 '소국주의'에 대한 재검토가 요구되지만, 세계체제의 현실을

---

2) 당일 배포된 자료집 및 『창작과비평』 100호(1998 여름)에 실린 최원식 「세계체제의 바깥은 없다」 참조. 이에 대한 나의 간략한 논평도 같은 호에 게재됨.

무시한 중세적 안빈론(安貧論)이나 세계시장의 분업체계 속에 안주하는 '타이완식' 경제운영 모두가 우리의 취할 바가 못 된다는 점에서 대국주의와 소국주의 간의 '긴장'을 유지하며 감당해야 하는 것이다. 대학과 관련된 발언이긴 하나, "'선진국 진입'의 가능성 자체가 결코 확실한 것도 아니지만, 우리가 그나마 지닌 인문적 전통을 철저히 파괴하지 않고 이 과업이 달성될는지 의심스럽"고 오히려 "한국처럼 너무 잘살지도 너무 가난하지도 않은 나라의" 잇점을 살려야 옳다고 주장했던(『분단체제 변혁의 공부길』 236, 237면 및 258면) 나로서는, IMF사태를 맞아 이 점이 더욱 분명해졌다는 생각이다. 당면한 경제회생 작업도 그러한 잇점을 잃지 않기 위한 몸부림이라면, 유동성 위기를 극복하고 성장기조를 일정하게 회복하는 데 그칠 것이 아니라 성장을 위해 모든 것을 바치던 과거와는 다른 길을 찾는 계기로 삼아야 한다. 'IMF시대'의 통일사업은 바로 이러한 작업의 핵심이며, 경제회생의 보람을 제대로 살리는 관건이 될 것이다. 〈1998〉

II

3
김일성 주석 사망 직후의 한반도 정세와 분단체제론
손호철 교수의 비판에 답하며

1. 최근 정세를 보는 시각

원래 이 글은『창작과비평』지 지난호(84호)에 발표된 손호철(孫浩哲) 교수의 분단체제론 비판에 대한 짤막한 '논평'의 형태로 구상했었다. 손교수의 평문은 필자의 입장에 관해 이제까지 내가 읽은 어느 글보다 상세하고 성의있는 검토였고, 따라서 내 나름의 소견을 밝히는 것은 논자에게나 독자에게나 당연한 의무라고 느꼈던 것이다.[1] 그러나 손교수의 글이 나올 무렵부터 급박하게 돌아가던 한반도 정세는 7월 들어 북한 김일성 주석의 사망이라는 커다란 사건을 낳고 말았다. 이후의 사태가 어찌 될지는 누구도 단언할 수 없다. 아무튼 분단시대의 역사에 하나의 큰 획이 그어진 것만은 분명하고,

---

1) 손호철「'분단체제론'의 비판적 고찰──백낙청 교수의 논의를 중심으로」,『창작과비평』84호, 1994 여름(이하「고찰」). 이에 앞서 이종오「분단과 통일을 다시 생각해보며」(『창작과비평』80호, 1993 여름) 및 정대화「통일체제를 지향하는 '분단체제'의 탐구」(『창작과비평』81호, 1993 가을) 등의 비판이 있었고 이들에 대해서는 졸저『분단체제 변혁의 공부길』(이하『공부길』)에 실린「보론: 분단체제 논의의 진전을 위해」에서 간략히 언급했다.

이런 판국에 자기 글에 대한 비판에나 답하고 있는 일이 너무나 한가롭고 자기중심적이라는 빈축을 살까 염려되기도 하였다.

그러나 김주석의 사망을 겪으면서 실은 필자가 '분단체제'라고 일컫는 비교적 안정된 분단구조가 한반도에 존재함이 한층 실감되는 바 있었다. 전쟁이 터지리라고는 군대에 비상경계를 명한 우리 정부도 믿지 않았겠지만, 전쟁이 아닌 그쪽 내부의 대혼란으로 당장 뒤바뀔 구조도 아니요 그런 혼란을 상대방인 이쪽에서 바라지도 않는 구조임이 새삼 확인되는 중이다. 이런 한반도 현실을 좀더 정확히 이해하는 데 도움이 되는 논의가 분단체제론이라면 지금이야말로 그 일에 힘껏 매달리는 것이 전혀 한가롭지 않은 짓일 수도 있다.

사실 분단체제의 존재와 성격을 더없이 뼈저리게 실감케 해준 것은 남북 정상회담 합의가 있기까지의 이른바 핵 위기 사태였다. 전쟁이 터지면 누구보다도 우리 민족 전체가 결딴이 나는 판인데, 이런 문제일수록 미국 정부와 언론의 강경세력이 사태를 주도하는 우리 사회의 비자주성이 역력했고, 한때 개혁 서슬에 눌려 있던 반민주세력이 남북긴장을 빌미로 기세를 올리는 현상도 낯익은 것이었다. 이는 굳이 '분단체제'와 연결시킬 필요가 없는 비자주성이요 반민주성이라고 주장할 수도 있다. 하지만 적어도 분단과 직결된 특이한 현상인 것은 분명하다. 비자주성 문제만 하더라도, 한국 정도의 경제력과 문화능력을 갖춘 국가가 대북관계에서 보여주는 대미의존성은 일반적 예속의 범위를 벗어나는 것이다. 이는 분단국가 특유의 불안한 주권, 다시 말해 외국이 아닌 분단 상대방과의 영토 경계는 국제법상의 지위도 모호할뿐더러 주민들의 통일열망 때문에——즉 무슨 수를 쓰든 통일에 일단 성공을 하고 나면 외국을 점령했을 경우와는 다른 내부 지지를 기대할 수 있기 때문에——항시적인 위협을 받게 마련인 탓이다. 또한, 반민주세력이 '국가안보'를 내걸고 나오는 일이 분단국이 아니고도 흔한 것은 사실이지만, 방금 말한 영토 및 주권 상의 불안정성 때문에 분단상황에서 '안보에 대한 위협'은 항시적으로 일정한 근거를 지닌다. 게다가 분단된 한쪽의 반민주성은 타방의 온갖 수구적 작태에 대해 여느 이웃나라의 반민주적 선례와는 전혀 다른 차원의 면죄부 구실을 해주는 것이다.

분단의 이러한 특성이 일정한 자기재생산 구조를 확보한 현실이 분단체제인데, 이 개념의 적절성 여부는 뒤에 따져보기로 하고, 아무튼 한반도 현실의 이러한 면모를 어떤 식으로든 감안하지 않은 대응이 큰 효과를 발휘하기 어렵다는 사실은 '북한 핵 위기'에서도 재확인되었다. 위기의 배후에 미국의 국가이익 내지는 미국 기득권세력 중 한 분파의 집단적 이해관계가 개재한다는 지적이 국내 일부 비판적 인사들에 의해서도 안 나온 것은 아니다. 이런 정당한 지적이 국내 수구세력의 의도적인 봉쇄작전에 마주친 것도 사실이다. 하지만 북한 정권 역시 분단체제의 일익이라는 인식이 한국의 재야운동에서 충분히 강조되어오지 못한 탓에, 핵 문제에 관한 이성적 발언조차 그 영향력이 더욱 한정되었다. 설령 핵 위기 문제에서만은 일부 급진운동권의 미국비판이 옳았다 해도, 여러 면에서 무시 못할 남한사회의 개혁성과와 독자성을 간과하고 북한의 체제유지 노력을 무비판적으로 지원하는 논리는 그 자체가 설득력이 부족함은 물론 다른 사람의 비판적 발언마저 약화시키기 십상이었던 것이다. 아니, '신식민지 국가독점자본주의' 등을 내세워 남한사회의 일정한 독자성을 강조해온 또다른 활동가나 이론가들도, 남한의 독자성 가운데는 외국자본보다 남북교류에 훨씬 더 직접적으로 영향받는 남한 경제계의 독특한 이해관계도 있으며 따라서 이를 남북관계 개선의 동력으로 끌어들임으로써 남한 내 민중억압의 완화에 기여할 수 있다는 유연한 논리를 개발한 예는 보기 힘들었다.

카터(Jimmy Carter)의 평양방문을 계기로 정상회담 합의라는 극적인 반전이 이루어진 뒤에도 분단체제에 대한 인식에 근거한 냉철한 전망과 지혜로운 대응이 필요하기는 마찬가지였다. 첫째, 설령 남북 정상의 만남이 실현되고 '상호신뢰'에 입각한 획기적인 합의가 마련되었을 경우에도 그것은 일차적으로 집권자끼리의 합의요, 남북한 민중들로서는 무엇보다도 통일과정에 좀더 주도적으로 참여할 **가능성**의 확대라는 차원에서 받아들여야 했을 것이다. 또한, 정상회담 합의에 이르기까지 우리 정부의 자세가 아무리 실망스러웠어도 이러한 성과를 전적으로 미국과 북한 외교의 승리로 돌린다거나 나라안팎의 반통일세력들이 민중의 통일열망에 드디어 굴복했다고 속단할 일은 아니었다. '반통일세력' 중에도 분단체제를 냉전시대 그대로 유지하고자 하는 세력과 냉전 이후에 맞게 개량하려는 세력이 있게 마련이며, 현단계는 후자에 속하는 세력과 분단체제를 변혁하려는 움직임이 때로는 분간하기 힘들 정도로 뒤얽힌 싯점이라 보아야 옳다. 이번 정상회담 합의의 공로도 일부는 남한 내의 그러한 역관계에 돌려져야 마땅한 것이다.

물론 한반도는 7월 하순의 정상회담이 실현되기 전에 '김일성 이후'라는 또 한번의 대반전을 맞았다. 그리고 이참에 남북화해를 영영 막아보려는 수구세력의 공세가 한창이다. 이런 해묵은 작태가 판칠 수 있는 것이 분단체제의 특징이기도 하지만, 분단체제론에 따른 전망이 반드시 비관스러운 것만은 아니다. 만약에 분단체제라는 것이 따로 없고 '냉전시대의 마지막 유물'로서의 분단이 있을 뿐이라면, 한반도에서 냉전적 대치상태를 유지하려는 남북 기득권층의 노력은 필사적일 것이며 통일세력의 결정적 승리——또는 전쟁이라는 파국——아닌 다른 타개책이 없을 터이다. 그러나 동서냉전에 크게 힘입었으되 냉전체제의 단순한 일부는 아닌 독특한 분단체제가 한반도에 존재한다면, 앞서 말한 대로 분단체제의 개량세력과 변혁세력의 협동을 통한 중간단계의 성취가 가능하며, 다음 단계가 진정한 변혁이 될지 어떨지는 그중 어느 쪽이 더 현실을 정확히 인식하고 적절히 대응하느냐에 좌우될 것이다. 이때에 분단체제가 어째서 부분적인 개량으로는 안되고 근본적으로 혁파해야 할 체제인지를 밝히는 작업도 그러한 인식과 대응의 핵심적인 일부임은 더말할 나위없다.

아무튼 분단시대의 극적인 정세변화를 잇따라 겪으면서 나는 분단체제에 관한 치밀한 논의가 그 어느 때보다 긴요함을 느꼈다. 그렇다면 모처럼 손호철 교수가 분단체제론에 대해 제기한 비판을 성의있게 검토하는 것도 급박한 현실에 부응하는 하나의 방법이 아닐까 싶다. 또한 단순히 이론적인 비판과 반비판을 주고받는 데 그치기보다, 그의 개입을 계기로 분단체제변혁운동의 이론적·실천적 과제를 다소나마 더 구체화해볼 생각이다.

2. 손호철 교수의 「비판적 고찰」에 답하여

거듭 말하지만 손호철 교수의 「고찰」은 이제까지 필자가 읽은 가장 성의있는 비판일뿐더러 "다소 엄격한 사회과학적 기준에 의해 〔분단체제론을〕비판적으로 살펴보고자 한다"(앞의 글 318면)는 그의 취지는 진작부터 내가 사회과학도들에게 청원하던 일이라 특히나 고마운 마음이다. 비판 가운데는 나의 입장을 잘못 전한 대목도 적지 않다고 생각되지만, 이 자체가 해명과 부연의 마침맞은 기회를 제공해준 셈이다.

「고찰」은 1~3절의 서론적 언급 및 '분단체제론의 공헌' 인정에 이어 4~7절에 걸쳐 조목별로 '비판적 평가'를 하고 있다. 그의 수많은 이의제기에 모조리 답하는 일은 지면의 제약 때문에도 불가능하려니와 반드시 그럴 필요도 없으리라 본다. 그러나 비판의 골자에 대해서만은 필자 역시 조목별로 답하는 것이 좋을 듯하다. 단지 그에 앞서, 손교수가 분단체제론을 요약하고 출발하는 대목(319면) 중 "2-2. 분단체제 하에서 남북한 공히 의미있는 변화는 불가능하며"라는 식의 정리가 야기하는 불필요한 혼란을 제거했으면 한다. ("1. 한국사회의 주모순은 분단모순이다"라는 요약도 '주모순'을 이해하기 따라 나의 본뜻과 달라질 소지가 있으나 이는 상당부분 나 스스로 자초한 혼란이기도 하므로 뒤에 더 자세히 논하기로 한다.) 손교수의 정리에서는, 통일 이전에도 가능한 변화가 있지만 이른바 PD진영에서 주장하는 '민중권력의 창출' 혹은 '민주변혁'은 환상이라는 나의 지론과 부분적 민주개혁조차도 남북관계의 개선 없이는 그 안정성을 기대할 수 없다는 나의 또다른 주장이 한마디로 "의미있는 변화는 불가능"이라는 단순논리로 바뀌었다. 물론 이런 단순화는 위에 인용한 문장 뒷부분의 "따라서 변혁은 '선민주(부분민주·부분자주), 통일, 후변혁'으로 가야 한다"라는 진술로써 어느정도 바로잡히고, 나아가 '분단체제론의 공헌' 중의 네번째로 "분단 하에서의 민주변혁의 가능성에 대해 근본적인 재평가를 강제한다는 점"(322면)을 꼽기조차 한다. 그러나 바로 그의 부정확한 '요약'이 두고두고 내 입장이 "분단의 효과를 과대평가하는 '분단결정론적 숙명론'"(338면)이라는 비판의 꼬투리가 되며, 심지어 내가 어떤 때는 '구조결정론'에 의존했다가 또 어떤 때는 남을 '구조결정론'으로 몰아붙이는, 남에게는 엄격하고 자신에게는 관대한 '이중잣대'를 지녔다는 비판(344~45면)으로 나아가기도 하는 것이다.

이런 공연한 신바람과 더불어 전체적으로 다소 허탈감을 안겨주는 것은, 「고찰」의 많은 부분이 '분단체제'가 손교수가 원용하는 '체제'의 특정 개념규정에 안 맞는다는 비판으로 채워졌는데, 내가 그러한 엄밀한 정의를 그대로 따르지 않고 있음을 지적하면서 출발해놓고도(324면 등) 결국은 "'분단체제'를 백교수 식의 엄밀한 의미가 아니라 좀더 느슨한 수준에서 사용하는 것은 남북한 문제를 동시에 사고하는 데 도움이 될 것"(342면)이라는 대안제시(?)로 매듭을 짓고 있는 점이다. 물론 이 문장 앞부분에는 "분단체제론의 여러 이론적 측면과 보조가설 등에는 동의할 수 없지만"이라는 단서가 붙었으므로 예의 측면과 가설 들에 관한 검토가 필요하겠지만, 나 자신의 변함없는 바램은 사회과학도들이 분단체제가 자기가 아는 '체제' 개념에 얼마나 안 맞느냐를 설파하기보다, 정확히 얼마나 '느슨한 수준'에서 구체적으로 어떤 내용을 부여해야 마땅한 개념인가를 좀더 '엄밀히' 밝히는 데 힘을 모았으면 하는 것이다. 이런 생산적 토론에 이바지가 되려면 손교수의 비판적 고찰에 대한 나의 반응 역시 이론적 엄밀성을 지녀야 함은 물론이겠는데, 이하 「고찰」의 조목설정을 그

대로 따른 검토가 그런 요구에 얼마나 값할지는 독자의 판단에 맡길
일이다.

'분단체제' 개념에 대하여

위에 언급했듯이 손교수의 '비판적 평가'는 '분단체제' 개념 자체
의 가능성 내지 유용성에 의문을 제기하는 데서 출발한다(324~25
면). 여기서 낱말풀이에 해당하는 측면을 일단 뺀다면,[2] 좀더 실질이
담긴 문제는 1) 세계체제와의 관련, 2) 남북한의 상호의존성, 3) 베
트남, 독일 등 다른 분단사회와의 차이 등일 것이다. 이 중 월러스틴
의 세계체제론이 구체적으로 적용되는 부분에 대해서는 뒤에 따로
논하는 것이 좋겠고, 우선 지적해둘 점은 "분단체제가 세계체제의
하위체제라는 주장에서 유추할 수 있는 일차적인 고려대상은 '세계
체제'의 '체제'와 같은 의미의 체제일 것이다"(324면)라는 손교수의
전제부터가 잘못되었다는 것이다.

경우에 따라 하위체제가 기본단위에 해당하는 그 상위체제와 똑

---

2) 「고찰」의 '보론'에서 "백교수는 분단체제론의 체제가 *regime*도 *system*도 아닌 독
특한 것이라는 정대화의 평가에 동의하고 있다〔『공부길』 43면〕. 이는 자신이 분단
체제론의 체제를 *system*으로 번역한 것과는 모순된 것으로 혼돈을 불러일으킨다"
(343~44면)라는 비판도 내가 보기에는 비슷한 성격이다. 나는 정대화(鄭大和)씨
가 정의하는 식의 *regime*과 *system* 어느 한쪽에도 해당하지 않으며 사회적 노동분
업이 없지만 그 심각한 부재 자체가 오히려 심상치 않은—이 점이 바로 손교수가
원용하는 영문 졸고 Paik Nak-chung, "South Korea: Unification and the
Democratic Challenge," *New Left Review* 197, 1993년 1·2월호, 74면에 언급되어
있다——일종의 체제를 설정하고 이를 영어의 일반 용법에서 벗어나지 않는 범위
내의 다소 '느슨한 수준에서' *system*이라고 표현했다. 그러나 *regime*이라는 낱말
도 정의하기 따라서는——프랑스혁명 전의 구체제를 *ancien régime*이라고 부르는
데서 단적으로 드러나듯이—— '체제'의 번역어로 동원되지 못할 까닭은 없다.

같은 완결성을 지닐 수도 있을지는 모르지만, 분단체제가 독립된 단위라기보다 세계체제의 '하위체제'로 존립한다고 굳이 못박을 때는 그것이 세계체제라는 (그 자체도 어디까지나 **상대적**으로만 '자기완결성'이 높은) 체계 속에 포용되고 그 맥락을 떠나서는 독자적으로 이해되기 힘든――따라서 일정한 '체제'적 성격을 지녔지만 기본단위에 비해 '자기완결성'이 한결 떨어지는――하위구분(subclass)으로 설정되었다는 뜻이다. 이러한 분단체제 개념의 다른 일면은, 남북한의 상이한 '체제' 역시 완결된 단위가 아니고 세계체제의 구성인자임은 물론, 이런 구성인자들 중에서도 분단체제라는 특이한 하위체제를 중간매개항으로 하여 세계체제에 참여하는――따라서 '자기완결성'이 더욱이나 낮은―― '사회'들이라는 인식이다. '세계체제/분단체제/남북한 각각의 체제'라는 세 가지 다른 차원의 '체제'를 구별하는 일은 정확한 의사소통을 위해 필요할뿐더러, 나중에 '주모순'의 성격과 변혁과제의 선후를 가리는 데도 결정적인 중요성을 띠게 된다. 다만 셋 중 앞의 둘 사이에 '동아시아체제'(정대화, 앞의 글 295면) 또는 '동아시아 지역'(「고찰」 319면)이라는 또 하나의 단위를 끼워넣는 일은 불필요한 혼란을 일으킬 뿐이다. 동아시아에는 꽤나 '느슨한 수준'에서도 체제라 일컬음직한 대상이 현존하지 않으므로 지역문제는 다른 차원에서 논의되어야 할 것이다.

분단체제가 세계체제와 동일한 차원의 '체제'는 못 된다고 합의했을 때 정작 중요한 문제는 손교수의 지적대로 "남북한이 '체제'에 값할 만큼 상호의존적인가"(325면) 하는 것이다. 손교수는 북한을 분단체제의 일부라기보다 "'세계사회주의체제'의 구성부분이고 환경으로서의 남한"(같은 곳)이 있다고 보는 것이 더 타당하다고 주장하는데, 나는 생각이 다르다. 세계 차원의 '진영모순'론이나 한반도 차원의 '체제모순'론이, 어떤 부차적 모순을 지적하는 정도라면 모를까 그 이상의 무게를 지닐 때는 세계체제와 분단체제의 재생산에 오히려 기여하는 이데올로기로 복무해왔다는 입장을——손교수가 더확실한 근거를 제시하지 않는 한——견지하고 싶은 것이다.

더구나 이 '상호의존성' 문제는 양쪽 기득권세력의 일정한 '공통의 이해관계' 문제와 직결된 것인데, 이 대목에서 손교수의 반론은 '정책'과 '체제논리'를 혼동하고 있다는 인상이다.

> 분명 양쪽 지배세력이 분단으로부터 내적 체제안정의 효과를 얻어왔고 이 점에서 분단유지에 일정한 공통의 이해관계를 가져온 것은 사실이지만 힘의 역관계의 격차(내지 이같은 격차가 존재한다는 주관적 판단) 속에서 우세한 쪽은 분단혁파에 더 큰 이해관계를 가져온 것이 아닐까? 즉 50~70년대는 북한이 분단혁파적이고 남한이 분단고착적이었던 반면, 결정적으로 힘의 관계가 역전된 80년대 말 이후는 사실상 이것이 역전되었다고 보아야 하지 않을까? (325~26면)

분단체제론이 남북 기득권세력의 이해관계가 전적으로 일치한다는 이론이 아님은 물론이지만, 손교수가 지적하는 현상——즉 남북 정권이 정세에 따라 그 통일정책의 적극성을 바꿔가면서 오늘까지 분단을 혁파 못하고 그렇다고 기득권을 포기하지도 않은 채 연명해온 역사적 기록——을 다시 한번 곱씹어볼 때, 이것이야말로 정책입안자들 자신의 주관적 의도에 딱히 구애받지 않는 일정한 '체제'의 논리가 작동해왔다는 발상에 오히려 설득력을 부여하는 바가 아닐까?

물론 여기에는 냉전체제를 비롯한 외세의 힘도 크게 작용해왔으므로 남북의 정권에만 책임을 묻는 것은 온당치 못하다. 그런데 이 점은 분단체제가 자기완결적 체제가 아니고 세계체제의 한 하위체제라는 명제에 함축된 것으로서, "잘못하면 분단재생산의 기제가 한반도에 내재적이라고 보는, 따라서 이 기제로부터 외세는 배제되는 결과를 가져올 가능성이 크다"(326면)는 손교수의 지적은 기우에 불과하다.

한반도의 분단이 베트남 및 독일의 분단과 달리 '분단체제'라 부름직한 차별성을 지니게 되었다는 주장을 이 자리에서 다시 길게 펼칠 필요가 있을지는 의문이다. 베트남에서도 일시적인 휴전이 있기는 했지만 1953년 이후 한반도에서와 같은 '체제'적 안정성을 끝내 확보하지 못한 상태에서 민족해방전쟁이 승리하였고, 독일 분단은 냉전체제의 거의 직접적인 산물로서 냉전이 지속되는 동안은 한반도보다도 더욱 안정된 분단상태가 유지되었으나 '냉전 이후'까지 살아남을 독특한 분단체제는 아니었다. 이런 엄연한 역사적 사실이야말로 복잡한 이론화 이전에 손교수가 언급한 모든 '비교분단사회학'의 시발점이 되어 마땅하지 않겠는가?[3] 여기서는 이 뻔한 사실

---

3) 물론 이 상식을 아직도 받아들이지 않는 사람은 많다. 국내 운동권의 '민족해방론'은 여전히 베트남과의 유사성에 집착하는 경향이며, 반대로 월러스틴은 최근의 한 글에서 한국전과 베트남전의 차이점을 새삼 강조하고 베를린봉쇄작전과의 상관성을 환기시키면서 한국과 독일 분단의 차별성을 과소평가하고 있다(Immanuel Wallerstein, "The Agonies of Liberalism: What Hope Progress?", *New Left Review* 204, 1993년 3·4월호, 9~10면; 번역은 『창작과비평』 85호(1994 가을) 「자유주의의 고뇌: 진보에 희망이 있는가?」 289~91면). 한반도 문제를 주로 취급하지 않은 외국 학자의 견해는 그렇다 치더라도, 국내의 진보적 사회과학도라는 이들의 상당수가 — '민족해방파'와 방향만 바뀐 편중된 자세로 — 독일 분단과의 유사성에 집착하여 독일식 흡수통일의 반민중성을 경계하는 나머지 오히려 통일운동

자체를 부연하기보다, '분단 없는 분단체제'라는 나의 표현이 '개념의 폭력'에 해당한다는 손교수의 비판(329면)을 잠시 언급하기로 한다.

'분단 없는 분단체제'가 하나의 '역설적 표현'임은 나 자신이 먼저 밝혔고 손교수도 인지한 사실인만큼 이를 두고 '개념의 폭력' 운운한 것이야말로 다분히 폭력성이 가미된 비판이다. 하지만 더 중요한 문제는 그런 역설적 표현을 쓴 나의 취지가 무엇이며 그것이 분단현실을 이해하고 통일운동을 수행하는 데 도움이 되느냐는 것일 터인데, 손교수가 바로 읽었듯이 표현의 취지는 "통일이 되어도 분단체제는 남을 가능성을 시사하는 것으로, **분단극복과 통일이 분단체제극복과는 별개의 것**"(329면, 강조는 원문)이라는 점이다. 물론 분단이 없는데 분단체제가 남는다는 말은 문자 그대로 역설이요, 분단극복 뒤에도 분단시대의 온갖 잘못된 유산이 이월될 수 있을 만큼 분단현실이 체제화되어 있음을 강조하려는 일종의 의도된 '표현의 폭력'이다. 이는 "통일이 가져올 '역계기화(逆契機化)'"(338면) 가능성에 대한 손교수 자신의 인식과 일맥상통하는 주장이기도 하다. 다만 그럴수록 우리는 분단체제극복의 전망이 담보되지 않은 상황에서도 분단극복이 곧 분단체제극복이 되도록 최선을 다해야 할 것이며,[4] 그

자체에 냉담해지거나 남한의 '선변혁'이라는 비현실적 조건을 내걸고 있는 것은 반성할 점이다.

4) 이 점을 졸저 『공부길』에서는 식민지시대의 경우에 견주어 다음과 같은 설명을 시도했다. "우리 민족의 가까운 과거만 돌아보더라도, 식민지시대의 민족사적 과제는 일제 식민지체제를 주체적으로 극복하는 일이었다. 하지만 당시에도 세계정세에 밝고 민족역량의 한계에 냉엄한 분석가는 이러한 과제의 달성불가능성, 연합국 주도에 의한 식민지시대 종식의 불가피성을 예언했기 쉽다. 그러나 이것이 식민지체제의 가장 바람직한 극복을 위한 이론적·실천적 모색의 현실적 무용론을 정당화

둘을 구별한다고 해서 "분단체제론이 스스로 자랑하는 것과 달리 자주화·민주화·통일을 일체화하는 이론이 아님을 스스로 보여주고 있는 셈"(329면)이라고 하는 손교수의 결론은, 자주화·민주화·통일 운동의 일체화를 지향하는 분단체제론에는 억울한 공격이며 부당한 왜곡이 아닐 수 없다.

「고찰」의 '비판적 평가(1)' 중 세계체제론과 구체적으로 연관되는 문제들은 뒤에 따로 논하기로 한 터이다. 그러나 일단 짚어둘 일은, "세계체제적 시각 그 자체는 분단체제론이 아니어도 이미 무수히 거론된 것이고 결코 새로운 것이 아니다"(330면)라는 당연한 지적에도 불구하고 이 '새로운 것이 아닌' 이론의 기본골격에 대해서조차 손교수 자신의 이해에 의아스러운 구석이 적지 않다는 점이다. 예컨대 북한 및 '현실사회주의 사회'들이 '국가간체제' 내지 '열국체제'(interstate system)의 일부로서는 세계체제에 속하지만 '자본주의 세계경제'의 일부는 아니라는 주장(326면)은 세계체제론의 기본전제에 어긋나는 것이다. 손교수가 참조한 월러스틴의 바로 그 대목[5]에서

할 수 있을 것인가? 연합국 주도의 '해방'이 분단시대로 이어지고 식민지 유제의 온존으로 이어진 것이 바로 그러한 노력의 부족 탓이 아니었는가? 반면에 그런 시도가 부족하나마 엄연히 있었기에 오늘날 우리가 분단시대를 분단시대로 의식하며 분단 이후의 시대가 분단체제의 유제를 최대한으로 청산한 시대가 되도록 공부하고 연마하는 일도 가능한 것이 아니겠는가?"(45~46면)

5) I. Wallerstein, *The Capitalist World-Economy*, Cambridge UP 1979, 68~69면(「고찰」 326면 주22) 이 대목에서 손교수는 월러스틴이 현실사회주의권도 자본주의 세계경제의 일부였다는 논거로 '국가간체제'로의 참여를 들고 있으나 "이 논거는 북한 등이 단순히 '세계체제'(국가간체제까지를 포괄하는)의 일부가 아니라 '자본주의 세계경제'의 일부라는 분단체제론의 논거와는 무관하다"고 주장한다. 하지만 월러스틴이 맞고 틀리고의 문제와는 별도로, 그가 '국가간체제로의 참여'를 '자본주의 세계경제의 일부'라는 주장의 논거로 제시했다면 과연 '분단체제론의 논거'와 무관한 다른 입장을 취하고 있는 것인가?

도 드러나듯이, 열국체제는 자본주의 세계경제의 '상부구조'라는 것이 세계체제론의 입장이다. 그것이 맞는 주장이냐 아니냐, '현실사회주의' 국가들도 자본주의 세계경제의 일부라는 주장이 '유통주의'냐 아니면 유통주의 운운하는 사람들이 근대 세계체제 속에서 '비자본주의적' 경제제도의 자본주의적 작동양상을 간과한 교조주의자냐라는 논쟁에는 이참에 끼여들 생각이 없다. 다만 나 자신 민족문학론을 펼치면서 소련·동구 공산정권의 몰락 훨씬 전부터, "제3세계의 민중이 일상생활에서 얻은 실감은 세계경제는 여전히 자본주의적 원칙의 지배 아래 있다는 것이다. 이른바 사회주의국가의 성립이라는 것도 아직까지는 이러한 세계경제 질서의 테두리 안에서 해당국의 사회주의운동이 정치권력을 장악한 것이라고 설정하는 쪽이 제3세계 민중생활의 실감에 오히려 가까운 것이다"[6]라는 문제의식을 그 중요한 일부로 삼아왔음을 지적하고자 한다.

'분단모순'에 관하여

이 대목의 요점 가운데 하나는 우리 사회의 여러 모순을 늘어놓는 식의 '병렬주의'를 분단체제론 역시 극복하지 못했다는 것이다. 이와 관련하여 손교수는 "병렬주의는 다른 이론도 극복 못했고 분단체제론, 그것도 아직 체계화되지 않은 분단체제론에 이를 극복하라고 요구하는 것은 무리이다. 비판의 초점은 그것이 아니라 분단체제론이 다른 이론을 병렬주의라고 비판하면서 자신은 이의 극복에 기여

---

6) 졸고 「제3세계의 문학을 보는 눈」(1982), 『민족문학과 세계문학 2』(창작과비평사 1985), 170면. 또한 사회분석의 기본단위가 자본주의 세계경제여야 한다는 월러스틴의 주장에도 일찍부터 동의해왔다(예컨대 「학문의 과학성과 민족주의적 실천」 〔1983〕, 『민족문학의 새 단계』 342면).

하고 있다고 주장하나 그렇지 못하다는 것일 뿐이다"(332면)라고 친절하게 부연하고 있다. 여기서 필자의 욕심을 토로한다면, 앞서 분단체제론의 '공헌'을 열거하던 중 그 '다섯째'로 "PD에서 부족했던 단계적 사고"(322면) 등 '정치적 현실주의'를 평가해주었던 손교수가 적어도 그만큼의 '병렬주의 극복'은 이루어진 셈이라고 말해주었다면 더욱 친절한 일이 아니었을까 하는 것이다.

그러나 이런 식으로 논자의 온정에 기대기보다 분단체제론에서의 '모순' 논의가 미비한 점을 솔직히 시인하고 보완하는 가운데 분단모순론 및 분단체제론의 존재가치를 인정받는 자력갱생의 노력이 긴요함은 물론이다. 졸고 「분단체제의 인식을 위하여」(『창작과비평』 78호, 1992 겨울; 『공부길』에 재수록)에서 이미 밝혔듯이 필자는 애초에 '한국사회의 기본모순은 계급모순이고 주요모순은 민족모순이다'라는 한때의 통설에 불만을 품고 '분단모순'의 해명을 요구했으나 '모순'의 개념 자체를 둘러싼 부질없는 말싸움을 감당하기 힘들어 논의의 초점을 '분단체제'로 옮겼던 것이다(『공부길』 14~15면). 이번에 '분단모순은 주모순인가'라는 손교수의 비판을 대하면서도, 우선 기본모순/주모순의 구별 근거로 마오쩌뚱(毛澤東)의 「모순론」을 제시한 것(333면)부터가 훈고학적 논란거리이고, "가장 주된 규정력을 가지"(334면)는 모순이 기본모순인지 주(요)모순인지 나로서는 아리송해지며, 'PD식'이 계급모순·민족모순 "두 개의 주모순을 이야기하는 것"(334면)이라는 진술에 동의 안할 PD 논객들도 많겠다는 생각이 드는 등, 이 골치아픈 논의에 또 끼여들어야 하나라는 회의가 앞선다. 그러나 '모순' 대신 '체제'를 말한다고 해서 어차피 소모적인 논란이 면제되지 않을 바에야, 분단체제론 중 모순론에 해당하는 부분을 새롭게 정리할 의무를 더이상 게을리할 명분은 없을 것 같다.

먼저 "분단의 규정력의 (최)우위성 가설은 잘못된 것"(334면)이라는 비판에 대해, 분단체제가 자본주의 세계체제의 일부인 이상 한반도에서도 사회적 모순의 가장 근원적인 규정력은 자본주의 생산양식에 기인하지 분단에서 오는 것이 아니라고 답할 수 있다. 그러나 적어도 분단이 고착된 1953년 이후 남한 민중의 구체적인 투쟁내용이 이리저리 바뀌어왔다는 사실 자체는 분단체제와 남북한 민중(및 이들과 연대하는 해외동포와 외국인) 사이의 계속되는 싸움에서 '주요모순의 주요측면' 상의 변화라고 보아서 안될 이유가 없다. 그런 의미에서 우리 사회의 온갖 문제들은 세계체제의 모순이 분단체제에 의해 매개되는 방식으로 '가장 주된 규정력'을 행사하고 있다고 할 것이다.

더욱 중요한 것은 사회적 모순 문제를 논의할 때 일국사회적 발상을 넘어서는 일이다. 온전한 '일국'도 아니요 그렇다고 '일국'이 아니라기도 무엇한 분단사회의 경험이야말로 일국 단위의 사회분석 자체를 탈피할 절호의 계기련만, 우선 손교수부터도 남한사회를 기본단위로 놓고서 모순론을 전개하고 있다는 인상이다. 물론 남한의 주민에게 남한사회는 실천의 일차적 장이며 분석대상으로서도 남한이라는 단위를 결코 소홀히할 수 없다. 그러나 이러한 '일차적 장'에 과도하게 집착하는 것은 민족사의 관점에서도 남북한 공통의 장을 개척하는 임무를 게을리할 위험이 따르려니와, 세계체제의 이해라는 면에서는 열국체제라는 상부구조에 현혹되어 자본주의 세계경제라는 물적 토대의 분석을 그르치는 잘못을 범하기 쉽다.[7] 따라서 우

---

7) 일국 단위의 운동을 강조하는 계급의식의 의의와 문제점 및 '내적 모순' '외적 모

리는 이론적으로도 각기 다른 차원의 분석을 대상에 따라 동시에 수행해야 하듯이, 실천 면에서도 세계체제의 일원으로서 자본주의의 모순에 대한 장구한 투쟁과, 분단체제라는 그 하위체제의 일원으로서 '분단모순'에 대한 좀더 직접적인 싸움, 그리고 다시 분단체제 속의 하위체제인 남한사회의 주민으로서 국내의 민주개혁 등 그때그때 당면과제와의 싸움들을 동시에 수행할 수 있어야 할 것이다. 그리고 이렇게 말하는 것은 남한 민중이 극복해야 할 모순들을 그냥 '병렬'하는 것과 전혀 다른 이야기다.

'민족모순과 자주화' 문제

「고찰」은 6절 '비판적 평가(3)'에서 '민족모순' 문제를 따로 제기하고 있는데, 이는 많은 부분 앞에서 지적한 '분단체제' 및 '분단모순'에 대한 부정확한 이해 및 아직도 다분히 일국주의적인 발상에 근거한 것이기 때문에 길게 논의할 가치가 떨어진다. 예컨대 "시야를 북한에 좁히더라도 북한 민중과 미국을 진영모순으로 보는 것이 이를 민족모순으로 보는 것보다 유용하다"(336면)라는 비판은, 분단체제론에서는 외세의 문제가 배제 또는 경시되기 때문에 '민족모순' 문제를 따로 논할 필요가 있다는 전제를 깔고 있는 듯하다. 그렇지 않다면 이른바 민족모순을 포함한 세계체제의 모순이 분단모순의 형태로 남북한 민중을 모두 억누르되 그 구체적인 작동방식은 남북의 현실에 따라 달라진다고 주장하는 분단체제론이 북한 민중과 미국의 관계를 "민족모순으로 보는 것"이라고 단순화할 이유가 없

순 등의 용어에 따르는 혼란에 관해서는 졸고 「분단시대의 계급의식」, 『공부길』 140면 참조.

다. 또한 '주요모순으로서의 민족모순' 운운할 때 여러가지 다른 민족문제들을 식별해서 말할 것을 요구하고 한반도와 같은 분단상황에서 민족모순이라는 개념을 더욱 엄밀히 정의할 필요성을 강조해온 논의[8]를 민족모순을 "탈역사화"(336면)했다고 나무랄 까닭이 없는 것이다.

물론 이 '탈역사화' 주장은 북한의 자주성 제약에 관한 나의 발언에 대한 비판과 직결된다. 즉 내 글에서, 북한이 자랑하는 '자주'가 결코 허구만은 아니지만 그렇다고 자주성의 일반적 모범일 수 없고 실제로 분단체제의 비자주성을 그들 나름으로 예시하고 있음을 설명하기 위해, "개인이건 집단이건 진실로 자신에게 필요하고 자신이 소망하는 바를 남들의 간섭 없이 성취할 수 있는 상태가 자주라고 한다면, 조선민주주의인민공화국과 그 주민들이야말로 오늘날 (누구의 잘못 때문이든) 매우 심각한 자주성의 제약을 겪고 있다고 보아야 한다"(『공부길』 19면)라고 '자주성'의 개념을 약간 더 넓게 생각해볼 필요를 환기한 것을, 손교수는 자주성 개념 역시 탈역사화되었다고 받아들인다. 그러나 북한이 겪고 있는 "매우 심각한 자주성의 제약"이란 가령 북한의 예산에서 국방비가 차지하는 비중이 실질적으로는 워싱턴 당국의 결단에 크게 좌우되는 등의 매우 구체적인 문제를 염두에 둔 것이며, 손교수의 표현을 빌린다면 "역사특수적 개념으로서의 자주성"(337면) 범위를 전혀 벗어나지 않는다. 여기서 "누구의 잘못 때문이든"이라는 단서를 붙인 것도, 윤리의 차원을 일단 떠나서 자주성의 제약 사실 자체에 치중하자는 뜻이지 그러한 제약이 있기까지의 경로와 원인에 대한 '역사특수적' 논의조차 배제

---

8) 예컨대 졸고 「민족문학론과 분단문제」, 『민족문학의 새 단계』 159~60면.

하자는 건 아니다. 다만 미국이라는 초강대국이 때로는 명분없이 울 룩대어 북한 정권과 민중의 선택을 제한해온 것이 사실이라 해도, 그 결과가 정권담당자와 민중에게 똑같이 고통스러운 것은 아니라 는 사실 또한 직시하고 분석해볼 필요가 있다. 또한 위협하는 미국 의 기득권층과 위협당하는 북한의 기존체제가 모든 면에서 적대적 이기만 한지도 민중의 관점에서 따져봄직하다는 것이다.

손교수가 대안적 설명으로 제시하는 '진영모순'설에 필자가 비교 적 냉담한 것도 그 때문이다. 이미 밝혔듯이 그런 측면이 있음을 부 정하지는 않는다. 하지만 이를 과대평가하는 일이야말로 모든 문제 를 외세 탓으로 돌릴 위험이 크며, 집권 후 결코 사회주의적 자유와 평등을 이룩하지 못한 사회주의자들과 '적대진영'을 필요로 하는 서 방의 냉전주의자들에게 다같이 안성맞춤인 이데올로기를 제공하기 쉬운 것이다.

'변혁론'

변혁론 내지 실천운동론은 이제까지 모든 논의들의 열매에 해당 하는 것으로서, 분단체제론의 열매가 아무나 쉽게 따먹을 만큼 풍성 하거나 무르익지 못했음은 누구보다 나 자신이 먼저 인정하는 바다. 손교수 또한 분단체제론보다 뚜렷한 성과를 거둔 다른 논의가 있는 것은 아님을 배려하면서 비판을 제기하고 있다. 그렇기는 하지만, 앞서 분단체제론에 대한 그의 '요약'과 관련해서 지적했듯이, 비판 중 상당부분은 필자가 분단상황에서는 의미있는 변화가 불가능하다 는 '분단결정론적 숙명론'의 과오를 범했다는 오해에서 출발하고 있 다.

통일의 '역계기화' 가능성을 제시한 점 역시 유효한 반론은 못 된다. 적어도 '분단 없는 분단체제'가 문자 그대로 '개념의 폭력'이 아니고 분단체제의 나쁜 유산이 보존되거나 심지어 확장되는 통일을 경계하는 표현임을 인정한다면, 분단체제론이야말로 '어떤 통일이냐'에 대한 손교수 자신의 관심과 합치되는 바 있을 것이다. 더구나 뒤이은 그의 주장처럼 "PD적 통일·변혁관 역시 분단과 현정세 하에서도 근본적인 민중변혁이 가능하고 따라서 민중변혁 후 통일을 해야 한다는 주장이 아니라, 분단체제 하에서 민중주도성 확보가 그만큼 어렵고 '어떠한 통일'(민중주도적, 아니면 자본주도적)인가가 통일 후 민중주도성의 강화, 약화 여부에 중요하기 때문에라도 남한 민중이 민중주도성과 민중변혁을 고집할 경우 좀더 민주적 개량이라도 시켜줄 수밖에 없고, 그래야 그 결과 좀더 자주적·민중적인 통일이라도 가능하다는 이데올로기적·담론적 효과를 노린 개입으로 보아줄 수 있다"(339면)고 친다면, 쟁점은 거의 사라진다. 다만 대다수의 'PD적' 논객들이 실제로 그런 전술적인 계산에 따라 강경한 원칙론을 펴왔는지는 나로서는 모를 일이며, 강경한 원칙의 고집이 얼마나 효과적인 전술인지는 그때그때 사안별로 결정할 문제이다.

그러나 '분단체제극복을 위한 남북한 민중의 연대'라는 변혁운동의 골자를 두고 "시야를 전한반도로 확대한 중요한 문제제기"임을 인정하면서도 "그 문제의식의 정당성에도 불구하고 남북한 현실을 '현실주의적' 시각에서 바라볼 때 이는 분단 하의 민중변혁론만큼이나 당위론적이고 관념론적인 이상론이 아닌가 싶다"(340면)라고 결론지은 점은 결코 승복할 수 없다. 문제의식은 정당한데 아직 때가 무르익지 않아서 구체적인 성과가 미미한 것과 문제의식 자체가 현실로부터 동떨어진 당위론 내지 관념론·이상론이라는 것은 마땅히 구별해야 할 터이다. 실제로 남북한 민중의 연대가 그토록 아득한 꿈인지도 좀더 성의있게 따져보아야 한다.[9] 그런데 그것이 결코 아득한 꿈이 아닐 수 있는 엄청난 변화의 시대에 우리가 살고 있음을 상기시킨 『공부길』 '머리말'의 한 구절을 잡아, 마치 필자가 본격적인 반비판을 시도했다가 실패한 듯이 "…라는 주장 정도라면 PD의 '선민주변혁, 후통일'론 역시 관념론이라는 비판에 대한 반비판으로 똑같은 이야기를 얼마든지 할 수 있다"(343면)라고 예의 'PD보다 나을 게 뭐가 있느냐'는 식의 반박을 되풀이하는데, 이것이야말로 내게는 지나치게 혹독하고 PD에는 관대한 '이중잣대'가 아닌가 하는 생각도 든다.

좀더 구체적인 문제로 돌아가 "칼자루를 쥐고 있는 [분단체제의] 권력자들과 그렇지 못한 민중 간의 비대칭성"을 강조하면서 "북한을 방문, 김일성과 상담하고 와 거드럭거렸던 정주영과 정부인가를 받지 않은 남북한 교류라는 이유로 팩스 한장만 보내고도 감옥행을 당

---

9) 이 문제와 관련하여 손교수가 "범민련 등이 이같은 연대라고 주장할 수 있으나, 이를 북한 '민중'과의 연대라고 보기 어렵고…"(340면)라고 한 것은 불필요한 지적이었다. 그의 짐작대로 분단체제론의 분류법은 전혀 다르다. "남한 민중운동의 일부 지도적 인사와 북한 지도층 사이의 교류를 민중들 자신의 연대운동과 동일시하지 않는한"이라는 『공부길』 머리말(5면)의 난서도 그 점을 못박고 있지만, 그에 앞서 「분단체제의 인식을 위하여」에서도 "범민련을 비롯한 기존의 재야 통일운동가들이 제시한 '자주교류의 원칙' 자체에는 공감하면서, "그러나 이제까지는 남쪽 당국의 '창구단일화' 방침에 따라 물리적으로 배척당했을 뿐 아니라, 그 추진방식이나 결과에 있어 실질적인 '창구단일화'가 확보된 북측의 일방적인 찬동을 받음으로써 남한 민중의 운동으로서는 호소력이 줄어들게 마련이었다"(같은 책 38면)는 비판을 덧붙였었다. 지도층간의 교류가 그것 나름으로 가질 수 있는 의의에 대해서는 뒤에 다시 언급한다.

하는 통일운동가들의 대비를 상기하자"(343면)라는 대목도 어떤 '비판적 평가'에 해당하는지 종잡기 힘들다. 손교수가 인용한 나의 문장[10]이야말로 예의 '비대칭성'으로 특징지어지게 마련인 분단체제의 반민주적 성격에 유의하면서 그럴수록 민중세력이 손놓고 있을 게 아니라 스스로 연대의 장을 개척해나가야 한다는 취지였는데, 그다지도 본의에 어긋나게 표현되었던 것일까. 어찌 됐건 이 문제는 누구와의 입씨름으로 끝낼 일이 아니다. 이제 손교수의 비판에 대한 직접적인 답변이라는 차원을 넘어 분단체제론의 변혁운동적 지평을 다소라도 넓힐 몇가지 가능성을 생각해보고자 한다.

3. 범한반도적 민중운동을 위한 몇가지 첨언

손호철 교수와 같은 본격적인 문제제기가 아닐 경우에도 분단체제론이 실천에 도움을 주기에는 너무나 복잡하고 막연한 이론이라는 불만을 흔히 들어왔다. 이에 대해 필자는 이론의 미비점 외에 현실의 여건이 분단체제론이 요구하는 범한반도적 민중운동의 가능성을 실감할 만큼 무르익지 못한 점을 지적하는 한편, 그렇다고 옛날처럼 단순명료한 이론으로 대응하기에는 현실이 너무나 바뀌었음을 상기시키기도 했다. "분단체제론이 일부러 현실을 복잡하게 만든 것이 아니라, 처음부터 복잡한 분단현실의 진화과정에서 비교적 단순한 논리가 얼마간 필요하던 세월이 있었고 이제 그런 세월이 지나가

---

10) "더구나 남북을 아우르는 '공통의 장'이란 분단체제를 운영하는 자본가나 권력자들에게는 구체적 계획의 대상이고 심지어 행동의 장이 된 지가 오래 아닌가."(『공부길』 5면)

버린 것이다."[11]

그런데 남북한 민중의 연대운동이 아직은 이렇다 할 것이 없다손
치더라도, 이를 구상해볼 여건조차 과연 없는 것인가? 이제 남은 지
면에서 이 문제에 관한 약간의 고찰을 덧붙이면서 이론상의 미비점
도 다소 보완해볼까 한다.

결론부터 말한다면 필자는 현 상태에서도 남북한 민중연대의 가
능성이 일부 논자들이 단정하는 것만큼 철저히 막혔다고 보지 않는
다. 이는 수구세력의 이데올로기 공세가 한창인 오늘의 남한 현실에
서 뜬금없는 낙관론으로 들릴지 모른다. 그러나 이러한 병리현상 역
시 분단체제 속에서 남북간에 상승작용을 일으켜온 바 있고 현 사태
도 그런 측면이 없지 않다. 김일성 사망 이후 북쪽에서의 충성맹세
의식에 해당하는 작금 남한의 반공선서 행렬이 항구적인 '좌파 사
냥'으로 자리잡는다면 별문제지만, 남북 정권 모두 머지않아 좀더
일상적인 분단체제 운영으로 돌아가리라 예상된다.

그럴 경우 정부가 관장 또는 승인하는 남북교류가 점차——정상회
담이 성공한다면 더 급속히——늘어날 것은 분명하다. 이로 인해 권
력자와 민간 통일운동가 사이의 '비대칭성'이 강화될 가능성도 있지
만, 민간운동이라는 것에 대해 급진운동권 특히 그중에서도 비합법
적 민간교류에 가장 적극적인 특정 노선에서 하는 식으로 '권력 대
민중'을 대립시켜 생각하지 않는다면 양자간의 경계선 및 '비대칭
성' 문제는 훨씬 유동적일 것이다. 아무튼 정부나 재계가 주도한 교
류라 하더라도 그것이 남북한 민중의 생활 및 의식 상의 접근에 미
칠 파급효과는 무시하기 힘들다. 아니, 순전히 남북 권력자들간에,

11) 졸고 「한국 민족문제의 특수성」, 『대학신문』 1994년 5월 23일자, 6면.

그것도 밀사교환의 형식으로 이루어진 7·4공동성명조차 민중적 통일운동의 진전에 엄청난 보탬이 되었을뿐더러 그 자체가 민중운동의 간접적 성과로 평가받고 있지 않은가.

'범민련식' 교류방식에 대해서도, 비록 나 자신이 여러모로 생각을 달리함을 이미 밝히기는 했지만 그 객관적인 효과는 사안별로 따질 일이다. 그중 '불법 입북'이라는 한가지 행동방식만 하더라도, 가령 임수경(林秀卿)씨의 방북이 북한 민중의 의식세계에 남긴 흔적은 장기적으로 북한 당국자들이 예측 못한 위력을 발휘할지 모른다. 당시 그의 주변에 쏠린 열광적인 인파를 통제하기 위해 북한 당국이 애를 먹은 것은 주지의 사실인데, 서방측 한 목격자의 전언에 따르면 특히 개성(開城)에서 몰려드는 군중을 제지하며 심지어 노인들까지도 무자비하게 다룬 당국의 대응은 (임양의 신변경호를 위해 필요했는지 몰라도) 거의 '폭동진압'에 가까웠다고 한다. 이런 민중적인 열기가 일시적으로는 임수경씨를 귀국 즉시 구속한 남한 당국에 대한 분노로 집중되었겠지만, 그것으로 간단히 처리되었다거나 두고두고 북쪽 기득권세력의 자산으로 남으리라고 속단할 필요는 없는 것이다.

아무튼 지금도 이미 열려 있고 남북 정상회담이 실현될 경우 획기적으로 넓어질 남북 민간교류의 장이 얼마만큼 민중의 것이 되느냐는 문제는 우리의 노력에 크게 좌우되며 우리의 생각에 따라서도 크게 달라진다. 바로 그렇기 때문에 통일과정에 민중역량의 투입을 늘리기 위해 민중생활의 현장에서 기본역량을 키워가는 일, 남북 각기의 사회에서 범한반도적 연대를 가로막는 구조와 제도를 바꾸는 일, 기존의 제도 아래서도 민중적인 교류를 최대한으로 늘리는 일 등등의 복잡한 과제를 '병렬적'이 아니게 정리해주는 이론이 필요한 것이다.

필자 나름으로 그러한 요구에 부응코자 한 '분단체제극복을 위한 남북한 민중의 **연대운동**'이 병렬주의도 이상론도 아니라는 주장은 손교수의 비판에 대한 답변을 통해 제시되었다. 어디까지나 남북 민중의 연대운동이지 단일 운동이 아닌 것은, 하나의 분단체제라지만 남북 각기의 '체제'가 하위체제로 기능하는 복합체 속의 운동이기 때문이요, 따라서 각자의 일차적 과제는 남북 각각의 현장에서 벌이는 독자적인 현실개혁운동 겸 분단체제변혁운동이다. 또한 분단체제가 스스로 완결된 체제가 아니고 자본주의 세계경제의 하위체제 가운데 하나이므로 남북 민중이 연대한 이 운동은 곧바로 세계적 차원의 현실개혁운동이며, 현존 세계체제가 인간다운 삶에 대한 세계민중의 욕구를 실현할 수 없을뿐더러 생태계파괴를 통한 인류공멸의 운명을 재촉하는 체제임을 인식하는 모든 사람들과 국경을 초월한 연대를 가능케 하며 또 요구하고 있는 것이다.

분단체제극복운동의 이러한 '세계적 차원'을 말하는 것은 흔히 이야기되는 '한반도 통일의 세계사적 의의'에 해당하지만, 근거없이 한반도의 현실을 특권화하는 민족주의적 담론은 아니다. 오히려 남북 양쪽에서 점차 민족주의의 퇴행성이 두드러져가는 현상이야말로 분단체제론의 진단대로 분단이 장기화되면서 분단체제 하의 부분적 성취조차 역전되는 예의 하나이다. 대한민국이 경제성장에 어느정도 성공하면서 남쪽에서는 식민지시대 이래 스스로 자랑하던 약소국 민족주의의 진보성을 거의 상실하고 오히려 한때 악명높던 일본의 민족주의를 닮은 국가주의·종족중심주의·제국주의적 성향이 나라안팎에서 점점 강화되고 있으며, '조선민족 제일주의'를 비롯한 북쪽 '유일체제'의 여러 특성 또한 한때 일제잔재 청산에 남다른 성과를 올렸던 사회답지 않게 과거부활의 우려를 더해주고 있다. 우리가 한반도에서 베트남이나 독일 그 어떤 식의 급속한 통일도 바람직하지 않음에 동의하면서도, 분단의 항구화가 민족적 재난일뿐더러 인류의 불행에 크게 일조하리라고 믿는 또 하나의 근거를 여기서 찾을 수 있다.

그렇다고 민족주의의 동력을 배제하고 문제가 해결될 수 없음은 물론이다. 특히 남북한 민중의 연대운동에서는 외세의 부당한 개입과 집권세력에 의한 인위적 이질화 책동을 거부하는 민족적 동질감과 저항의식이 큰 비중을 차지하게 마련이고, 그것이 분단체제의 극복에 기여하는 만큼은 세계체제의 바람직한 변화에 이바지하는 '진보성'을 띠게 될 것이다. 다만 이를 위해서는 운동의 성과로 이룩될 통일국가 및 민족공동체의 성격 자체가 세계체제 변화의 요구에 부응하는 내용을 담아야 한다. 바로 그 점에서 나는 「분단체제의 인식을 위하여」에서 "분단극복을 가능케 하는 '1국가 2체제'가 현존하는 '2체제' 그대로일 수 없듯이 '1국가' 역시 기존의 '1국가'는 아니리라"(『공부길』 36면)고 내다보았고, "'한민족공동체'는 현재 이미 다국적 공동체이며 통일 이후에도 그럴 것이다"(36~37면)라는 전제 아래 "현존하는 국민국가 형태보다 좀더 그에 걸맞은 국가체제가 고안되어야 할 것"이며 나아가 "한반도 안팎에 걸친 국가형태의 변화와 이에 따른 국가기구의 민중장악력의 약화는 통일운동이 떠맡은 핵심과제의 하나"(37면)라고 주장했던 것이다.[12]

---

12) 이것이 현싯점에서 국민국가 무용론이 아니요, 국가기능의 무조건적 약화를 주

요즘은 급속한 통일이 바람직하지 못하다는 점에 대해서만은 남북의 정권담당자들을 포함하여 꽤 폭넓은 합의가 이루어진 셈이다. 그러나 이제까지 제시된 국가연합·연방국가 등의 대안들이 대부분 단일국민국가의 복원 내지 건설을 최종목표로 삼은 '과도적 단계'로 설정되어 있다. 그러나 이는 세계체제 및 분단체제 변혁의 과제를 십분 수용한 대안이 아직 없음을 말해준다. 8·15 당시 우리 민족이 남들처럼 통일된 국민국가를 건설하지 못한 것은 아쉽기 그지없는 일이지만, 남북으로 갈라진 생활의 온갖 다른 경험들이 축적되었을뿐더러 세계사의 반 세기가 더 흘러 다양한 국가연합 및 연방국가의 실험이 요구되며 전개되고 있는 싯점에서, 그때 못 이룬 꿈을 고스란히 다시 이루자고 나서는 것은 현실적으로 어려울 뿐 아니라 우리가 지향할 최선의 선택도 아니다. 한편으로 아직도 언어·문화·종족적 동질성이 유달리 높은 한반도 주민들의 통일국가에 대한 욕구를 충족시키면서 다른 한편 그간의 이질화된 경험 중 각자의 값진 대목을 최대한으로 살리는 길이 현실적으로도 필요한 것이다. 게다가 공통의 국가생활에 대한 욕구가 '한민족만이 사는 한반도'라는 종족적 배타성이나 현존 세계체제 속에서 무조건 통일한국의 위상만 높이려는 집단이기주의가 되지 않기 위해서도, 일국 내의 다양성을 좀더 확실히 보장하면서 타국 및 타국의 개별 지방을 향해 한층 개방된 국가형태를 창출할 필요가 있다. 이러한 창의적인 국가형태야말로 언젠가 '세계정부'에 해당하는 그 어떤 것이 성립될 때에도

장하는 것도 아님은 물론이다. 한반도의 실정에 맞는 복합국가형 국민국가가 일차적 목표이며, 이때 국가기구의 민중장악력을 약화시킬 뿐 민중의 이익 실현에 복무하는 국가기능이 아무 대안 없이 폐기되지 않도록 하는 창의가 필요한 것이다.

하나의 중요한 참조 모형이 될 터이며, 그렇지 않고서 현존 국민국가의 틀을 세계적으로 확대한 '세계정부'라면 이는 지금의 열국체제보다 오히려 더 억압적인 기구가 되기 십상일 것이다.

한반도의 분단체제변혁운동이 지구상 도처의 세계체제변혁운동과 연대할 수 있고 연대를 획득해 마땅함을 여기서도 실감할 수 있다. 이러한 세계적 연대를 말하는 것은 '외세의존'이 아님은 물론이요, '국제화'의 논리를 민중운동에 기계적으로 적용하는 행위도 아니다. 현실적으로도 남북한 민중의 연대 형성이 해외동포 및 외국인 동지들의 협조 없이 어려울 것은 뻔한 일이려니와, 분단체제는 그 생성과 재생산에 (정도와 내용이 그때마다 일정치는 않지만) 외세가 깊이 개입된 체제로서, 이를 극복하기 위해 한반도 주민들의 자주성을 크게 높일 필요가 당연하긴 하지만 우리들끼리만의 완벽하게 자주적인 해결이란 있을 수 없는 체제이다. 아니, 우리가 사는 오늘의 세계가 심지어 초강대국의 국민에게도 그런 식의 완벽한 자주성은 허용치 않으며, 한민족이나 한반도를 그야말로 특권화하지 않는한 그런 것을 바랄 까닭도 없다.

이상의 소략한 점검을 통해서도 남북한 민중이 주도하되 외국의 민중운동은 물론 국내외 정부 당국들의 일정한 참여조차 배제하지 않는 분단체제극복운동의 존재가능성과 의의가 어느정도 드러났으리라 믿는다. 이 운동의 **성공** 여부는 물론 별개 문제다. 하지만 이 문제에 관해서도, 단일국민국가의 건설이라든가, 통일 이전에 '민중권력'의 창출 여부, 또는 통일과정 내지 통일 이후의 현실에서 '외세'의 전적인 배제 같은 단순화된——그리고 대부분 비현실적인 ——잣대를 들이대지 않는 한, 성공이냐 실패냐로 가르는 것부터가 다분히 무의미한 발상이다. 역사 속에서 그러한 운동이 일어난다는 사실 자체가 이미 그나름의 성취에 해당하는 일이요, 단기적으로 성과가 없는 경우에도 애쓴 만큼의 보람이 남게 마련이다. 더욱이나 남북 및 해외의 모든 현장에서 그날그날 수행되는 과업이 분단체제극복의 노력이 되고 나아가 세계체제의 변혁이라는 더욱 큰 사업으로 이어진다고 할 때, 우리는 목전의 한정된 성과가 곧바로 인류사의 원대한 보람과 합치되는 즐거움을 누릴 수 있게 되는 것이다. 〈1994〉

4

민족문학론·분단체제론·근대극복론

단상 몇 개

글머리에

세월이 바뀜에 따라 생각도 바뀌어야 한다고들 하지만 정작 중요한 것은 생각이 한층 깊어지고 참다워지는 일이다. 깊어진 생각이란 바꿀 것은 바꾸면서 안 바꿀 것은 지켜낸 결과일 테니 어찌 보면 새롭고 어찌 보면 한결같은 모습이 되겠다.

이런 이야기를 새삼스럽게 꺼내는 것은 달라졌다, 달라져야 한다라는 말이 유난히 많이 들린 지도 제법 여러 해가 된 이제, 우리 사회의 지식인들이 참 잘도 변한다는 놀라움과 우리의 지식풍토가 어지간히 안 바뀐다는 답답함을 동시에 느끼는 일이 흔하기 때문이다. 이렇게 말하는 나 자신이 얼마나 다른지도 장담할 사항이 못 됨은 물론이다. 어쨌든 지적인 세계에서도 너나없이 총체적 안전점검과 정밀진단을 해볼 필요는 분명한 것 같다. 이 글은 '정밀진단'을 위한 지면을 애당초 할당받지 못했지만, 그동안 필자로서 또는 편집자로서 나 자신이 부각시키고자 노력해온 몇가지 문제들을 점검하고 가능하면 발전시킬 방도를 단편적으로나마 살펴볼 참이다.

부각된 문제의 예로서 민족문학론·분단체제론·근대극복론 등은 『창작과비평』지의 독자라면 어느정도 귀에 익었을 것이다. 그중 민족문학론은 우리 세대의 것으로는 1970년대 초엽에 본격화되었고 나 자신은 74년부터 논의에 참여하여 오늘에 이르렀다. 분단체제론은 80년대 종반에 제기했는데, 요즘은 '분단체제'라는 낱말이 어지간히 보급되기까지는 했지만 다소라도 정리된 개념으로 펼쳐나가는 이는 아직 드문 꼴이다. 그에 반해 '근대성' 논의는 물론 '근대극복' 논의도, 나의 발의나 주도와 무관하게 광범위할뿐더러 다소는 중구난방으로 진행중인 담론이다. 다만 근대성의 성취와 근대의 극복이라는 '이중적 과제' 설정을 민족문학론 및 분단체제론의 연장선상에 놓음으로써 추상적인 구호 이상의 내실을 담으려 했다는 점이 나 또는 몇몇 사람의 경우 조금 색다르다고 내세울 수 있을는지 모르겠다.

개인 차원의 노력과는 별도로 『창작과비평』지도 이들 논의를 개별적으로 심화시키거나 상호간에 연결지으려는 이런저런 시도를 해왔다. 그중 지난(1995년) 봄호(통권 87호)의 '세계 속의 분단 50년, 그 후의 과제' 특집은 비교적 야심적인 기획으로서, 외국의 이름있는 학자들께 특별히 청탁한 글이 포함되고 '근대성의 재조명과 분단체제 극복의 길'이라는 제목 아래 그간 본지가 새로운 패러다임을 찾아 제기했던 여러 이론적 문제들을 짚어보는 소장학자들의 좌담이 들어가기도 했다. 특집에는 원래 나 자신도 문학을 중심으로 글을 하나 쓰기로 했다가 위약을 하는 바람에 민족문학론에 대한 점검은 본의 아니게 생략되었다. 반면에 분단체제론과 근대극복론 그리고 다른 여러 문제들이 제법 폭넓게 다루어졌다. 그러나 분단체제론과 나 자신의 딴 명목의 문제제기들과의 연관성은 젖혀두고라도, 분단체제론조차 좌담에서의 거론을 빼고는 논의에 별다른 기여를 못한 느낌이다. 커밍스(Bruce Cumings) 교수의 호의적인 언급이 있었지만 그 자신이나 와다(和田春樹) 교수의 글 모두 논의의 초점이 한반도 내부보다는 주변 내지 세계 정세에 맞춰졌을뿐더러, 단순한 '한반도 평화'가 아닌 '분단체제변혁'의 민족사적·세계사적 필요성에 대한 인식──나아가 1990년대의 세계체제 자체도 조금 길게 보면 근본적인 전환을 요한다는 인식──에서는 나하고 다소 생각이 다른 바가 느껴졌다.

국내 필자인 강만길 교수의 논지는, 물론 기본취지에 대한 공감을 전제하고 하는 말이지만, '분단국가주의'와 '통일민족주의'의 대립이라는 발상 자체가 분단체제론 이전의 것이다. 분단현실이 일종의 '체제'에 해당하는 성격을 지녔다고 할 때는, 이 현실이 자못 복잡미묘하여 특정한 언동이 분단체제의 극복과 재생산 중 어느 쪽에 더 기여할지를 판단하기가 결코 쉽지 않으며, 민족통일에 대한 순수한 열정조차도 체제유지의 동력으로 활용할 신축성을 남과 북의 사회 모두가 지녔다는 뜻이 된다. 더구나 분단이 오래 지속되다 보면 범민족적인 '민족감정' 외에 남한이면 남한 단위의 '국민감정' 같은 것도 생기게 마련인데 이를 '분단국가주의'와 혼동한다면 그야말로 국민정서와 동떨어진 통일운동밖에 못하고 결과적으로 분단체제를 굳혀주기 십상인 것이다.[1] 이러한 정서를 분단체제극복에 창조적으로

---

1) 이 문제에 대해 나는 「분단시대의 민족감정」(1988)에서 다음과 같이 쓴 적이 있다. "그런데 분단이 상당기간 계속되다 보면 경상도, 전라도, 강원도 같은 고장 단위의 '지역감정'과 한반도 단위의 '민족감정'말고도 남한 또는 북한 단위의 독특한 유대의식과 정서가 생겨나기 마련이다. 이것이야말로 강만길 교수가 참된 민족주의와 구별하여 이름지은 '분단국가주의'가 이용하기에 더없이 편리한 재료이다.

활용하는 이념을 '민족주의'로 규정하는 일이 적절한지는 차치하더라도, 분단체제에 대한 과학적 규명이 없이 통일논의의 뜻있는 진전을 기대하기 어려울 듯하다.

민족문학론과 분단체제론

민족문학론과 분단체제론은 그 주된 해당분야가 다르므로 어느 것이 상위개념이냐를 따질 일은 아니다. 그때그때 취급되는 주제에 따라 전자가 후자에 근거할 수도 있고 그 역도 가능하다. 다만 나 자신의 개인사적 행로에서는 위에 이미 밝혔듯이 민족문학론이 먼저였고 그것이 전개되던 어느 대목에 이르러서야 분단체제론을 제기하게 되었다.

여기서 1970년대에 처음 내놓은 민족문학론의 요지를 되풀이하는 것은 과도한 친절일 터이다.[2] 다만 역사 속에 실재하는 (따라서 시대에 따라 얼마든지 그 성격이나 구성이 달라지는) 다수 민중을 '민족'의 중심에 놓았다는 점이 보수적인 민족문학론과 다르고, 분단이 이미 고착되고 심지어 체제화된 시대에 분단극복을 핵심적인 민족적 과제로 설정했다는 점에서 해방 직후의 진보적 민족문학론과도

그러나 남한사람들끼리 어떤 일체감을 갖는 것이 분단국가주의 그 자체는 아니다. 이것 역시 건전한 민족감정으로 나아갈 수도 있고 그에 역행할 수도 있는 양면성을 지닌 것이다."(졸저『분단체제 변혁의 공부길』100면, 이하『공부길』)

2) 하지만 생소한 독자들을 위해 70년대의 글 중「민족문학 개념의 정립을 위해」(졸저『민족문학과 세계문학 1』및 선집『현대문학을 보는 시각』에 수록)와 80년대의「민족문학과 민중문학」(『민족문학과 세계문학 2』) 및「한국의 민중문학과 민족문학에 관하여」(『민족문학의 새 단계』, 이하『새 단계』) 등 짧은 것으로 몇 편 소개해도 무방하리라 믿는다.

구별되는 것이었음을 되풀이할 수 있겠다. 따라서 민족문학론은 80년대의 변혁운동세력이 이른바 '민족해방'과 '민주변혁'으로 갈라설 때 통일에 대한 전자의 열정과 민중해방을 향한 후자의 노력에 공감하면서도 각각의 단순화된 논리와는 거리를 둘 수밖에 없었다.[3]

이러한 태도가 분단체제론으로 발전한 계기는 80년대 중반부터 진보적 학계와 심지어 문단 일각마저 휩쓴 유명한 '사구체(=사회구성체)' 논쟁이었다. 당시 논의의 다른 문제점들을 다 빼고도 민족문학론의 관점에서 의문을 품게 된 것은 그 사구체라는 것의 단위 문제였다. 대다수 논자들은 정통 맑스·레닌주의의 일국주의적 사고방식을 고스란히 받아들여 남한사회가 하나의 완결된 단위라는 전제 아래 그 '사구체적 성격'을 논했고, 일부 '민족해방파' 논객들만이 이러한 '반국(半國)적' 시각 대신에 한반도 전체를 대상으로 하는 '일국적 시각'을 강조하고 있었다. 그런데 실제로 민족문학의 창작과 수용에 종사해온 실감에는 그 어느 쪽도 맞을 수가 없었다. 남한만의 '국민문학'이 아닌 온겨레의 '민족문학'을 지향하는 입장에서 남북한이 이미 별개의 국민국가 내지 사회구성체로 확정되었다는 주장을 받아들이기도 어려웠고, 그렇다고 한반도가 하나의 사회구성체인데 단지 그중 절반이 '외국의 점령지' ——또는 '미수복지구' ——라는 논리도 문학인의 현실인식에 어긋나는 것이었다. 여기

---

3) '민족문학'이라는 이름이 붙은데다가 이론적인 마찰이 주로 벌어진 것은 아무래도 이론화에 한발 앞섰던 'PD'진영과의 사이에서였기 때문에 민족문학론이 'NL'진영과 혼동되는 일이 곧잘 일어났지만, "그간의 민족문학론·민중문학론이 힘겹게 쟁취한 우리 현실에의 과학적 인식을 '민족해방'의 이름으로 후퇴시키고 민중의 주체적 역량을 과소평가해버릴 위험"을 80년대 중반에 이미 경고한 것이 민족문학론이었다(졸고 「민족문학의 민중성과 예술성」, 『새 단계』 57면 참조).

에 양 파가 기본적으로 공유하고 있던 일국주의적 발상 자체가——
분단국이라는 특수한 경우를 떠나서도——이론상 그릇된 단위설정
이라는 월러스틴 등의 문제제기에 힘입어, 한국 및 한반도에 관한
사회분석에서도 분석의 기본단위를 무엇으로 잡느냐라는 가장 기본
적인 문제부터 정하고 시작하자는 문제제기를 하게 된 것이다.[4]

분석단위의 문제점과 더불어 '기본모순은 계급모순이고 주요모순
은 민족모순이다'라는, 당시 PD진영이 주로 주장했지만 NL측도 공
감의 여지가 많던 명제가 너무도 모호하여 분단현실의 구체성을 짚
어내지 못한다는 점이 지적되었다.[5] 특히 문제가 된 것은 남북한 각
각이 분단으로 인한 막대한 손실 속에서도 엄연히 이룩한 성취를 분
단의 폐해와 **함**께 설명하는 일이었는데, 이 작업을 소홀히한 급진운
동권 및 진보적 학계가 87년 이후, 특히 93년의 문민정권 출범 이후
남한 내의 부분적 개혁 성과에 망연자실하거나 갑자기 도취하게 된
사태는 이미 낯익은 현실이다. 민족문학론이 '분단모순'의 규명과
'분단체제'에 대한 인식을 요구하고 나온 것은 남한만의 개혁으로
만족하지도 않고 그런 개혁의 한계에 둔감할 수도 없는 문학인 겸
지식분자로서 실제 운동의 노선과 방식에 관해 실천적인 문제를 제

---

4) 내 경우는 「학문의 과학성과 민족주의적 실천」(1983:『새 단계』에 재수록)에서 월
  러스틴의 문제의식을 원용한 이래,「민중·민족문학의 새 단계」(1985:『새 단계』
  27~28면)에서 식민지시대 조선사회의 성격과 관련하여 '단위' 문제를 제기했고,
  『창비 1987』의 좌담 「현단계 한국사회의 성격과 민족운동의 과제」(37~38,
  41~46, 63~78, 84~88면 등)에서 사회과학도들에게 분석단위에 대한 분명한 입
  장정리와 더불어 분단현실에 관한 좀더 타당성있는 이론화를 주문하기에 이르렀
  다.
5) 졸고「민족문학론과 분단문제」및 「오늘의 민족문학과 민족운동」(각기『새 단계』
  159~62면과 78~84면) 참조.

기한 것이었기도 하다.

민족문학론 자체의 전개과정에서 보면 분단체제론의 대두는 6월 항쟁 이후 민족문학이 '새 단계'로 접어들면서 새로운 과제가 주어지고 새로운 차원의 종합적 대응이 요구된다는 인식과 연결되었다. '새 단계'의 성격을 다소 구체적으로 규정하려는 글에서 분단체제에 관한 (상대적으로) 자세한 논의가 최초로 나온 것도 그 때문이다.[6] 즉 폭압정치와의 싸움이 일단의 성과를 거둠으로써 이제 문학에서건 사회운동에서건 통일 문제와 남한 내의 점진적 개혁 문제, 그리고 장기적인 민중해방의 문제를 종합적이자 순차적으로 생각하는 작업이 구체적인 당면과제가 되었던 것이다.

분단체제 논의의 경로

분단체제론의 대두에 관한 개인사적 술회를 이 정도로 마치고 그후 분단체제 논의가 진행된 경로를 돌이켜보기로 한다. 불행히도 이 대목 또한 여전히 자기중심적이라는 인상을 벗기가 힘들 것 같다. 앞서 말했듯이 분단체제론에 대한 학계의 호응은 아직껏 극히 제한된 상태라 혼자서 피리 불고 나팔 불고 이따금씩 옆 찔러 절 받는 형국을 면치 못해왔기 때문이다. 그러나 자신의 지적 작업에 대한 '정밀진단'을 독자에게 의뢰한다는 것이 본래 이 글의 취지니만큼 다소 자기 위주의 서술을 독자들이 양해하리라 기대해본다.

80년대 말엽 이래 분단체제에 관한 나 자신의 논의는 산발적인 형태로 진행되다가 「분단체제의 인식을 위하여」(『창작과비평』 78호, 1992

6) 졸고 「통일운동과 문학」(『새 단계』 127~29면) 참조.

겨울)에 이르러 그나마 약간 상세하게 정리되었고, 관련된 글 중 문학평론의 형식을 띤 것들을 뺀 나머지가 『분단체제 변혁의 공부길』 제1부에 묶이었다.[7] 이러한 문제제기에 대해 평단의 동료들도 본격적인 대응이랄 것이 없는 셈이었지만 사회과학계의 반응은 『창작과비평』 측의 청탁에 응한 이종오(李鍾旿), 정대화(鄭大和), 손호철 제씨의 비판문(각기 80호, 81호, 84호에 게재)이 그 책이 나올 무렵까지 거의 전부였던 것으로 안다. 그중 이·정 두 분의 비판에 대해서는 『공부길』에 쓴 「보론: 분단체제 논의의 진전을 위해」에서 간략히 언급했고 손교수에게는 따로 「분단시대의 최근 정세와 분단체제론」(『창작과비평』 85호, 1994 가을; 본서 3장으로 改題 재수록)을 통해 좀더 자세하게 답했다. 이에 대해 손교수는 다시 「'분단체제론' 재고」(『창작과비평』 86호, 1994 겨울, 이하 「재고」)라는 성의있는 재비판을 발표했으니, 논쟁을 더 끌고갔더라면 분단체제론에 대한 세인의 관심도 한결 높아졌을지 모른다. 하지만 몇가지 이유로 나는 이 논쟁의 생산성에 의문을 가졌고,[8] 87호에 기획된 좌담이라든가 그밖에 제3자의 개입

7) 여기서도 그간의 논의가 전혀 생소한 독자를 위해 『공부길』 1부의 글 중 「분단체제의 인식을 위하여」의 선행작업 가운데 그 직전에 씌어진 「개량되는 분단체제와 민주화세력의 대응」 및 「남북 합의서 이후의 통일운동」 등 짧은 글 두 편을 천거할 수 있겠다.

8) 무엇보다도 분단현실을 좀더 체계적·총체적으로 규명하고 실천운동의 올바른 지침을 함께 탐구했으면 하는 나의 바램이 충족되기보다 입씨름의 차원으로 흐르는 것이 마음에 들지 않았다. 가령 남북 당국의 '정책의도'와 '체제논리'를 손교수가 혼동했다는 나의 지적에 대해 그런 혼동이라면 오히려 내 쪽의 발명품이라는 응수(「재고」 296~97면)는, 설혹 내가 말한 '공통의 이해관계'가 '정책의도'를 지칭한 것이었다손 치더라도(물론 나는 '체제논리'의 일부인 객관적 이해관계를 염두에 두었고 "이해관계 내지 정책의도"라는 표현은 손교수의 것이다), 나 개인의 공부에는 도움이 될지언정 논의 자체를 진전시키는 방식은 아니다. 게다가 독일 및 베트남의 분단과 한반도 분단의 질적 차이에 관한 상식조차 계속 외면하는 태도가 답답

을 통한 자연스러운 정리가 더 바람직하리라고 보았다.

예의 좌담말고도 내가 알기로 『동향과 전망』 24호(1994 겨울)에 실린 박순성(朴淳成)씨의 「분단체제와 변혁운동」, 그리고 『시대와철학』 9호(동녘 1994)에 이병창(李秉昌)씨의 서평이 있었다. 여기서 이들의 논평에 일일이 답하기보다 이제까지 나온 문제 중 분단체제론의 발전 및 활용에 특히 중요하다고 생각되는 몇가지 쟁점을 선별하여 짚어가면서 나대로의 '단상'을 진행하고자 한다.

분단체제에 관한 논의를 복잡하게 만드는 한가지 사유는 그와 밀접한 관련을 지닌 월러스틴 등의 세계체제론에 대한 이해 문제가 끼여든다는 점이다. 이는 분단체제 역시 자기완결적인 체제가 아니고 근대 세계체제 내지 자본주의 세계경제의 특이한 하위체제(subsystem)라는 전제에 불가피하게 따라오는 문제지만, 중요한 것은 월러스틴 세계체제론의 내용에 전폭적으로 동조하고 말고가 아니라 그의 '세계체제분석'(world-systems analysis) 방법을 필요한 대로 활용하는 일인만큼, 특히 월러스틴에 관한 단편적 지식을 바탕으로 훈고학적 논쟁을 벌이는 일은 피하는 게 나을 때가 많다. 예컨대 그의 전체 입장이 과연 '유통주의적 편향'에 빠졌느냐 아니냐는 논쟁이 월러스틴 및 맑스주의 학설들을 제대로 공부한 사람들 사이에서 본격적으로 벌어진다면 배울 바가 많겠지만, 분단체제론과 직

했고, 소련·동구 사회주의권이 지금은 무너졌지만 있는 동안은 자본주의 세계체제에 맞먹는 '사회주의 세계체제'였다고 고집하는 데는 나의 한정된 설득능력으로는 방도가 없다는 생각이 들었으며, 동일한 분단체제의 일부인데 어째서 김주석 사망 이후 북한에는 공안정국이 없었느냐는 힐난에는 다소 어안이 벙벙해지지 않을 수 없었다. 그러나 「재고」 및 좌담에서 손교수가 해준 논평 가운데 이 글의 진행 도중에 언급하는 바도 있을 것이다.

접 관련해서 중요한 점은 현실사회주의권이나 북한사회를 자본주의 세계경제의 (매우 특이한) 일부로 간주한다고 해서 북한사회 또는 지난날 소련사회의 구체적 성격에 대한 "과학적 규명작업을 면제"(「재고」 299면)받는 것이 아님을 확인하는 일이다. 아울러 언젠가 윤소영(尹邵榮) 교수가 한국사회에 '반 봉건사회' 개념을 적용하는 일을 두고 비판했던 논법을 빌려,[9] 자본주의 세계경제의 엄청난 신축성과 포용력 속에서 부분적으로 성립된 사회주의적 내지 사회주의지향적 정치·경제 제도들을 곧바로 자본주의의 극복이라든가 자본주의 세계경제로부터 이탈한 '사회주의 세계체제'로밖에 파악하지 못하는 '상상력의 빈곤'을 반성해볼 필요도 있지 않을까 싶다.[10]

　그러나 뭐니뭐니 해도 세계체제론 및 분단체제론에 공통된 학문방법상의 기본적 문제제기는 사회연구의 분석단위에 관한 것일 듯

9) "바로 제국주의의 지배라는 것을 반봉건성으로밖에는 파악할 수 없는 상상력의 부족, 말하자면 그것을 비판하는 것이 쟁점이었기 때문에 자꾸 집요하게 비판을 한 것이지요."(좌담 「현단계 한국사회의 성격과 민족운동의 과제」, 『창비 1987』 58면)
10) 이것과는 차원이 좀 다른 문제지만, 북한 등 '사회주의국가'들이 국가간체제 내지 열국체제의 일원으로 세계체제에 참여하고 있으나 자본주의 세계경제의 일부는 아니라는 손교수의 주장을 손교수의 월러스틴 이해로까지 확대한 나의 '오독'에 관해 한마디 덧붙이고자 한다. 그의 지적(「재고」 294~95면)대로 손교수의 입장은 월러스틴의 그것과 분명히 다르며 이 점을 내가 오해한 적은 없다. 다만 손교수가 자기 입장을 개진하면서 하필이면 월러스틴이 국가간체제를 세계경제의 상부구조로 규정한 대목을 원용한 것을 월러스틴에 대한 이해부족으로 읽은 것이 조금은 미안한 일인지도 모르겠다. 하지만 정작 중요한 문제는 손교수가 월러스틴과 다르게 파악한 '국가간체제'가 자본주의 세계경제의 상부구조가 아니면 도대체 무엇의 상부구조인가라는 물음이다. 물론 토대·상부구조라는 발상 자체를 배제하고 단순히 이것도 있고 저것도 있다는 식으로 병렬적으로 기술하는 방법이 가능하기는 하다. 또, 자본주의 세계경제와 사회주의 세계경제라는 이질적인 두 토대가 공유하는 상부구조가 곧 국가간체제다라는 기발한 착상도 못하라는 법은 없다. 그런데 이것이 손교수의 입장인지? 아무튼 '과학적 규명작업'이 기대되는 대목이다.

하다. 이 점은 좌담「근대성의 재조명과 분단체제 극복의 길」에서 월러스틴을 거론하면서 유재건(柳在建) 교수가 강조했고(132면) 손호철 교수도 "분석단위에 대한 그의 공헌은 아무리 강조해도 지나치지 않다는 생각이 들어요"(137면)라며 적극 동조한 바 있다. 그런데 한가지 덧붙일 점은, 월러스틴의 공헌은 자본주의 세계체제가 작동하고 있는 오늘의 세계에서 사회분석의 기본단위가 일국이 아닌 세계체제여야 함을 지적한 데 그치지 않고, 근년의 어느 글에서 그가 새삼 강조했듯이 "분석의 단위가 주어지는 것이 아니라 그 자체가 분석자가 부딪치는 첫 질문"[11]임을 끊임없이 상기시킨 데 있다는 사실이다. 다시 말해 세계체제가 궁극적으로 가장 적합한 분석단위라 하더라도 그때그때 연구의 성격에 따라 편의상 더욱 주목해야 할 단위를 찾기도 해야지 무조건 세계체제의 성격에서 출발하여 연역해가는 방식과는 전혀 다른 것이다.

「분단시대의 최근 정세와 분단체제론」을 집필하면서 내 딴에는 좀 새로운 이야기를 한다고 은근히 자부한 것이 바로 우리 사회의 모순을 이야기할 때 '우리 사회'라는 분석단위 자체를 다층적(多層的)으로 적용하는 방식을 채택한 점이었다. 이는 실제로 '분단모순' 개념의 모호성에 관한 손호철 교수 등의 비판에 힘입어 나온 반응인데, 손교수의 재비판이나 다른 논자의 검토에서도 별로 눈길을 끌지 못했다. (물론 눈길을 끌었다면 혼란을 더욱 가중시킨다고 비판받았을지 모르지만!) 분단이 어떻게 남한사회의 주된 모순이 될 수 있느냐는 의문에 대해 나는 '남한사회'로 분석의 단위를 처음부터 고정

---

11) Immanuel Wallerstein, "The TimeSpace of World-Systems Analysis: A Philosophical Essay," *Historical Geography*, Vol. 23, Nos. 1 & 2, 1993, 8면.

시키는 대신 1) 세계체제를 단위로 삼아 우리가 그 일원이라고 생각할 때의 핵심적 과제, 2) 분단체제를 단위로 한반도 주민의 일부로서 당면한 주요과제, 그리고 3) 남한에 치중할 때 떠오르는 과제 들을 각기 따로 분석하되 종합적으로 사유하고 이에 따른 다층적 실천을 모색했던 것이다.[12] 그러므로 '세계체제중심적 시각'을 선택하되 남한 주민에게 남한사회가 갖는 일차적 중요성을 인정하는 것과 "세계체제적 문제의식을 버리지 않으면서 그것이 구체적인 일차적 실천의 장에서 구체적으로 나타나는 모순에 초점을 맞추는 것('일국중심적 시각')" 사이에서 어느 쪽이 옳은지는 "어느 방식이든 일국적 측면과 세계체제적 측면을 얼마나 역동적으로 파악해내느냐 하는 구체적인 이론적 실천과 분석의 내용이" 기준이지 원칙론 차원에서 양자택일할 문제가 아니라는 손호철씨의 지적(「재고」 302면)은, 일응 수긍함직한 주장이지만 실은 내게 특별히 중요했던 문제의식을 배제한 결과를 낳는다. '세계체제적 문제의식'이라는 것의 핵심이 모든 실제 연구의 출발점을 세계체제로 삼자는 것이라기보다 세계체제를 기본단위로 이해하되 세계체제 및 그 안의 수많은 하위체제들 중 어떤 것을 일차적 대상으로 삼을지를 그때그때 새로 결정해야 한다는 통찰——즉 일국중심적 시각에다 '세계체제적 문제의식'을 가

---

12) "따라서 우리는 이론적으로도 각기 다른 차원의 분석을 대상에 따라 동시에 수행해야 하듯이, 실천 면에서도 세계체제의 일원으로서 자본주의의 모순에 대한 장구한 투쟁과, 분단체제라는 그 하위체제의 일원으로서 '분단모순'에 대한 좀더 직접적인 싸움, 그리고 다시 분단체제 속의 하위체제인 남한사회의 주민으로서 국내의 민주개혁 등 그때그때 당면과제와의 싸움들을 동시에 수행할 수 있어야 할 것이다. 그리고 이렇게 말하는 것은 남한 민중이 극복해야 할 모순들을 그냥 '병렬'하는 것과 전혀 다른 이야기다."(「분단시대의 최근 정세와 분단체제론」 249면; 본서 98~99면 참조)

미한 것과는 질적으로 다른 접근방법——임을 간과하고 있을뿐더러, '일국 중심'과 '세계체제 중심' 사이의 중간항으로서 '한반도 중심' 시각의 긴요성을 강조하는 분단체제론의 문제의식이 또 한번 실종해버린 것이다.

남한 민중이 일차적으로 분단체제의 질곡 속에서나마 가능한 남한사회의 민주화와 자주화에 주력하면서 이를 통일로 이어지도록 힘쓰고, 동시에 북한 민중과 더불어 아무런 통일이 아닌 분단체제의 극복을 실현하여 세계체제의 변혁에 한걸음 다가서도록 하며, 이 모든 과정과 그 너머로까지 세계 민중과 함께 근대 세계체제에 대한 근본적 대안을 찾아가는, 최소한 삼중의 운동을 벌여나가야 한다는 것이 분단체제론의 실천노선이다. 따라서 분단체제론에 관한 논평 중 박순성씨의 글이 용어에 대한 시비를 떠나 자기 나름으로 분단체제에 관한 인식을 발전시키려는 건설적인 노력이 두드러진 토론임에도 불구하고 내 입장의 골자에 관해서는 받아들일 수 없는 부분이 있다. "근본적으로 분단체제론이 세계체제론의 하위이론으로서 자신의 성격을 규정하려고 한다면, 결국 분단체제의 가장 기본적 모순관계는 민족이라는 역사적 상징체를 바탕으로 통일을 전제로 한 '두 개의 서로 다른 국가 혹은 국가권력간의 대립'이다"(「분단체제와 변혁운동」, 『동향과 전망』 24호, 176면)라고 '분단모순'을 재해석한 대목이 그것이다. 이렇게 되면 분단체제론은 민중이 실종된 이론으로 전락할 우려가 있으며, 비록 "통일을 전제로 한"이라는 단서가 붙었지만 분단극복에 대한 요구가 분단체제의 내부에서 발생하는 '모순'의 성격을 상실하고 "민족이라는 역사적 상징체를 바탕으로" 주어진 다분히 정서적인 욕구로 한정되어 '감상적 통일론'과 구별하기 힘들어지기 때

문이다.[13]

또한 분단체제에 대한 변혁운동의 주체가 더이상 노동자계급이 될 수 없다는 명제도 나 자신은 좀 다르게 풀이하고 싶다. 논자는 이를 "세계체제론에서의 계급모순이란 자본가계급과 노동자계급 간의 모순만을 의미하는 것이 아니라 자본가계급 내부의 모순 역시 포함하고 있으며 또한 노동자계급과 자본가계급의 모순은 끊임없는 '반(半) 프롤레타리아화'에 의해 제한되고 있기 때문이다"(179면)라고 설명하면서, "어떤 의미에서 한국사회의 정치적 특수성에 의해서 용어의 제한이 있었다는 사실을 인정함에도 불구하고, 분단체제 변혁의 주요한 현상이 '민주화'로 표현된다거나, 분단체제 변화의 주체가 '민중'으로 표현되는 현상에 이러한 점[노동계급이 주체일 수 없다는 점]이 이미 잘 반영되어 있는 것이다. 달리 표현해본다면, '민주화'라든가 '민중'이라는 개념이 분단체제론에 의해서 그 본래의 의미를 찾게 된다고 할 수 있을 정도이다"(180면)라고 덧붙인다.

월러스틴의 세계체제론에서 '반 프롤레타리아화'가 과연 '끊임없이' 진행되는 현상인지 아니면 장기적으로 반 프롤레타리아트조차 프롤레타리아화함으로써 자본주의라는 역사적 체제의 모순이 걷잡을 수 없게 되는 건지는 좀더 세밀한 검토를 요하는 사항이다.[14] 그

---

13) 박순성씨의 이 대목이 지닌 문제점은 좌담 「근대성의 제조명과 분단체제 극복의 길」에서 손호철 교수와 백영서(白永瑞) 교수도 지적했다(139~40면).

14) 적어도 이미 자본주의 세계경제에 편입된 지역에서는 반 프롤레타리아트의 프롤레타리아화가 **자본가계급의 이익에 어긋남에도** 불구하고 진행된다는 것이 월러스틴의 독특한 입론이다. 대신에 자본주의는 새로운 지역을 세계경제에 편입시키고 그곳에서 새로운 반 프롤레타리아트를 창출함으로써 계속적인 이윤추구를 도모하는데, 이것이 무한정 지속될 수 없는 과정임은 명백하다. I. Wallerstein, *Historical Capitalism* (1983), 제1장 참조(국역본 중 해당 대목은 이매뉴얼 월러스

러나 당장의 관심사인 분단체제변혁운동의 주체 문제로 돌아가건 대, '민주화'와 '민중'의 개념이, 남한 주민의 일차적 과제로서 민주화를 자리매기고 분단체제에 모순되는 대립항으로서 남북한 민중을 규정한 "분단체제론에 의해서 그 본래의 의미를 찾게 된다"면 이는 고마운 평가임에 틀림없지만, 이것이 장기적인 세계체제변혁운동에서 노동자계급이 주체가 될 가능성을 배제하는 것은 아니다. 다만 이때의 노동자계급은 세계체제를 분석단위로 삼은 계급 개념인만큼 아직 제대로 형성이 안된 계급이요 자본주의 발전의 어떤 과거 단계에 집착하여 산업노동자만을 포함하는 집단도 아니라고 보아야 할 것이다. 80년대 내내 민족문학론과 분단체제론은 '민중'을 내세워 '노동자계급의 중심성'을 회피한다는 공격에 시달렸지만, '노급' 위주의 운동론과 거리를 둔 까닭은 첫째 실천 면에서 광범위한 민중연대 없이는 아무런 성취도 기약할 수 없기 때문이었고, 둘째 '노동자계급'을 경제적 토대에 의해 일차적으로 규정되는 집단이라 볼 경우 세계경제를 단위로 삼아야 하는만큼 '남한 노동자계급'이라는 개념의 모호성을 감안해야 하는 이론상의 문제가 있었던 것이다.[15]

근대극복론과 민족문학론

나는 '지양(止揚)'이라는 말을 별로 좋아하지 않는다. 독일어의 Aufheben을 가리키는 일종의 부호로 일본사람들이 만들어내고 우

틴 지음, 나종일·백영경 옮김, 『역사적 자본주의/자본주의 문명』, 창작과비평사 1993, 28~43면).
15) 그러한 이론상의 문제에 관해서는 졸고 「분단시대의 계급의식」(『공부길』 140면) 및 「분단시대의 최근 정세와 분단체제론」 249면(본서 98~99면) 참조.

리가 배워온 말인데 아무래도 한국어로 자리잡을 싹수가 안 보이기 때문이다. (실제로 요즘은 '지양하다'를 '그만두다' '배제하다' 정도의 뜻으로 쓰는 사람들이 적지 않다.) 하지만 어떤 대상을 극복하되 그 유효하고 값진 부분을 간직하면서 넘어선다는 취지 자체는 매우 중요하다. 우리가 '근대극복'을 말할 때의 '극복'이 바로 그러한 것임은 새삼 강조할 필요가 있다. 그 점이 빠진 극복은 낭만적인 반근대주의로 흐르기 쉽고 일본 파시즘의 논리로 악용된 '근대초극'론의 전철을 밟을 위험도 없지 않다.[16]

분단체제론이 한반도에서 구체적으로 가능한 근대극복(＝지양)에 관한 이론임은 여기서 긴 설명이 필요없겠다. 자본주의 세계경제가 탄생·성장·확산하여 다른 무엇으로——그게 정확히 어떤 것이고 반드시 더 나은 무엇일까라는 문제와는 별도로——변모하기까지의 시대를 일단 '근대'라고 볼 때, 분단체제론은 한반도의 통일이 한반도 안에서건 세계 전체에서건 곧바로 '근대 이후'를 실현한다고 믿지 않는 점에서 '근대성'의 일정한 성취를 빼버린 탈근대주의와 다르고, 근대의 위세가 한창인 오늘날을 '근대 이후'(심지어는 '현대 이후')로 규정하는 포스트모더니즘류의 탈근대론과도 구별된다. 하지만 분단체제의 진정한 극복이 세계체제의 바람직한 변혁을 위한 중요한 계기가 될 수 있다는 점에서, 그리고 이를 위해 '근대 이후'

16) 그러나 1940년대 초 쿄오또(京都)학파에 의한 '근대의 초극' 논의 자체를 곧바로 파시즘과 연결시키는 데는 의문을 느낀다. 나는 일본 지성사의 문맥에 무척 어둡지만, 오늘날 일본의 진보적 지식인들이 겪는 일반 국민정서로부터의 고립과 그로 인한 무기력을 타개하기 위해서도 예컨대 '근대초극' 논의에 대해 일찍이 타께우찌 요시미 같은 이가 보여준 좀더 자상하고 내재적인 비판이 요청되지 않는가 한다. 竹內好,「近代の超克」(1959),『日本とアジア』, ちくま學芸文庫, ちくま書房 1993 참조.

지향이 철저히 무시된 독일식 통일과 '자본주의 이후'를 표방하기는 했지만 세계시장에 편입되는 에움길을 걸은 데 불과한 베트남식 통일[17]을 아울러 회피할 구체적인 민중운동을 제창한다는 점에서, 명백한 근대극복론인 것이다.

정작 우리가 물어보아야 할 것은 분단체제론이 근대극복론으로서의 골격을 갖췄느냐 못 갖췄느냐가 아니다. 이런 말을 내가 해서는 겸손하다는 소리를 못 듣기 십상이지만, 한반도에 사는 우리가 과연 분단체제론을 외면하고도 구체성과 실천성을 갖춘 근대극복론을 전개할 수 있을지를 진지하고 겸허하게 물어야 하지 않겠느냐는 것이다. 근대와 탈근대 내지 근대극복의 문제는 좌담 「근대성의 재조명과 분단체제 극복의 길」에서도 꽤 깊이있게 논의되었는데, 그럼에도 많은 독자들이 무언가 뚜렷이 잡히는 게 없다는 반응을 보인 까닭 중에는 '근대성' 논의와 '분단체제' 논의가 따로 놀았다는 사실도 작용했을 듯하다.

물론 '근대' '근대성' 등의 용어에 불가피하게 따르는 혼란도 있고,[18] 토론자들간의 인식 차이가 미처 정리 안되어 혼란을 자초한

---

17) 물론 베트남 민중의 반제국주의 항쟁이 지닌 세계사적 의미를 부정하는 것은 아니고, 다만 그들의 통일방식이 한반도의 실정에 맞지 않을 뿐만 아니라 '분단체제 극복'보다는 한 차원 낮은 과제에 대한 그들 나름의 대응이었다는 뜻이다.
18) 그중 영어의 modern이 우리말로 '근대'도 되고 '현대'(동시대 내지 최근 시기라는 뜻의)도 된다는 사실은 그 점에 관한한 우리말(및 같은 어휘를 지닌 중국어나 일본어)의 상대적 풍부함을 말해주는 것으로서, 만약에 근대에 관한 세계적 담론을 우리가 주도하고 있다면 서양인들이 '현대'를 표현할 때 contemporary라든가 또는 다른 어떤 낱말을 지정해서 쓰고 '근대'와 혼동될 수 있는 modern을 안 쓰려고 조심깨나 했을 것이다. 불행히도 현실이 그렇지 않아 우리 쪽에서 모호한 영어 낱말을 이렇게 옮길지 저렇게 옮길지 번번이 고민해야만 하는 숙명을 안았다. 한편 영어의 modernity는 '근대성'이란 뜻과 그냥 '근대'라는 두 가지 뜻이 있는데

면도 없지 않다. 예컨대 김호기(金皓起) 교수는 처음에는 '탈근대의 징후'들이 나타나기 시작한 것을 곧바로 '근대 이후'의 도래와 혼동하는 인상을 주다가 실은 "후기(late) 근대가 우리 시대의 자기진단으로 훨씬 타당한 문제의식이지 않나 싶습니다"(111면)라고 스스로 바로잡았지만, '탈근대의 징후'라는 것 자체도 본질상 근대적이라고 이해해야 할 것들이 많아 말끔한 정리는 되지 못했다. 이 점은 유재건·손호철 등 다른 참석자들도 지적했는데, 다만 포드주의와 근대를 등치시키고 포디즘의 극복을 탈근대 또는 '탈근대의 징후'로 파악하는 태도의 문제점을 날카롭게 추궁한 손교수 자신이 나중에 가서는 "노동해방이라는 근대적 문제의식과 성·지식·인종·환경 등 탈근대적 문제의식을 접합시키는 이론적 작업"(142면) 운운하여 새로운 혼란을 야기한다. '노동해방'이야말로 일면 '근대적'인 문제의식인 동시에, 탈자본주의라는 뜻에서건 기존의 합리성에 대한 근본적 재검토를 요한다는 의미에서건 '근대극복적'인 문제의식이 아닐 수 없는 것이며, 성·지식·인종·환경 등의 문제를 '근대적 문제의식'과의 '접합'을 기다리는 '탈근대적 문제의식'으로 설정하는 것 자체가 포스트모더니즘의 발상을 그대로 수용한 인상을 준다. 아무튼 나 자신은 여전히, 우리에게 가장 절실한 '접합'은——이럴 경우 '접합'이 최적의 낱말인지는 의문이지만——노동운동·여성운동·환경운동들이 그날그날의 국지적 과제와 근대극복이라는 원대한 과업을 '분단체제극복'이라는 중간항을 매개로 그 행동의 완급을 조절하면서

(졸고「문학과 예술에서의 근대성 문제」,『창작과비평』82호, 1993 겨울, 11면), 근대성이 뭐냐는 논란이 무성함은 어쩔 수 없는 사정이라 치더라도 '근대'라고 번역할 데에 '근대성'으로 써서 곤혹을 자초할 필요는 없겠다.

상호결합을 이루어내기도 하는 일이라 믿는다.

분단체제론에 수반되는 근대극복론이 곧 민족문학의 근대극복론이기도 하다는 점 또한 긴 설명을 요하지 않는다.[19] 다만 근대극복론이 충분한 구체성을 지니기 위해서는 분단체제론뿐 아니라 민족문학론도 필요하다는 점은 약간의 풀이를 곁들임직하다. 즉 문학에 종사하거나 특별한 관심을 가진 경우에 국한되지 않고 좀더 일반적으로 해당되는 사항이라는 것이다. 이는 예의 좌담에서 사회자가 "근대와 탈근대[=근대극복]의 이중과제라고 했을 때 탈근대라는 것은 다소 문명론적인 발상이 있는 것 같아요."(120면)라고 말한 바와도 통하는데, '문명론적 발상'이라면 직접간접으로 관련이 안 되는 게 거의 없지만 민족문화의 창조적 계승 및 발전과 세계문학에의 떳떳한 참여를 목표로 삼는 문학이 큰 몫을 차지할 것은 당연하다. 그러나 이는 어디까지나 원론적인 이야기요, 구체적인 부연설명이 되자면 민족문학이 산출한 작품을 폭넓게 점검하고 민족문학론이 제기한 중요쟁점들을 검토하는 작업이 따라야 하는데 지금이 그럴 계제가 못 됨은 물론이다.

다만 '세계화'의 시대, '지구시대'가 본격적으로 열림으로써 '민족문학'은 드디어 낡은 유물로 되지 않았느냐는 의문에 대해서 오히려 정반대라는 사실을 강조할 필요는 있다. 졸고 「지구시대의 민족문학」(『창작과비평』 81호, 1993 가을)에서 지적했듯이 자본이 주도하는 지

---

19) 이와 관련하여 한국 근대문학의 구체적 내용을 적시하며 논의를 펼친 예로는 최원식 「한국문학의 근대성을 다시 생각한다」(『창작과비평』 86호, 1994 겨울) 참조. 토론회에서의 논평 형태지만 민족문학론의 근대극복론을 분단체제론과 연결짓고자 나 자신이 시도한 선례로는, 민족문학사연구소 엮음 『민족문학과 근대성』(문학과지성사 1995), 493~96면 참조.

구시대는 세계문학 자체를 치명적으로 위협하는 시대인데, 민족문학은 이런 대세에 맞선 소극적 저항에 그치지 않고 "한반도라는 국지적 현실을 전지구적 관점으로 인식하는 하나의 모형을 제시"함으로써 "세계문학 이념의 수호와 새로운 세계문학운동의 출현을 위해 끽긴한 요소"(94면)가 되는 것이다. 물론 '세계문학의 이념' 자체가 반드시 수호할 만한 것이며 그럴 경우 어떤 내용이어야 하는가라는 어려운 문제가 남아 있다. 이는 고식적인 문학옹호론이나 고전숭앙으로 해결될 일이 아니고, 필경은 문학 및 예술의 진리구현 능력 문제로 이어지며, 이때의 '진리'는 과학이나 서양의 전통적 형이상학에서 말하는 것보다 한층 근원적이면서도 실천과 직결된 성격, 말하자면 '도(道)'의 성격을 띰으로써만, 세계문학의 존재 자체를 위협하는 현실이 얼마나 극복을 요하는 것인지를 밝힐 수 있다. 민족문학론에서 예술의 예술됨뿐 아니라 과학의 과학성, '진리'의 문제 들이 제기된 것은 그러한 논리에 따른 것이다.

이와 관련된 나 자신의 이제까지의 작업은 『새 단계』 제4부와 『공부길』 제2부를 구성하는 글들이 거의 전부인데, 비록 체계없는 모색이지만 전공자들의 검토를 못 받은 것을 아쉬움으로 느껴왔다. 그 점에서 앞서 언급한 이병창 교수의 『공부길』 서평이 분단체제론 비판을 필자의 진리론에 대한 비판과 연결시킨 것은 무척 반가운 일이었다. 다만 그의 분단체제론 비판은 주로 손호철 교수의 「'분단체제론'의 비판적 고찰」을 원용하고 있어 따로 답변할 필요가 없을 듯하고,[20] 진리에 관한 부분 역시 내가 "인문학이 목표로 하는 인간다움

20) 사실은 이 부분뿐 아니라 진리 문제에 관해서도 이 서평이 활자화되기 한참 전 (1994년 8월)에 한국철학사상연구회가 나를 초청하여 벌인 토론회에서 내 나름

의 이해"를 "근원적 진리의 후보"(『시대와 철학』 9호, 277면)로 내세웠다
는 자의적인 단정을 바탕으로 진행하고 있기 때문에 전체적으로 빗
나간 이야기가 된 느낌이다. 실제로 이교수가 이 주장에 앞서 나의
「학문의 과학성과 민족주의적 실천」 결론 부분에서 인용한 대목은
인문학의 목표 중 일부에 해당하는 '인간다움의 이해'와는 다른 차
원을 말한 것이며,[21] 내가 강조한 '좀더 근원적인 진리에 대한 물음'
과 이교수가 말하는 객관적 진리 즉 '정확성' 내지 '바로맞음'
(Richtigkeit, correctness)이 양립할 수 있느냐는 핵심적인 문제를 이
런 부당한 선입견을 갖고 접근해서는 안된다.[22]

으로는 상세한 답변과 설명을 했다. 그 일부가 서평의 최종본에 반영된 것이 눈에
띄기는 하는데, 더 많이 반영하지 않은 것은 물론 평자의 자유다.

21) 이교수의 서평 275면에 인용된 그대로 옮기면 다음과 같다. "정확한 인식──객
관적 진리를 의미할 것이다──이 적절한 행동을 위한 올바른 수단을 제공하고 그
리하여 행동의 성공을 보장한다기보다, '근원적 진리'에 대한 물음에서 나온 이론
은 그 자체가 이미 실천과 떼어 생각할 수 없고, 실천을 통해 스스로를 드러내는
진리의 힘을 지닌다."(『새 단계』 348면) 그런데 사소한 트집처럼 들릴지 모르지만
인용방식 자체가 좀더 정밀해질 필요가 있다. "──객관적 진리를 의미할 것이다
──"는 물론 인용자 자신의 말을 삽입한 것인데 이런 식의 삽입이 독자에게 주는
혼란은 잠시로 그친다 쳐도 이교수가 말하는 '객관적 진리'를 문제삼은 것이 내 글
의 내용이니만큼 '객관적 진리'에 따옴표라도 붙여주는 것이 나았을 게다. 반면에
'근원적 진리'는 원문에 따옴표가 없는데, 처음부터 독자의 회의감을 유발하려 하
기보다 저자의 의도를 강조하는 친절을 베풀 의도였다면 '근원적 진리에 대한 물
음'까지를 따옴표 속에 넣어주는 것이 더 정확했을 것이다. 왜냐하면 나는 '객관적
진리'에 반대되는 어떤 신비화된 실체로서 '근원적 진리'를 설정한 것이 아니고 "인
간이 알 수 있는──또는 영원히 알 수 없는──어떤 대상이나 실체가 아니라, 있고
없음과 이것이고 저것임에 얽매이지 않음으로써 그날그날 알아야 할 것을 알고 해
야 할 일을 하게 만들어주는 것이 진리인 것이다"(같은 곳)라고 하여, 흔히 '객관적
진리'로 일컬어지는 것을 절대화하는 대신 그보다 더욱 근원적인 것을 묻는 자세를
견지해야 한다는 입장이기 때문이다.

22) 여기서는 이 문제에 대한 검토를 생략한다. 지면의 제약이 엄중한데다 미흡하나
마 졸고 「작품·실천·진리」(『새 단계』) 4~5절과 「세계시장의 논리와 인문교

아무튼 민족문학론·분단체제론의 연장선상에서 동아시아 특유의 세계사적 역할에 대한 문제제기가 나오기도 하는 것은, 단순히 한반도의 지정학적 위치로 인해 분단체제극복운동이 동아시아 정세에 크게 영향을 받아서만이 아니라 근대극복에 딸린 사상적·예술적 과제를 해결하는 데도 동아시아의 문명적 자산을 활용하는 일이 필수적이기 때문이다. 그러나 어디까지나 "근대와 탈근대의 이중과제"를 현실적으로 수행하는 과정 속의 활용이지 근대 이전의 자산을 그대로 적용하는 것이 아님은 물론이다.

글을 맺으며

한국의 지식계에는 아직 기별이 덜 된 느낌도 있지만, 근년의 제1세계 담론의 대세는 포스트모더니즘이 밀려나고 신장개업한 근대주의가 무대의 중심을 되찾은 형국이 아닌가 한다.[23] 사실 이 점은 우리 사회에서도 피부로 실감되는 바 없지 않다. 바야흐로 '민주주의'와 '시민사회'의 담론이 민중의 존재를 시야 바깥으로 내몰고, 민족주의의 시대착오성을 고발한다는 명분 아래 자기 나라 기업들의 국제경쟁력 추구를 제외한 모든 민족적 관심사를 어릿광대 놀음 아니면 악마적 반동으로 만드는 기능을 수행하는 경우가 허다한 것이다.

이는 본질상으로는, 미국 등지에서는 1950년대까지 그리고 한국에서는 60년대 들어서 한창 위세를 떨친 근대화론이 다시 고개를 쳐

육의 이념」(『공부길』) 4절에서 이미 다룬 바 있기 때문이다.

23) 이와 관련하여 Jeffrey C. Alexander, "Modern, Anti, Post and Neo," *New Left Review* 210, 1995년 3·4월호 참조.

든 것이며, 최근에 나온 일련의 박정희(朴正熙) 개발독재 미화론도 결코 일부 유신 잔당 또는 본당의 준동만이 아니고 이런 세계적 대세와 관련된 것이다. 다만 몇십년 만의 이 근대화론 부활에는 중대한 역사왜곡과 더불어 한두 가지 이론적 세련이 더해졌음을 주목할 필요가 있다.

원래의 근대화론에 대해 1960, 70년대에 제기됐던 급진적인 비판 중에는 낭만적 반근대주의와 진정한 근대극복 의지가 뒤섞여 있었다고 하겠는데, 포스트모더니즘의 주류는 이런 근대극복 의지의 많은 부분조차 '근대적'이라고 낙인찍고 나머지를 탈정치화된 형태로 계승하면서 이제는 '탈근대'로 들어섰다고 주장하는 '왜곡'과 '세련'을 수행했다. 오늘의 신판 근대주의는 바로 포스트모더니즘의 이런 '발본적인 근대비판'마저 이겨냈다고 자부하면서, 그들이 내세우는 '진정한 근대성'은 왕년의 근대화론에서처럼 서구화로서의 근대화가 아니고 포스트모더니즘의 다원주의를 수용한 전지구적 민주사회의 건설, 즉 포스트모더니즘마저 제대로 지양한 범인류적 과제라고 주장하게 되었다. 말하자면 '근대화'가 이제는 공산주의에 이어 새로운 유사 세계종교 행세를 하게 된 것이다.[24]

이것이 그간의 역사진행에 대한 또 한번의 왜곡이요 특히 냉전에

---

24) "원래의 근대화 이론은 세계종교들에 대한 베버(M. Weber)의 공공연하게 서양 중심적인 이론을 전지구적 변화를 보편적으로 설명하는 이론으로 전용하면서 이 변화 자체는 여전히 2차대전 후 서방세계의 사회구조와 문화에서 그 정점에 달한 다고 보았다. 이에 반해 아이젠슈타트(S. Eisenstadt)는 [1987년의 편저서 *Patterns of Modernity* 제1권에 기고한 글에서] 근대화 자체를 세계종교의 역사적 등가물로 만들 것을 제안하는바, 이로써 근대화는 한편으로 상대화되고 다른 한편으로 그것을 토착화하여 수용하는 선별적 작업의 가능성이 시사되는 것이다."(Alexander, 앞의 글 92면)

승리한 자본주의 사회에 대해서건 무너진 소련 및 동구권의 '공산주의 이후' 사회에 대해서건 현실과 동떨어진 장미빛 환상을 내놓은 데 불과하다는 점에서는 1970년대 초 민족문학론의 문제제기가 그대로 유효하다. 그러나 포스트모더니즘의 부분적 세련에 이어 또 한 차례의 이론적 세련이 더해졌다는 점에서, 더구나 한국을 포함한 아시아의 '신흥공업경제'들은 세계경제의 어려운 국면마다 있게 마련인 한정된 수혜지역의 현단계 대표주자들로서 이 장미빛 환상에 특별히 약한 구석을 지녔다는 점에서, 민족문학론 역시 분단체제론·근대극복론 등으로 계속 확산됨과 동시에 문학론 자체로서의 심화에도 멈춤이 없어야 할 것이다. 〈1995〉

5

분단체제극복과 생태학적 상상력

1

　한반도의 통일을 분단체제의 극복으로 파악할 경우 몇가지 중요한 명제가 딸려온다. 그중 셋만 짚어보기로 한다.

　첫째, 분단체제가 극복되어 마땅한 체제인 한, 그것을 구성하는 남북 어느 한쪽도 전폭적으로 긍정할 만한 사회가 아니라는 명제가 포함된다. 또한 양쪽 모두 어디까지나 분단체제의 하위체제들이지 그 자체로서 하나의 완결된 체제가 아니다. 따라서 분단이 항구화된 상태에서 남북이 평화롭게 공존하면서 각각 자기 식으로 순조로운 발전을 지속하는 데에는 엄연한 한계가 있다. 다시 말해 단순히 핏

＊ 이 글은 1995년 8월 11일 서울에서 비무장지대예술문화운동협의회 주최로 열린 'FRONT DMZ' 국제학술대회 발제문이다. 대회는 비무장지대의 철폐와 그 생태계 보존을 위한 일련의 미술전시 등 여러 행사의 일환으로 열렸고, 독일·미국 등의 예술가·학자를 포함한 많은 분야의 인사들이 참여했다. 본고는 이들 행사의 성과물을 담은 자료집 『비무장지대의 과거·현재·미래』(*A Documentation in Korea—FRONT DMZ: Past, Present, and Future*)에 실려 같은 해 12월에 간행되었는데, 그에 앞서 『녹색평론』 1995년 9·10월호에 게재되었고 『열린 지성』 창간호(1997 여름)에 재수록된 바 있다.

줄을 나눈 민족이라거나 옛날에 함께 살았다는 이유가 아니라, 분단된 한반도의 체제적 특징이 어떤 식으로든 통일을 요구한다는 것이다.

둘째, '어떤 식으로든' 통일을 요구한다고 했지만, 통일은 현존하는 분단체제의 특성에 근거한 형태의 통일이어야 한다는 명제가 성립한다. 극복되어 마땅한 체제라 해도 그것이 '체제'의 이름에 다소라도 값하는 것이라면, 함부로 폐기할 수만은 없는 그나름의 기반을 민중의 일상적인 삶 속에 확보했기 마련이다. 그것이 바로 어느 체제나 다소간에 갖는 자기재생산 능력의 뿌리이다. 따라서 자체에 내재하는 모순의 '변증법적 지양'을 통해 극복되지 않는 다른 방식의 통일은 해당 민중의 삶에 엄청난 부작용을 가져오는 것이다. 어느 한 쪽이——특히 외국의 세력을 업고서——수행하는 무력통일이나 일방적인 합병이 아니고 분단체제의 반민주성과 비자주성에 항거하는 민중의 움직임이 주도하는 통일이 이루어져야 할 필요성이 여기서 확인된다.

셋째, 이미 거듭 주장했듯이 분단체제도 자기완결적인 체제는 아니고 세계체제의 특이한 일개 하위체제라고 한다면, 아무리 자주적인 통일이라 해도 그것이 한반도 주민이나 한민족만의 일감일 수 없으며 세계체제의 장·단기적 변화와 연계되지 않는 분단체제극복도 있을 수 없다는 명제가 아울러 성립한다. 분단체제의 특성이 요구하는 통일이란, 더 큰 맥락에서 오늘의 세계체제가 허용하는 변화이자 세계의 민중이 현존 체제에 대해 제기하는 변혁 내지 개혁의 요구와 일치하는 변화라야 한다. 우리의 통일운동이 세계사적 경륜과 국제적 연대 없이 성공하기 힘든 까닭이 바로 여기에 있다.

2

분단체제가 극복을 요하는 인위적 체제임은 소위 비무장지대의 살벌한 무장상태에서도 실감된다. 세계 어느 적대국들 사이의 국경이 이처럼 촘촘한 지뢰밭과 철조망으로 봉쇄되어 있는가? 비슷한 분단국의 경우를 들더라도, 많은 인명희생을 낸 베를린장벽조차 우리의 휴전선에 비하면 대수롭지 않은 규모였고 동·서독간의 나머지 경계선이야 더말할 나위 없는 것이었다. 그런데 이것이 원래 우리 민족이 독일사람들보다 호전적이라거나 단지 한국전쟁의 동족상잔 기억이 남아 있어서 그런 것은 결코 아니다. 한반도가 처음부터 절대다수 주민들의 염원을 거스르며 반민주적·비자주적인 방식으로 분할되었고, 50년 세월이 흐른 오늘 어느정도 분단이 굳어졌다고는 하지만 아직도 엄청난 무력을 동원하지 않고는 그 안정성을 보장하지 못할 만큼 취약한 체제가 분단체제이기 때문인 것이다.

쉽게 말해 휴전선이 갑작스레 개방되었다고 했을 때 그로 인한 혼란을 남북 어느 한 쪽인들 감당할 수 있을 것인가? 남에서 북으로 가는 사람과 북에서 남으로 오는 사람 중 어느 편이 많을지는 그러한 가상적 개방이 분단사의 어느 싯점에서 이루어지느냐에 따라 적잖은 편차를 보일 것이다. 지금이라면 남으로의 이동이 훨씬 크리라는 것이 남쪽 인사들의 대체적인 합의이고 북쪽에서도 묵시적으로 인정하는 기미가 없지 않다. 이런 예상이 맞다고 치자. 문제는 그와 같은 대규모 이동을 남한사회가 감당할 수 있겠냐는 것이다. 얼마 안 가 휴전선에 버금가는 경계선을 되살려놓고 미국사람들이 꾸바

나 아이띠 난민의 입국을 가로막듯이 동족의 유입을 통제하려 들 것이다. 또, 혼란을 수습한다는 명분 아래 그간 남한 민중이 피나게 싸워서 얻어낸 권리들마저 대부분 실종될 것이다. 식자들의 예상과는 정반대로 인구이동이 주로 남에서 북으로 진행된다거나, 남쪽 인구 중 다수가 북으로 가고 북쪽 인구는 대개 남으로 온다고 해도, 대혼란과 사회적 퇴행현상이 지배하기는 마찬가지일 테다. 그렇다고 남북간의 인구이동이——갑작스럽고 완전한 자유에도 불구하고——그 절대량도 한정되고 비례상으로도 엇비슷해지리라는 것은 극히 비현실적인 가정이다.

어차피 '갑작스럽고 완전한' 휴전선개방이라는 것 자체가 비현실적인 환상인데 어째서 구태여 이런 말을 하는가? 문자 그대로 하루아침에 군사분계선이 사라지는 일은 환상인 줄 누구나 인정하지만, 남한이 '통일비용'만 비축해놓으면 독일과 크게 다르지 않은 방식으로 통일되어도 서독만큼 그 후과를 감당할 수 있지 않을까 하는 생각은 꽤 널리 퍼져 있다. 통독 직후에 비하면 많이들 냉정해졌고 얼마 전 김영삼 대통령도 급격하고 일방적인 통합은 바라지 않는다고 언명하기는 했다. 그러나 장기적으로는 독일처럼 되기를 소망하거나 결국 그 길밖에 없지 않겠느냐고 체념 섞어 생각하는 사람들은 여전히 적지 않은 듯하다. 이런 상황일수록 그런 통일을 '감당'했을 때의 결과가 어떤 것일지에 대해, 상상력을 한껏 동원해볼 필요가 있다.

특별한 상상력이 아니고도 짐작할 수 있는 한가지는, 군사분계선이 갑자기 없어질 경우 지난 40여년간에 걸쳐 비무장지대에 형성된 독특한 자연생태계도 함께 자취를 감추리라는 사실이다. 물론 몇몇

유적을 보존하고 상징적인 자연보호구역을 설정하는 정도는 당국에 맡겨두어도 웬만큼 해낼 것이다. 그러나 현재 남한 지배층이 주도한 일방적 통일의 날에 비무장지대 대부분이 '개발'과 부동산투기의 난장판이 되리라는 점은 불을 보듯 뻔하며, 지금처럼 남북의 두 당국이 주도하는 교류가 판문점 이외의 통로를 여럿 만들게 될 경우에도 생태계보호가 최우선 순위를 차지할 리는 만무다.

3

살벌한 남북대치의 부산물로 한반도에 인류역사상 보기 드문 생태학적 실험의 현장이며 희귀 동·식물의 서식처를 겸한 대규모 녹지대가 생겨났다는 사실은, 일정한 자기재생산 능력을 갖춘 체제는 아무리 나쁜 체제라도 그나름의 미덕을 지니기 마련이라는 명제의 다분히 색다른 예증이기도 하다. 분단체제 나름의 미덕이라면, 비록 1953년 이래 긴장상태의 연속이고 그로 인해 남북 양쪽에서 온갖 반민주적 작태가 허용되었지만, 전쟁의 재발만은 막아왔다는 점을 제일 먼저 들어야 할 것이다. 최소한 동족간의 전쟁, 더구나 핵무기 사용으로 민족의 멸망을 초래하기 십상인 전쟁보다는 나은 현실이라는 것이다. 그러나 분단체제의 미덕으로 내세울 만한 점이 그것만은 아니다. 갑작스레 국토분단을 당한 상태에서 남북 모두가 독자적인 생존을 영위하고 나아가 '체제경쟁'에서 뒤지지 않기 위해 비상한 노력을 기울여야 했으며, 이에 대한 외부의 관심(및 지원)도 남다른 바가 있었다. 그리하여 한때 북쪽에서는 자립적 경제건설의 전범으로 널리 상찬의 대상이 된 성과를 이루었고, 오늘의 남한은 일단 성공한 신흥공업국의 대열에 들어선 것이 사실이다.

이러한 것들이 분단체제의 다분히 의도된 업적이라고 한다면, 체제 쪽의 뜻을 거스르거나 그와 무관하게 이룩된 성과도 있다. 남한의 경우 가장 두드러진 보기로는 분단체제에 저항하는 민중운동의 성장을 들어야겠다. 이 운동은 처음에는 단순한 반독재운동 아니면 소박한 통일운동 하는 식으로 따로 놀기 일쑤였고, 지금도 '분단체제극복'에 초점을 맞추지 않은 채 고립적으로 진행되는 사회운동들이 많다. 그러나 분단체제의 일환인 개발독재정권들에 대한 남한 민중의 저항이 성장지상주의로 인한 사회파탄을 어느정도 막아주었음은 물론, 이제 민주·자주·통일 문제들의 상호연관과 그 세계사적 위상에 대한 새로운 인식에 도달하면서 한반도뿐 아니라 세계체제 전반의 앞날을 위해서도 귀중한 동력을 축적하기에 이르렀다. 이같은 거시적인 차원의 성과말고도, 남북으로 갈라지고 분단체제의 질곡에 얽매여 살아온 나날이 괴롭고 슬프고 때로는 허망한 것이었던 그만큼, 허망함과 슬픔·괴로움이 또한 공부가 되어 통일 후에도 결코 유실되어서는 안될 크고 작은 성취에 해당하는 보배로운 것들이 우리네 삶의 구석구석에 갈마들게 된 바 있다. 많은 사람들이 잊어버리고 지내는 비무장지대의 존재는 바로 그러한 뜻밖의 성과 중 매우 이색적이면서도 어떤 의미로 극히 상징적인 예라 하겠다.

통일 후 또는 통일의 과정에서 비무장지대의 자연생태계를 보존하는 일이 과연 얼마나 가능할 것인가? 어찌 보면 이 한가지 물음에 분단극복이 수반하는 온갖 문제들이 뒤얽혀 있다. 우선, 통일 후에도 비무장지대 전부를 지금 그대로 고스란히 보존하자는 입장은 현실적으로 받아들여질 가능성도 적거니와 이치에도 잘 맞지 않는다.

최소한 경의선과 경원선 철도부터 복원하자는 이야기는 이미 나왔고 국민의 공감을 사고 있는데, 철길 몇개만 놓여도 생태계에는 엄청난 변화가 오게 마련이다. 그렇다고 철로만 놓고 자동차 길은 안 만들 건가? 도로를 닦는다면 몇개나 놓을 것인가? 길만 허용하고 건물은 일절 못 짓게 하는 건가? 철도와 도로의 운용 및 자연보호구역 관리에 필요한 최소한의 시설은 불가피하지 않은가? '민족의 공원' 또는 '평화의 공원'으로 일부라도 활용한다면 일정한 편의시설도 있어야 하지 않는가? 그밖에 관광객 문제는 어찌 하고 이 지대에 정착하고자 하는 귀향민이나 농경 희망자는 또 어찌 할 것인가?

비무장지대가 분단체제의 뜻하지 않은 자산이지만 어디까지나 그 체제의 일부이니만큼 분단체제를 허물어가는 과정에서 이 자산도 영향을 받을 수밖에 없다는 것은 논리상으로도 당연하다. 그러나 부분적인 변화와 훼손의 불가피성이라도 일단 시인하는 순간 어디에다 선을 긋고 더이상은 안된다고 버틸 수 있을 것인가? '국토의 효율적 활용'이라느니 '정착민의 생존권 존중'이라느니 '관광자원의 개발'이라느니, 온갖 명분을 내세워서 보존구역을 줄이거나 내용적으로 변질시키려는 움직임이 벌어질 터인데, 이런 개발주의적 사고가 남북한 모두에서 실세를 지닌 것이 엄연한 현실이다. (북이 주도한 통일이라면 사태가 달라지리라고 믿는 이들은 오늘날 통일 베트남이 선택한 행로를 참고해볼 일이다.) 게다가 비무장지대는 엄청난 군사력에 의한 통제구역이므로 양쪽 정권의 합의로 진행되는 개발정책에 맞서 대중이 현장에서 저항운동을 벌일 공간도 못 된다. 아니, 지금같은 상황이라면 무슨 결정이 내려졌고 어떻게 집행되는지조차 일반 국민은 잘 모르고 지나가기 십상이다. 또, 당국과 싸운다

하더라도 분단체제의 어느 한쪽 당국하고만 싸워서 될 일이 아닌 것이다!

따라서 비무장지대의 생태계 보존 및 그 평화적 활용이라는 목표가 여간해서 달성하기 어려운 것임은 짐작하기 어렵지 않다. 오직 광범위한 여러 세력의 연대를 통해서만 어떤 성과를 기대할 수 있겠는데, 연대의 실현에서는 조직상의 문제뿐 아니라 목표 자체에 내재하는 '보존'과 '활용'이라는 때로 모순되는 방향을 조화시킬 이론상의 문제도 결코 간단히 볼 일이 아니다. 또한, 당국과의 마찰이 불가피하더라도 결국 정부——양쪽 정부 또는 장차 구성될지도 모르는 연합 내지 연방 정부——를 통하지 않고서는 실현될 수 없는 일인만큼, 관광수입을 주로 생각하는 관료들까지를 포함한 정부 내의 보존론자·활용론자들과 민간 연대운동과의 제휴도 배제할 수 없다. 더욱 중요한 것은 전세계적 환경운동가, 생태계보호론자, 생태학연구자 들과의 국제적 연대일 것이다. 유엔 등 국제기구를 포함한 세계의 여러 단체와 개인 들을 규합하지 않고서는 국내 연대가 아무리 폭넓다 하더라도 개발주의자들의 실력을 당해낼 길이 없겠기 때문이다.

4

하지만 나라안팎에 걸친 광범위하고 복합적인 연대운동이 성공하려면, 무엇을 어떻게 보존하고 활용하며 왜 그래야 하는가에 대해 지혜로운 답을 내놓을 수 있는 일정한 핵심주체가 형성되어야 한다. 비무장지대에 관한한 예의 주체가 우선 한반도에서 나와야 함은 상식이다. 또한, 남북의 두 정권 모두가 각각의 장·단점이 무엇이건 분단체제의 일익을 이루는만큼 그 체제의 철폐를 전제하는 운동이 민간주도여야 마땅하다는 것도 당연한 논리다. 하지만 이런 운동이 실제로 성공하기 위해 어떤 경륜을 갖고 어떤 실행에 나서야 할 것인가?

보존과 활용에 관한 구체적인 계획은 지리·역사·경제·동물·식물학 등 여러 분야의 전문가들이 참여하여 우선 대강을 짜고, 사태의 진전에 따라 수정·보완하는 신축성을 지녀야 할 터이다. 그러나 비무장지대 문제가 결코 전문가들의 계산으로 해결될 일이 아니라는 점 또한 명백하다. 사실 통일 한반도의 '균형잡힌 발전'이라거나 '지속가능한 성장'이라는 잣대로만 잰다면 비무장지대의 한정된 일부 이상을 반드시 보존해야 한다는 계산이 나오기 힘들 것이다. 더구나 자본주의 세계체제가 존속하는 한, 세계시장의 '무한경쟁' 압력은 통일국가에도 적용될 터이며, 그에 항거하는 일국의 능력에는 한계가 있기 마련이다. 무언가 기존의 논리와 그에 따른 모든 타산을 일거에 뛰어넘는 사고의 전환, '생태학적 상상력'의 발동을 통해서만 비무장지대의 보존 및 평화적 활용이라는 해답이 가능해진다.

그런데 이 해답이 '경륜'의 이름에 값하는 것이려면, '생태학적 상상력'은 곧 분단체제와 세계체제 기성 논리의 허구성을 꿰뚫는 통찰력이 되어야 하며 이 체제의 변혁에 실질적으로 기여하는 새로운 사상이어야 한다. 그렇지 못할 경우 그것은 참된 상상력이라기보다 한갓 공상에 불과하거나, 아니면 이른바 포스트모던한 세계를 특징짓는 각종 원리주의의 범람 가운데 '생태학적 원리주의'라는 또 하나의 분파를 보태는 일이기 쉽다. 물론 다른 원리주의들이 그러하듯이 생태학적 원리주의도 현대인에게 귀중한 깨우침을 주는 바가 많다.

특히 인간중심주의적 세계관이 인간의 생존마저 위협하는 자연파괴로 이어진다는 통찰이라든가, 현존 세계체제의 본질적으로 환경적대적인 성격에 대한 결연한 단죄는, 진정한 생태학적 상상력에서 빼놓을 수 없는 요소이다. 반면에 인간중심주의로부터의 탈피가 곧 모든 생물, 더 나아가서는 자연 속의 일체의 대상물들에 대해 인간의 입장에서 등급을 두는 일조차 부정하여 인간보호는 오히려 소홀히 해도 되겠느냐라든가, 세계체제의 반생태계적 성격과 이 체제가 자본주의체제라는 점과 어떻게 연관되느냐는 등의 문제에 대해서는 구체적인 분석이 결여되기 일쑤다. 특히 '현존사회주의'로 일컬어지던 사회들에서의 환경파괴가 산업사회 일반의 운명인가 아니면 세계체제의 논리에서 결코 벗어나지 못했던 저들 사회의 실패인가라는 물음 같은 것은, 딱히 원리주의랄 수도 없는 녹색운동에서조차 곧잘 간과되곤 한다. 어찌 보면 이러한 자세는, 사회주의혁명이 완수되면 생태계 문제는 쉽게 해결된다고 주장하면서 생태학적 상상력을 잠재우는 또다른 단순사고와 묘한 닮은꼴을 이룬다고 하겠다.

생태학적 상상력의 발동이 세계체제의 구체적 작동방식에 대한 분석과 그에 따른 적절한 대응책의 개발로 이어지지 못한다면 이는 실천력이 약한 운동을 낳는 결과밖에 안된다. 물론 대다수 녹색운동의 실천의지가 약하다는 말은 아니다. 요는 그때그때의 공해나 오염 문제, 특정 지역의 자연보호 문제 같은 단기적 과제와, 인간과 자연 관계의 근본적 변화를 지향하는 장기적 과제를 매개해줄 중간항이 빠짐으로써, 지엽적인 개량과 원대한 이상 사이를 오락가락하는 결과가 되기 쉽다는 것이다.

5

　'중간항'도 물론 단 하나만 있는 것은 아니다. 하지만 개중에서도 주어진 상황에서 특히 핵심적인 중간항을 되도록 많은 사람들이 공유하는 일이 실천력을 높이는 길이 될 것임은 분명하다. 한반도의 현싯점에서 생태학적 상상력을 동원할 때의 그러한 중심고리는 역시 분단체제극복이 아닐까 한다. 분단 문제와 생태계 문제를 연결하는 것은, "모든 생태학적 기획(및 주장)은 동시에 정치적·경제적 기획(및 주장)이며 그 역도 진실이다. 사회·정치적 주장들이 생태계에 관해 중립적인 것이 아니듯이 생태학적 주장도 결코 사회적으로 중립이 아니다"라는 데이비드 하비[1]의 지적을 받아들일 때 일반론의 차원에서 얼마든지 수긍할 수 있다. 그러나 정작 중요한 것은 현존 세계체제의 계급갈등, 성차별, 인종주의 같은 문제들이 어떻게 그 환경파괴적 성격과 맞물려 있고, 그러한 세계체제가 한반도에서는 어떻게 분단체제라는 독특한 하위체제를 통해 작동하는지를 구체적으로 인식하는 일이다. 동시에 반대쪽에서 출발하여, 남한사회의 대대적인 국토오염과 자연경시·생명경시 사상이 그 심화되는 빈부격차, 여전히 강력한 성차별주의, 점차 제국주의·인종주의적 성격을 띠어가는 그 민족주의, 그러면서도 날로 더해가는 서구추종사상 등과 어떻게 결합되어 있으며, 이 구체적 결합 형태가 반민주적이고 비자주적인 분단체제의 매개를 거쳐 어떻게 현존 세계체제의 기본

---

1) David Harvey, "The Nature of Environment: the Dialectics of Social and Environmental Change," *The Socialist Register 1993*, Merlin Press 1993, 25면.

성격을 관철하고 있는가를 알아야 한다.

여기서 그러한 분석을 시도할 계제는 아니다. 다만 한반도의 경우, 분단된 국토의 슬기로운 재통일과 민족의 재통합이라는 주민 대다수의 염원에서 동떨어진 운동은 생태계운동이건 그 무엇이건 든든한 실력을 확보하기 힘들리라는 점은 짐작하기 어렵지 않다. 동시에, 환경 문제나 분단극복 문제가 특히 그렇지만, 한반도의 큰일치고 한반도 차원에서만 풀릴 일도 드문 것이 사실이다. 오직 남북한 곳곳에서 각기 구체적인 사안들을 해결하려는 여러 움직임들이, 한편으로 분단체제에 의한 공통된 규정성을 인식함으로써 원칙있는 상호연대의 근거를 찾고, 다시 세계체제에 의한 더욱 기본적인 규정성을 실감하여 전세계적 연대운동으로 발전할 때에만, 우리의 생태계운동과 정치운동이 (본디 그러해야 하듯이) 혼연일체가 되어 충분한 실행력을 확보할 수 있을 것이다.

비무장지대 생태계의 보존이라는 목표는 바로 이런 맥락에서 뚜렷한 현실적 의의를 얻는다. 이 목표가 계산보다 상상력의 산물이라고 앞서 말했지만, 그때의 '계산'은 잘못된 전제에서 출발한 계산이요 '상상력'이 찾아낸 답이 오히려 정답인 것이다. 5억평에 달하는 녹지를 보존하여 '민족대공원' 또는 '평화대공원'으로 만드는 일은 확실히 분단정권들의 이해관계에도 맞지 않고, 세계시장의 논리로도 일종의 사치며 낭비다. 하지만 분단시대의 유산을 창조적으로 활용하되 분단체제의 논리가 온존하는 통일은 거부하는 분단체제극복운동으로서는 이러한 비실용성이 하나의 상징적 행위 이상의 의미를 띤다. 국내외의 폭넓고 수준높은 민중연대를 통해 달성된 그러한 '비실용적' 성과야말로 현존 세계체제의 논리에 대해 지금 이곳에서

가능한 최대의 타격을 주는 매우 실용적인 행위가 되기도 하는 것이다. 이를 통해 한반도 전체가 동아시아 및 전세계 민중의 창조적 교류를 위해 한결 편안한 마당이 됨은 물론, 지금처럼 경쟁적으로 돈 벌어서 남을 짓누르지 않으면 남한테 짓눌려 살아야 하는 것과는 다른 삶을 개척하는 노력을——좁게는 개인적 수양의 차원에서부터 소규모 주민운동이나 새로운 문예·학술운동을 거쳐 넓게는 전지구적 민중해방운동에 이르는——다양한 차원에서 동시에 해내는 한 전범을 보여주었을 것이기 때문이다.

이런 사실을 감안할 때, 군사분계선의 **철폐**와 비무장지대의 **보존**을 함께 추구하는 만만찮은 규모의 노력이 '문화예술운동'의 형태로 출발했다는 사실은 뜻깊다. 생태계파괴의 위기와 인류문명 파탄의 위협에 몰린 오늘의 세계는 틀에 박힌 계산보다 상상력의 발동을 겸은 계산을 요구하고 있다. 그러므로 이 문화예술운동에 전문적인 학자들이 동참하는 것 또한 당연하며, 국제적인 연대가 이미 시작된 점도 고무적이다. 앞으로 이 운동이 분단체제극복운동과 세계체제 변혁운동의 일환으로서 그 상상력과 실행력을 꾸준히 높여나가기를 바란다. 〈1995〉

6

개혁문화와 분단체제

새얼 아침대화 10주년을 맞는 이 자리에 저를 초청해주셔서 대단히 영광스럽게 생각합니다. 제가 오늘 말씀드리려는 주제가 '개혁문화와 분단체제'인데 개혁문화를 위해서 '새얼문화재단'과 같은 민간 공익사업단체가, 더군다나 지금 모든 것이 서울로 서울로 쏠리는 이런 세상에서 지역에 기반을 두고 10년 동안 줄기차게 활동을 하며 많은 사업을 펼쳐오신 것은 제가 생각하는 개혁문화의 정착과 확산을 위해서 대단히 중요한 일이라고 생각합니다. 그런 의미로 저 자신도 심심한 축하의 말씀을 먼저 드리겠습니다.

제가 강연청탁을 처음 받았을 때는 '개혁문화'와 '분단체제'라는 두 가지 개념을 연관시켜서 이야기해보자는 막연한 생각이었는데, 최근에 와서 비무장지대에서 여러가지 사건이 터지고 북한측의 동향이 크게 보도되면서 이 주제가 더욱 많은 사람들의 관심을 끌게

* '새얼 아침대화' 초청강연은 1996년 4월 9일 즉 15대 국회의원을 뽑는 4·11 총선 이틀 전에 있었고, 이 무렵 판문점 비무장지대에 북한군이 진입하는 등의 돌출사건에 대한 보도가 총선 결과에 적잖은 영향을 미쳤음은 모두가 아는 대로다. 그날의 강연을 녹취 정리한 이 글은 계간 『황해문화』 11호(1996 여름)에 실렸다. 『황해문화』와 새얼문화재단 측에 감사드린다.

되었다고 생각합니다. 저는 그 문제의 실상에 대해서 전문적인 지식이나 정보를 가지고 있지 않기 때문에, 거기에 대해 특별히 새로운 이야기를 할 수 있을지는 모르겠습니다만, 어쨌든 개혁의 문제를 분단의 문제와 연관시켜서 다시 한번 생각해보는 좋은 계기가 되었다고 믿습니다.

개혁과 개혁문화

그럼 먼저 '개혁'을 이야기하면서 굳이 개혁'문화'라는 표현을 쓰는 까닭을 제 나름으로 설명드릴까 합니다. 90년대에 들어와서 특히 93년 초에 문민정부가 출범한 이래로 우리 사회에, '개혁'이라는 말이 거의 유행처럼 되어 있습니다. 심지어 개혁을 반대하는 사람들도 말로는 "안정을 하고 나서 개혁을 해야 된다"고 하는 정도지 정면으로 수구세력임을 자처하는 이는 거의 없다고 믿습니다. 그리 멀지도 않은 얼마 전의 과거를 생각해보면 그야말로 금석지감이 있습니다.[1] 가령 80년대만 해도 당국은 당국대로, 또 운동권은 운동권대로 이 개혁이라는 낱말이 나오면 매우 수상쩍은 눈초리로 보았습니다. 당국에서는 개혁을 주장하는 자들이 결국에는 체제를 전복하려는 불온분자가 아닌가 하는 눈으로 보았고, 운동권에서는 우리가 군사정권과 반민주적·비자주적 체제를 변혁을 해야 할 마당에 개혁 운운하는 것은 결국 타협하고 말겠다는 이야기가 아니냐는 곱지 않은 시선을 보냈던 것이 사실입니다.

---

1) 이러한 상황은 김영삼정권의 개혁추진이 실질적인 파탄에 이르고 대통령선거를 겨냥한 보수화 경쟁이 본격화한 1997년에 들어서는 또 한번 바뀌었다.

이러한 분위기가 몇년 사이에 크게 바뀌어서 이제는 '개혁'이라는 말이 하나의 유행처럼 되었는데, 저는 기본적으로 이것을 우리 사회가 그만큼 발전하고 좋아진 결과라고 생각합니다. 이제는 개혁을 이야기하면서 그야말로 올바른 개혁문화를 말하고 그것을 만들어갈 기본여건이 마련된 것이 아닌가 하는 것입니다. 다시 말해서 첫째 정권 자체가, 그것이 얼마나 민주적이냐 하는 문제를 떠나서 여하튼 문민정부가 된 것은 틀림없는 사실이고 그나름의 정통성을 확보했기 때문에, 개혁을 이야기하는 사람들 앞에서 전전긍긍하면서 그들을 불온분자로 몰아붙일 필요가 훨씬 적어졌습니다. 다른 한편으로 그 전에 재야운동을 하면서 개혁이 아닌 '변혁'을 강조하던 사람들 가운데는, 군사정권의 탄압에 맞서서 싸우다 보니 극단적인 표현이 나오고 극단적인 생각이 나왔을 뿐이지 사실은 문민정부의 성립과 그것의 민주화를 자신의 목표로 생각했던 사람들도 많이 있었습니다. 그런 사람들이 좀더 마음놓고, 변절자로 몰릴 걱정을 않고도 개혁을 이야기할 수 있게 되었다는 것, 이것 역시 하나의 긍정적인 사태진전이라고 보아야 할 것입니다. 그 사이에 여러가지 기복이 있었습니다만 90년대 들어서 우리 사회의 민주화가 꾸준히 진전되어왔다고 저는 믿습니다. 심지어는 작년 말에 일어난 여러가지 큰 사건들, 특히 전직 대통령이 두 사람씩이나 구속되고 그들이 재판정에 서게 되었다는 사실을 두고 일부 언론에서 '부끄러워서 못 살겠다, 외국사람들 보기에 부끄럽다'라고들 하는데, 첫째는 외국사람들 가운데 이것을 부끄러운 일로 보지 않고 참 부러워하는 사람들이 많습니다. 또 저 자신이 생각건대도 그러한 범죄들이 그들의 재직기간 또는 취임 이전에 일어났는데 그것을 모르고 지냈다든가 막지 못했던 일이 부끄러운 일이지, 뒤늦게나마 그러한 사실을 밝혀내고 죄를 지은 사람들에게 정당한 사법적인 정의를 부과한다면 그것은 온 세계에 자랑할 만한 일이고, 또 실제로 많은 외국의 예를 보더라도 매우 드문 일이 아닌가 합니다. 저는 우리 사회에 대해서 그만큼 긍지를 더 가지게 되었고, 우리 모두가 마땅히 그래야 옳다고 생각합니다.

그렇기는 하지만 아직 개혁의 문화가 정착되었다고 보기는 어렵습니다. 제가 이때 '문화'라고 하는 것은 사회학자나 문화인류학자들이 쓰는 의미의 문화인데, 다시 말해서 예술이라든가 고급문화에 한정시키는 것이 아니라 우리 일상생활의 살아가는 방식 그 자체를 문화라고 할 때, 개혁의 정신과 개혁을 위한 행동이 우리 몸에 익어서 하나의 문화로 정착되었다고 보기는 아직 힘들다는 것입니다. 가령 지금 전직 대통령 구속 이야기를 했습니다만 그 구속에 대해서 이른바 TK정서 운운하는 등 소위 후유증이 만만치 않다든가, 이번 총선에서 원래는 다들 개혁을 들먹이다가 점점 종반에 오면서 보수경쟁을 한다든가, 또 이러한 것을 조장하는 언론의 작태 같은 것을 보면 아직 개혁문화가 정착되기에는 멀었다라는 생각을 하지 않을 수 없습니다.

그런데 정부가 앞장서서 개혁을 부르짖는데도, 또 국민 거의 모두가 개혁을 바라고 있는데도 개혁문화가 정착되지 못한 것이 무슨 까닭일까 생각해볼 때, 물론 김영삼정권의 전술적인 실패나 실책의 탓도 있습니다. 더 나아가서 이 정권의, 우리가 흔히 말하는 태생적인 한계라는 것도 있을 것입니다. 그러나 저의 기본적인 생각은, 개혁세력이 개혁작업과 분단체제의 연관성이라는 것을 제대로 인식하지 못했고 그 결과 이 분단체제의 수구세력을 제압할 실행력을 아직까지 제대로 갖추지 못했기 때문이 아닌가 하는 것입니다. 그런 뜻에서 저는 오늘 인천지역에서 지도적인 위치에 계신 여러분들과 더불어 개혁문화와 분단체제의 연관성을 살펴보기로 한 것입니다.

분단과 분단체제

남북분단의 문제가 우리에게 얼마나 중요하고 절박한 것인가 하는 점은 최근 비무장지대에 관한 북한측의 태도에서 새삼 실감하게 되었다고 믿습니다. 이것이 모레 11일에 있을 총선에 어떤 영향을 끼칠지는 저로서 속단할 수 없습니다. 또 북한측의 정확한 의도가 무엇인지에 관해서는 저뿐만이 아니라 많은 사람들이 다만 추측을 할 수 있을 따름입니다. 어쨌든 우리가 추진하고 있는 남쪽 내부의 개혁작업과 남북관계가 아주 밀접하게 맞물려 있다는 사실, 이것만은 이번 사건을 통해서 또 한번 분명해졌다고 생각합니다.

북한측의 태도에 관해 단정을 할 수는 없습니다만 우선 생각되는 것은, 많은 논평자들이 말하고 있듯이 정작 전쟁을 일으킨다든가 휴전선을 아예 없애자는 그런 의도라기보다는 미국과의 협상을 앞두고 뭔가 유리한 카드를 만들어보자, 또 될 수 있으면 남한 당국을 배제하고 북미간의 협상을 타결해보자는 그런 외교상의 이득을 추구하는 면이 더 강하지 않은가라는 것입니다. 그렇지만 하필이면 남한의 총선을 앞둔 이때를 택했을까, 거기에 대해서는 북쪽은 북쪽대로의 스케줄이 있으니까 남쪽의 내정 문제와는 무관하게 독자적으로 추진했다 이렇게 보는 이도 있겠고, 또 사람에 따라서는 정반대로 이것이 남쪽의 음모라든가 책동으로 도발한 것이다라고 해석하는 사람도 있을 것입니다. 그렇게 말할 꼬투리가 전혀 없는 게 아닌 것이, 팀스피리트라는 것은 없어졌습니다만 최근에 한미간의 합동 군사훈련이라든가 우리 군의 독자적인 훈련이 강화된 것은 사실이라고 알고 있습니다.

그렇기는 하지만, 저는 이것이 남한의 내정을 전혀 감안하지 않은 북쪽의 일방적인 시간표라든가 또는 흔히 말하는 북쪽의 맹목적인 호전성이라든가 아니면 남쪽 당국의 책략이라든가 이런 식으로만 풀이하는 것은 너무나 단순한 해석이라고 생각합니다. 이번 선거만 그런 것이 아니라 사실 우리가 과거의 선거를 돌이켜보면, 북쪽의 의도가 앞선 것이든 아니면 남쪽 당국의 작용이 있었든 선거 때마다 남북관계에 사건이 안 일어난 적이 거의 없습니다. 또 남쪽에서 정권을 맡은 사람들이 특히 군사정권 하에서는 여러가지 공작을 해서 선거에 맞춰서 간첩사건 발표도 하고 무슨 사건을 일으키기도 한 게 사실입니다만, 거기에 북한이 순진하게 말려만 들었다고 생각하기에는 너무나 일관되게 선거 때마다 개혁세력 쪽에 불리하고 수구세력 쪽에 유리한 사건들이 터져온 것이 사실입니다. 저는 그 사건 하나하나에 대해서는 별도로 진상을 따져야 된다고 생각합니다만 전체적인 하나의 패턴이 있다고 한다면, 휴전선의 남쪽에서든 북쪽에서든 한국의 개혁문화가 정착되고 확산되기를 원치 않는 세력이 상당한 실세를 가지고 있다고 판단됩니다. 남쪽의 수구세력뿐만이 아니라 북쪽에도 그런 세력이 분명히 있다는 것이지요.

그래서 어느 한쪽의 정권만을 나무란다거나 또는 이 모든 책임이 외국세력, 외세의 개입에 있다라고 단순하게 몰아붙이는 것은 개혁세력이 현실 속에서 주도권을 행사하기에는 너무나 단순한 논리이고 이런 식의 논리를 갖고는 개혁문화가 정착하기 힘들다고 생각합니다. 그런 사건이 있을 때마다 개혁세력의 대응은 정부가 이것을 선거에 악용해서는 안된다라고 경고를 발하는 정도이고, 다시 말해서 항상 주도권은 저쪽에 있고——우리 남쪽 당국 아니면 북쪽에 있고——민간이 중심이 되어 민주화를 추진하고 개혁을 더 해내겠다는 사람들은 항상 수세에 놓여가지고 변명에 급급하고 '악용하지 말라'고 경고나 하는 그런 선을 넘어서기가 어려운 것입니다.

그래서 저는 한반도의 분단현실을, 물론 남북이 첨예하게 대립되어 있고 단절도 심한 상태이기는 합니다만 이러한 상호대립과 갈등과 단절 그 자체가 분단을 유지하고 재생산하는 데 교묘하게 기여하고 있는 일종의 '체제'가 있다. 단순한 분단이라기보다는 스스로를 재생산하는 그런 힘과 일정한 안정성을 지닌 '분단체제'가 한반도에 성립되어 있다고 믿고, 그에 대한 정확한 인식이 앞서야지 우리가 이 현실에 올바로 대응할 수 있다고 생각하는 것입니다.

따라서 개혁작업을 추진할 때에도 그것이 분단체제에 대한 정확한 인식이 전제된 개혁작업이라야지 개혁문화로 정착이 될 수 있다는 말이 됩니다. 여기서 분단체제론에 대해 약간의 소개말씀을 드린다면, 분단과 분단의 현실 또 분단시대 이런 문제에 대해서는 여러분들이 일찍부터 논의를 하셨습니다만 이 '분단체제'라는 용어는 『창작과비평』의 지면을 통해서 제가 먼저 제시한 것이기 때문에 여기서 자기선전을 하는 것 같아서 조금 쑥스럽긴 합니다. 그 논의의 전개과정에 대해서는 길게 말씀드리지 않겠는데, 최근에 와서는 사회과학도들 중에서 이 문제에 대해 관심을 가지고 저와 논쟁을 벌인 경우도 있고 여기에 대한 학문적 논의가 조금씩 확산되어가고 있어서 저는 그 점을 보람으로 느끼고 있습니다. 자세한 내용 소개는 시간관계상 생략을 하겠습니다만, 제가 오늘 주제로 삼은 개혁문화와 분단체제의 연관성과 관련해서 이 분단체제론이 갖는 의미, 거기서 나오는 어떤 결론 같은 것을 네 가지 정도로 간략히 말씀드릴까 합니다.

분단체제론의 몇가지 함의

첫째, 분단체제라고 할 때는——우리는 모두 통일을 바라고 있으니까 이 분단체제는 극복해야 할 체제라고 당연히 생각합니다. 또 분단체제에 살면서 우리가 분단으로 인해 많은 고통을 겪어왔기 때문에 이것이 극복해야 할 체제라고 하는 점은 아마 이 자리에 앉아계신 여러분 누구도 반대하지 않으실 것입니다. 그런데 제가 분단을 분단'체제'라고 할 때는 분단에 반대한다는 뜻을 좀더 강력하게 표현하자거나 더 그럴듯하게 들리게끔 문자를 써보자는 것이 아니고, 분단체제를 슬기롭게 극복하기 위해 우리가 먼저 알아야 할 점이, 어떠한 체제든 체제라는 이름이 붙었을 때에는 함부로 무너지지 않는다는 뜻이 있다는 것입니다. 또 함부로 무너져도 곤란하다는 뜻마저 있습니다. 잘못하면 분단을 옹호하는 말이 될 수도 있습니다만 어떤 체제든 체제로 성립했으면 그것 나름으로 그 체제에 속한 사람들을 우선 먹여살려야 하는 것이고 또 생활에 일정한 안정을 주어야 하는 것이며 그렇게 함으로써만 그 체제가 체제로서 성립하고 유지될 수가 있는 것입니다. 그렇기 때문에 분단체제 역시, 그것이 수십년 동안 지속되면서 그 안에서, 우선 저 자신만 해도 분단체제의 남

156

쪽 절반에서 먹고살아왔고 또 저 나름대로 일정하게 보람을 느끼는 사업도 해왔고 공부도 해왔고 그랬습니다. 그리고 이런 체제는 쉽사리 폐기되지도 않고, 가령 전쟁을 통해서라든가 하는 방식으로 무리하게 폐기한다고 할 때에 그 체제가 지닌 그나마의 잇점마저도 상실할 우려가 있다. 그렇기 때문에 이 체제를 우리가 극복하고 무너뜨리기는 해야 하는데 그야말로 이 체제가 어떻게 돌아가는 체제인가를 정확하게 알고서 그것을 어떻게 극복하는 것이 최선의 길인가 하는 그 처방을 슬기롭게 찾아내야지, 덮어놓고 이것은 변혁해야 한다 통일해야 한다 이런 식으로는 안된다는 것이 한가지 결론이 되겠습니다.

둘째, 분단체제라고 할 때는 그 대립항을 분단되어 있는 남과 북으로 잡기보다는 남과 북의 수구세력이 극과 극으로 대치하고 있으면서도 어떤 의미에서는 교묘한 공생관계에 있는 그러한 체제와, 그 공생관계에서 소외되고 그로부터 고통을 받는 남북한의 다수 민중, 이 둘이 대립을 이루고 있다, 이렇게 보는 견해입니다. 그렇기 때문에 통일도 제대로 된 통일이 되려면 이제까지 분단으로 이득을 본 남북의 기득권세력이 짝짜꿍이해서 하는 통일이라든가 또는 전쟁을 통한 참혹한 통일이라든가 아니면 한국의 민중이 아닌 외세가 주도하는 통일이라든가 그러한 통일이 아니고 이 분단체제의 대립항을 이루고 있는 민중이 주도하는 통일만이 분단체제의 극복이 되고 진정한 대안이 된다는 결론이 따라나옵니다.

셋째, 분단체제의 주된 구성요인은 남북 두 개의——우리가 법적으로는 상호간에 정식 국가로 인정을 안합니다만 실질적으로 두 개의 국가가 성립되어 있죠. 이것은 유엔에 의해서도 회원국으로 인정된 두 개의 국가입니다. 그러나 이 두 국가 사이가 심각하게 단절이 되어 있는 상태여서 남북한 민중이 통일운동의 주체가 되어야 한다는 원칙은 성립한다고 하더라도, 지금 당장에 남북 민중이 함께 통일운동을 벌인다는 것은 현실적으로 가능하지가 않습니다. 그렇기 때문에 남쪽에서는 남한사회의 개혁운동을 위주로 하는 분단체제 극복운동이 전개되어야 마땅하고, 북한 쪽은, 저는 현재의 실정도 잘 모르고 앞으로 어떤 변화가 일어날지 예측하기 힘듭니다만, 결국은 북쪽에서도 북한사회의 변화와 개혁을 일차적 목표로 삼는 민중운동이 어떤 형태로든 벌어지면서 남북의 두 운동이 연합하여 범한반도적인 민중의 통일운동이 전개되어야 한다, 이런 순차적인 과제가 주어진다고 생각합니다.

  네번째로는, 여기에 대한 이론적인 논의는 그동안의 논쟁과정에서 상당히 벌어졌습니다만, 저 자신은 남쪽이나 북쪽 사회를 하나의 완결된 사회로 보지 않고 남북을 망라하는 분단체제의 일부들로 봐야 한다는 주장을 함과 동시에, 거기서 한걸음 더 나아가서 남북의 분단체제 역시 완결된 체제는 아니다라는 주장을 해왔습니다. 다시 말해서 오늘 우리가 지구촌이다, 세계는 하나다라는 말을 하곤 하는데, 이것을 좀더 학술적인 용어로, 물론 특정 학설의 하나입니다만 그런 학설을 빌려서 이야기한다면 오늘날의 세계는 '자본주의 세계경제' 또는 '세계체제'에 의해서 이미 통합된 세계라고 볼 수 있습니다. 그 안에 여러 국가가 있는데, 여러 개의 국가가 나뉘어 있다고 해서 자본주의 세계경제를 본질적으로 국가 단위로 나누어놓았다고 보기는 힘들고, 세계경제라는 큰 덩어리를 운영하는 방식 가운데는 여러 개의 주권국가가 망라된 정치적인 구조도 있다고 보는 것입니다. 그런데 한반도의 경우는 사정이 특수해서 세계경제라는 체제가 남한에 관해서는 대한민국이라는 국가기구를 이용하고 북한에 관해서는 조선민주주의인민공화국이라는 국가기구를 곧바로 이용한다기보다는, 물론 그런 측면이 없지는 않습니다만, 분단체제라는 중간의 매개항을 거쳐서, 한 다리를 더 건너서 대한민국에 영향을 주고 북한에 영향을 준다는 것이고, 그런 점에서 우리가 한국에서 어떤 문제를 생각할 때는 적어도 세 가지 차원에서 동시에 생각하는 것이 필요하다는 말씀입니다. 즉 한국사람들은 남한의 문제를 일차적으로 생각해야 하지만, 한국이 다른 국민국가들과는 달리 분단국가이기 때문에 남북한을 망라하는 분단체제의 일부분으로서의 한국이다라는 생각을 동시에 해야 하고, 또 그에 더하여 남북한의 분단체제 역시 세계체제와 동떨어진 별개의 체제가 아니라 세계체제의 한 부분으로 보기도 해야 한다는 것입니다. 조금 더 전문적인 용어를 쓴다면 세계체제의 아체제(亞體制) 혹은 하위체제라는 점도 감안해야 한다는 거지요. 이렇게 세 가지 차원을 동시에 생각해야 한다고 이야기하면 왜 문제를 그렇게 복잡하게 끌고 가느냐라고 비판하는 분들도 계신데, 저는 그 책임은 나한테 묻지 말고 하느님께 묻든가 조물주에게 묻든가 아니면 이 현대세계를 만들어서 움직이고 가는 그런 실력자들에게 물어보라고 대답합니다. 세상이 그렇게 복잡하게 되어 있으니까 그 복잡한 진상을 제대로 인식하자는 게 나의 주장이지, 간단하게 생각해도 될 것을 내가 일부러 복잡하게 만드는 것은 아니라는 거지요. 그래서 분단체제가 하나의 완결된 체제가 아니고 세계체제의 한 구성요인에 불과하기 때문에 우리가 통일을 제대로 하기 위해서도 세계체제의 실상과 그것의 변화가능성에 대한 그야말로 세계화된 안목이 있어야 한다고 주장합니다. 그것이 없이는 효과적인 통일작업이 불가능하다, 이것이 분단체제론에서 나오는 네번째 결론이라고 할 수 있겠습니다.

개혁작업의 장애물들

그럼 분단체제론에 대한 이 정도의 소개를 전제로 우리가 당면한 개혁작업, 구체적인 개혁작업의 장애요인을 어떻게 뚫고 나갈 것인가, 과연 분단체제에 대한 인식을 가지면 이런 장애요인과 맞서 싸우는 일이 더 복잡하고 어려워지기만 하는 것인지 아니면 오히려 다소 복잡한 논리를 적용했을 때 문제를 더 효과적으로 풀어나갈 수 있는 것인지——어떠한 논리든 우리가 현실을 살아나가기 위해서, 현실의 문제를 제대로 풀어나가기 위해서 이런저런 학설이 나오는 것이기 때문에 결국 현실 속에서 그것을 검증을 받아야 되겠습니다. 또 오늘날 이 개혁의 문제는 당장 내일모레면 닥칠 선거를 비롯해서 우리가 하루하루 생활의 각 분야에서 부딪치고 있는 문제이니만큼 현실 속에서 검증한다는 것이 그렇게 어려운 일은 아니라고 봅니다.

우선 개혁작업이 부딪치는 최대 장애 가운데 하나로 앞서도 말씀드렸듯이 소위 '안보논리'라는 것이 있습니다. 개혁을 반대하는 사람들은 "뭐 내가 개혁이 싫다는 것은 아니지만 이렇게 함부로 개혁을 하다가는 국가안보가 위태로워진다" 이런 이야기를 합니다. 우리가 말하는 국가안보라는 것은 그야 크게 보면 일본이나 중국 같은 나라가 군사대국이 되는 데서 오는 위험도 있겠지만 역시 압도적으로는 북한과의 전쟁 문제를 의식하고 하는 이야기겠죠. 그런데 아까도 잠깐 말씀드렸습니다만 이 안보논리에 대해서 개혁세력이 대응할 때에 남쪽이나 북쪽의 어느 한 정권을 일방적으로 적대시해서 모든 책임이 북한 당국에 있다거나 아니면 북한에서는 통일을 하자고 하는데 남한 당국이 반통일세력이고 반민주적이다, 이런 식으로 어느 한 정권을 일방적으로 적대시하고 매도해서는 개혁세력이 국민들에게 설득력을 가질 수 없다고 봅니다. 그렇다고 해서 우리는 민중과 민간세력이 주도하는 통일을 바라기 때문에 양쪽 정권은 다 똑같이 반대하고 다 똑같이 나쁘다라는 식의 단순화된 양비론을 들이대서도 설득력을 갖기가 힘듭니다.

실제로 우리 한국 국민들의 대다수는 북한 실정을 잘 모르기는 하지만, 또 그동안의 세뇌공작이라든가 정부당국의 일방적 선전이 작용했을지는 모르지만, 북한과 남한을 비교할 때 남쪽이 시민사회 차원에서는 물론이고 이제는 정부도 북쪽 정부보다는 훨씬 낫다라는 실감을 가지고 있습니다. 저 자신도 일방적으로 북은 다 나쁘고 남은 다 좋다라는 단순논리에는 동의하지 않습니다만, 우리가 시민의 입장에서 정부를 평가할 때 내세우는 몇가지 기준을 들이댄다고 하면 우리 정부가 아무리 결함이 많고 저 자신 반대하는 입장을 주로 취해왔습니다만, 제가 아는 한은 역시 나은 점이 많다고 생각합니다. 반면에 북쪽 정부가 어떻든간에 낫다고 생각하는 사람들도 우리 국민들 사이에 상당수 있을지 모릅니다. 반드시 저쪽의 조직원이라서가 아니라 그들 나름의 신념과 실감을 가지고 그렇게 생각하는 사람들이 있겠고, 그들의 생각이 대체로는 틀렸다 할지라도 또 어느 대목에 가면 맞는 면도 있을 것입니다. 그렇기 때문에 단순한 양비론으로서도 설득력을 갖기 곤란하고, 또 남북한 정권간의 비교가 시기와 단계에 따라서도 달라진다고 생각합니다. 예를 들어 60년대 초라고 한다면 우리는 군사정권이 처음 들어서가지고 탄압이 가중되던 그런 시기이고, 북한은 물론 처음부터 독재정권이기는 했습니다만, 일찍이 그들 방식의 경제건설을 해서 당시로서는 경제성장 면에서 북쪽이 앞서 있었다는 것은 세계 학계가 인정했던 것입니다. 그렇기 때문에 각 단계마다 남북한 정권의 비교가 달라지기 마련이고 또 그때그때 정세에 따라서도 달라집니다. 따라서 개혁을 추구한다는 사람들이 안보논리에 효과적으로 대응하려면 그때그때의 단계와 그때그때의 정세에 입각해서 두 정권에 대해 시시비비를 정확하게 가릴 수 있어야 안보논리를 동원한 수구세력을 효과적으로 격파할 수 있다고 보는 것입니다. 물론 민간 쪽에서 가진 정보의 양이라든가 이런 것이 한계가 있기는 하지만, 정보도 더 요구해야 하고요. 왜 아직까지도 북한에 관한 정보는 일간신문조차도 안기부에서 주는 것을 받아써야 하느냐, 이런 정보에 대한 권리도 더 요구해야 하고, 우리들의 판단을 정직하게 말할 수 있는 권리도 더 신장시켜나가면서 우리들 나름의 정보와 판단력을 가지고, 가령 판문점에서 저런 사태가 일어났다고 하면 우리들도 외국의 어떤 민간기관이 지닌 그런 권위를 갖고 정세를 분석하고, 북한측을 비판할 것이 있으면 미리 비판해서 개혁세력은 안보에 대해서 둔감하다든가 하는 그런 혐의를 받지 않아야 할 것입니다.

다시 말해서 분단체제론에서 주장하듯이 우리에게 필요한 것은 이 분단현실에 대한 체계적이고 총체적인 인식입니다. 남한의 개혁이 화급하다고 해서 당분간 우리 개혁이 다 끝날 때까지 북한은 좀 잊어버렸으면 좋겠다라는 태도로 개혁을 생각하면 북한 쪽에서든 남한 당국에서든 결코 우리가 마음놓고 내부개혁에 몰두하도록 방치해둘 리가 없습니다. 방치할 수 있는 현실도 아니려니와 제가 보기에는 북한 당국부터가 그럴 의도가 전혀 없는 것 같아요. 심지어는 개혁을 방해하고자 하는 의도가 다분히 있지 않은가 하는 생각이 듭니다.

'지역감정'과 분단이데올로기

그 다음으로, 최근의 선거문화에서 특히 나타나는 것입니다만, 개혁과 개혁문화에 대해 심각한 장애가 되는 또 하나의 요인이 우리가 흔히 말하는 지역감정이라는 것입니다. 저는 이 '지역감정'이라는 표현은 조금 잘못된 표현이고 '지역맹주 중심의 지역주의' 또는 '지역할거주의'라는 표현이 더 정확하다고 봅니다. 자기가 태어나고 자란 향토에 대한 애정이라든가 거기에 기여하고 싶은 마음, 또 자기 고장이 잘되기를 바라는 마음, 이런 것은 극히 자연스럽고 건강한 감정이고 그런 지역사랑이나 향토애를 우리가 지역감정이라고 부르기도 하는데, 바로 그렇기 때문에 '망국적인 지역감정' 운운하며 규탄해가지고서는 지역할거주의 비판이 설득력을 갖기 힘듭니다. 그래서 이 지역감정 문제에 대해서도 우선 막연한 지역감정이 아니라 지역맹주, 어떤 특정 개인이 맹주가 되어서 마치 그 지역의 봉건영주나 되듯이 그 지역에서 패권을 행사하고 할거하는 이런 경향을 정확히 식별할 필요가 있습니다. 가령 지역감정하고 지역맹주주의가 어떻게 다르게 나타나느냐 하면, 언론의 분석에 따른 것인데 특정지역 출신의 유권자들이 자기 고장 출신의 후보가 나왔더라도 그 후보가 그 지역의 맹주를 지지하지 않으면 전혀 다른 지역의 후보를 찍어주지 자기 고장 출신을 안 찍어줄 거라고 합니다. 이게 사실이라면 이것은 우리가 생각하는 보통의 지역감정과는 다른 것이죠. 내고향 사람이 출마했으니까 같은 값이면 그를 찍어주자 하는 거야 건전한 지역감정이고, 좀 모자라더라도 고향 사람이니까 찍어준다면 그나마 어느정도 이해가 가는 지역감정일 텐데, 그게 아니라 이건 내 고향사람이지만 우리 고향에서 대통령이나 총리 되겠다는 사람을 반대하고 나섰으니까 저 사람은 안 찍어주고 엉뚱한 다른 고장 사람이라도 그쪽을 찍겠다라고 하는 것은 지역감정이라기보다는 제가 말씀드리는 지역맹주 중심의 지역할거주의라고 표현해야 맞다는 것이지요.

그런데 이런 지역맹주 중심의 지역할거주의로 규정을 한 뒤에도 이것의 성격이 무엇인가를 정확하게 파악해야지 제대로 대응을 할 수가 있습니다. 저는 그러기 위해서는 이 문제 역시 분단체제하고 연관을 시켜서 생각해볼 필요가 있다고 믿습니다. 그래야지 지역감정이 좋은 거냐 나쁜 거냐, 또는 지역할거주의냐 지역등권주의냐 이런 말싸움·입씨름에 끝나지 않고 좀더 설득력이 있는 반대논리가 나올 수 있을 것입니다. 저는 이 왜곡된 지역감정, 지역맹주 중심의 지역할거주의라는 것도 따지고 보면 반민주적이고 비자주적인 분단체제를 유지하고 재생산하는 여러가지 이데올로기 중의 하나라고 봅니다. 분단이라는 것을 너무 단순하게 생각하는 사람들은 분단이데올로기라고 하면 극우반공논리만이 분단이데올로기인 것처럼 생각을 합니다. 그러나 우리의 분단현실이 남북한이 대립하고 갈등하는 가운데서도 교묘히 공생하며 유지되는 체제라고 한다면 그러한 체제는 반공이데올로기 하나만을 활용해서 유지될 수 없는 것입니다. 여러가지 이데올로기를 아주 복잡하고 교묘하게 그리고 매우 신축자재(伸縮自在)하게 활용하기 때문에 휴전이 성립한 1953년부터 벌써 40년이 넘는 세월을 강고하게 버티고 있는 것입니다. 베트남이 통일이 되고 독일이 통일이 되고 예멘이 통일이 되고 한 오늘까지도 이것이 유지될 때에는 그냥 반공주의자들만으로 되는 것도 아니고, 김일성 주석이나 그 아들이 어쩐다고 되는 것도 아니고, 또는 미국이 강압을 해서 되는 것만도 아니고, 우리 사회 내부의 여러가지 요인들이 복잡하게 직접간접으로 또는 많은 경우에 당사자들도 모르는 사이에 이 분단체제의 유지에 기여하고 있기 때문에 그것이 가능하다고 봅니다.

남한에서 군사독재가 기승을 부리던 시기에는 역시 많은 분단이데올로기 중에서 막강한 힘을 발휘한 것이 극우반공논리였습니다. 그런데 군사독재가 무너지기 시작하면서부터는 극우반공논리만으로는 분단체제 유지가 어렵다라는 인식을 했는지 아니면 모르는 사이에도 체제가 그렇게 움직여갔는지, 아무튼 남한에서 극우이데올로기의 중요한 보조 이데올로기로 등장한 것이 이른바 지역감정입니다. 돌이켜보면 군사정권 때에도 집권자들이 지역감정이라는 것을 조장하고 정권유지에 활용을 했습니다만 이것이 민주화세력 쪽에서까지 전면적으로 드러난 것이 바로 6월항쟁으로 전두환(全斗煥)정권이 물러나게 되면서 직선제 대통령선거가 벌어졌을 때입니다. 우리가 87년 선거에서 문민정부를 출범시키지 못한 가장 결정적인 이유가 무엇일까? 단 한 가지 이유가 있는 것은 아니겠습니다만 가장 큰 원인은 역시 지역분열이었습니다. 소위 민주진영이 영·호

남으로 완전히 갈라서서 두 사람을 내세워서 한 사람하고 싸우는데, 선거에서 자기 파 후보가 여럿 나가면 표가 갈라져서 진다는 것은 말단 지역구를 경영해본 사람이면 누구나 아는 사실인데 대통령선거의 결과도 뻔한 것이 아니었겠습니까. 그때부터 이런 지역할거주의가 창궐하기 시작했고 문민정부가 수립되어서 민주적인 공간이 넓어지고 개혁문화가 정착할 수 있는 기회가 커지면서 더욱더 창궐하게 된 것이 바로 이 지역할거주의입니다. 그것을 볼 때 적어도 남쪽에서는 이제 지역할거주의라는 것이 극우반공논리 못지않게 분단체제의 수구세력을 지탱해주는 이데올로기가 되었다고 볼 수가 있겠습니다.

제가 남한 이야기만 했습니다만 사실 북쪽의 주된 이데올로기라는 것은 극우반공의 정반대지요. 김일성사상이라는 것은 극우 반공 이데올로기와는 정반대로 공산주의를 주창할 뿐 아니라 통일에 대해서 대단히 적극적인 이데올로기입니다. 그러나 우리가 이데올로기를 분석할 때에는 본인이 의식적으로 통일을 얼마나 주장하느냐 하는 점을 절대시하는 것이 아니라 그렇게 주장한 결과가 분단체제를 허무는 데 기여하느냐 아니면 분단체제를 굳히는 데 더 기여하느냐 이것을 따져야 합니다. 그런 것을 따진다면 저 자신은 북쪽의 국가이데올로기 역시 분단이데올로기의 일부이다, 통일을 앞세운 분단이데올로기의 일부이고 그것도 변화해야 마땅하다고 생각합니다. 따라서 우리는 반민주적이고 비자주적인 분단체제를 재생산하는 다양한 이데올로기의 하나로 이 지역할거주의를 이해함으로써만 민중주도 분단체제극복운동의 일부를 이루는 진정한 지역운동 그리고 주민자치운동 이런 것과 구별할 수 있다고 봅니다.

실제로 지역할거주의의 본거지에 해당하는 지역들에서는 인천이라든가 이런 곳에서 볼 수 있는 수준의 지역운동이 거의 없습니다. 오히려 무주공산이라고 하는 대구라든가 수도권에 이런 것이 있지 강력한 지역맹주가 있는 곳에서는 우선 의회부터가 일당지배로 되어 있고 지방의 주민운동이 일어나려고 하면 먼저, 당신들은 아무개 편이냐 아니냐 이것부터가 문제가 됩니다. 그래서 아무개 편이면 결국 독자성을 상실하고 그분의 정치적인 계산에 말려드는 것이고 아무개편이 아니다 그러면 사람이 많이 모이지를 않습니다. 이런 것이 개혁문화의 정착에 방해가 되고 있는데 이것 역시 우리가 분단체제라고 하는 문제와 연관시켜서 제대로 이해해야 한다고 생각합니다.

'개혁 대 변혁'의 이분법을 넘어서

또 한가지 우리 개혁문화의 중대한 문제점은 한국에서는 개혁문화를 말할 때 노동조합이나 노동운동이 전혀 끼여들지 않기가 일쑤입니다. 전혀라고 하면 과장이겠지만 거의 끼여들지 못합니다. 또 법률적으로도 노동조합은 정치참여가 금지되어 있고 노동조합 바깥에 있는 사람이 노사관계를 놓고 노동자측에 유리한 의견표시만 해도 이른바 제3자 개입금지 조항에 걸려들기 십상입니다. 물론 80년대 말엽에 노동운동이 오랜만에 대규모로 부활하면서 더러 교조적인 논리가 판치기도 했고, 지금도 한국 노동운동의 전반적인 수준이 개혁문화와 진정한 분단체제극복에 제대로 공헌할 만한지 의문을 갖는 것은 당연합니다. 그러나 장기적으로는 노동자들이 배제되고 노동운동이 배제된 개혁문화라는 것은 있을 수가 없습니다. 그들을 감싸안고 그들과 함께 가는 개혁문화만이 진정한 힘을 발휘할 수 있고, 경제성장이라든가 교육수준 이런 것을 봐서 우리나라보다 훨씬 못한 나라들도 노동운동이 개혁운동의 일부로 움직이고 있는데 한국은 왜 그것을 못하고 있는가를 생각해본다면, 이것 역시 분단체제의 작용 가운데 하나라고 생각합니다. 그렇기 때문에 이 문제도, 80년대 일부 운동가들의 극단적인 논리에도 책임이 있지만 분단체제가 안보논리나 지역할거주의 등을 이용해서 노동자들의 개혁운동 참여를 원천적으로 배제해온 책임이 더 크다고 저는 믿습니다.

마지막으로 개혁문화의 정착을 위해서 우리가 개혁과 변혁을 서로 반대되는 것처럼 흑백논리로, 양분법으로 보는 그런 사고방식을 시정하는 일이 긴요하지 않은가 하는 생각을 잠깐 말씀드리면서 끝맺을까 합니다. 서두에 제가 80년대에는 개혁을 보는 운동권의 시각이 전혀 달랐다고 했는데, 제가 볼 때 80년대 민주화운동의, 노동운동을 포함한 재야운동의 결정적인 약점 가운데 하나는 개혁이냐 변혁이냐 하는 흑백논리를 내세운 것입니다. 그런데 그 논리 중에서 비현실적인 혁명의 논리, 가령 남한에서 레닌주의 혹은 모택동주의적인 그런 민중혁명이 먼저 일어난 다음에 통일하면 된다라는 식의 논리, 아니면 북쪽이 내세운 것과 크게 다르지 않은 방식으로 우선 조국통일부터 해서 여기에 사회주의사회를 건설한다는 그런 환상적인 논리 들이 있었는데, 그러한 운동논리가 사라진 것은 바람직한 일이라고 생각합니다. 그래서 제가 처음에 80년대에서 90년대로의 사태진전을 대체로 긍정적으로 본다고 말씀드렸던 것입니다.

그렇지만 그런 비현실적인 혁명의 논리가 아니고 장기적이고 근본적인 변화라는 의미로서의 변혁——혁명이라는 말을 쓰기 겁나니까 대신 쓰는 그런 변혁이 아니고 장기적이고 근본적으로 우리 인간의 삶이 지금과는 뭔가 크게 달라져야 되겠다라는 그런 의미의 변혁에 관한 전망이나 신념이 오늘날에 와서 훨씬 약해지고 또 어떤 의미에서는 실종된 느낌마저도 드는데, 만약 이것이 사실이라면 이것은 개혁을 위해서도 바람직하지 않고 크게 불행한 일입니다. 장기적 전망이 없는 개혁작업은 그때그때 땜질식 조치 이상이 되기 어렵습니다. 정권의 '깜짝쇼'라는 것도 장기적인 비전이 없는 가운데 일어나는 즉흥적인 개혁이기 때문에 그런 비판이 나온다고 생각합니다. 잠깐 덧붙인다면 저는 이 정권의 소위 깜짝쇼에 대해서 전적으로 부정하는 입장만은 아닙니다. 김영삼정권이 했던 일 중에서 어떤 것들은 깜짝식으로 안하면 안되는 일이 있었죠. 하나회 해체라든가 금융실명제라든가, 또 전두환씨 구속만 해도 그렇습니다. 그런 것은 시간을 끌어가지고는 결코 안되는 일이니까 속전속결로 해치운 것이 잘한 일이라고 보고, 이런 것까지 비난하는 건 본의든 아니든 수구세력을 돕는 결과가 된다고 생각합니다. 그러나 전체적으로 변혁에 대한 마스터플랜 같은 것이 없기 때문에 결국 즉흥적인 개혁을 하게 되고 그럼으로써 수구세력에 반격의 빌미를 주는 것입니다. 장기적인 변혁에 대한 비전이 있을 때만 개혁작업도 성공적으로 이루어질 수 있고, 역으로 구체적인 개혁의 프로그램 없이 변혁만 내세우는 것은 허황된 말장난에 불과할 것입니다.

따라서 분단체제론은 통일에 관해서도 아무런 통일이든 다 좋다는 것이 아니라 이 분단의 '체제'를 극복하는 통일이 되어야 하고 그러려면 개혁문화의 형성이 바탕이 된 통일이어야 하며 동시에 개혁문화는 민간주도·민중주도의 분단체제변혁운동을 통해서만 정착되고 확산될 수 있다는 점을 강조하는 것입니다. 동시에 아까 말씀드렸듯이 이 분단체제라는 것이 그것 자체로 완결된, 독립된 단위가 아니고 세계체제의 한 구성요소이기 때문에 이러한 분단체제를 극복하는 과정에서부터 우리가 그야말로 세계적인 안목과 세계사적 인식을 가져야 하고 또 광범위한 국제연대가 필요합니다. 물론 우리 민족 스스로가 주인이 되어서 통일을 해야 하지만, 바깥사람들과 손잡는 일을 어떤 국수주의적인 생각으로 배격해가지고서는 통일이 불가능하고 또 그런 것이 민족주체성도 아니라고 생각합니다. 그래서 세계사적 인식과 광범위한 국제연대가 필요한 것입니다. 또 그렇게 해서 통일이 만약 이루어진다면, 분단체제를 극복한 한반도는 우리가 현실적으로 생각할 때 여전히 자본주의 경제체제의 일부로 남을 수밖에 없습니다만, 자본주의 경제가 세계를 실질적으로 통일했고 아직도 수명이 상당히 남아 있다고 생각하는데——어떤 사람들은 수명이 영구하다고 믿기도 합니다만 저는 영구까지는 모르겠고 적어도 수십년 이상은 남아 있지 않나 하고 생각하는데——그렇기 때문에 지금 베트남 같은 데서는 공산주의 통일을 하고도 다시 자본주의 세계시장으로 편입하려고 하는 중이니까 통일된 한반도는 당연히 자본주의 세계경제의 일부로 남기는 남겠지요. 그것을 우리가 현실적으로 인정을 해야 하는데 자본주의의 일부로 남더라도, 자본주의도 수백 가지가 있는 것이 아니겠습니까? 그러니 같은 자본주의라도 지금의 남한자본주의 그대로라든가 그보다 오히려 못한 자본주의가 되어서는 큰일입니다. 주민들의 자유와 평등이 좀더 신장된 그러한 자본주의 사회를 건설하고 또 이것을 통해서 자본주의 세계체제 자체의 변혁에 결정적으로 이바지한다는 세계사적 사명을 우리가 가질 수 있다고 봅니다. 그러한 사명감이——막연한 자기도취의 감정이 아니라 세계체제와 분단체제에 대한 정확한 인식에서 우러나오는 사명감이——있을 때에만, 폭넓은 국제연대도 가능하고 튼튼한 개혁문화도 정착할 수 있을 것입니다.

　이런 개혁문화 속에서 활동할 때, 우리는 인천에서는 인천대로, 서울에서는 서울대로, 또 다른 지역에서는 다른 지역대로, 그리고 지역뿐 아니라 자기가 종사하는 분야별로, 문학하는 사람은 문학하는 사람으로서, 또 사업하는 분들은 사업하는 분대로, 정치인은 정치인대로 각자가 처한 위치에서 자신이 지닌 능력에 따라서 그날그날의 구체적인 개혁사업을 충실하게 수행하면서도, 이것이 곧 민족의 바람직한 통일로 이어지고 더 나아가서는 인류사의 대전환을 준비하는 일이 될 것입니다. 그런 긍지와 자신감과 삶의 보람을 갖게 될 것이며, 그런 만큼 우리 하루하루의 작업에도 더 큰 힘이 실리리라고 생각합니다. 〈1996〉

7

독일과 한반도 통일에 관한 하버마스의 견해

　위르겐 하버마스가 '민족통일과 국민주권'이라는 주제로 서울에서 행한 공개강연은 한국인들 가운데 평화적이고 민주적인 통일과정을 지지해온 사람들에게는 반가운 개입이었다. 비록 이들 중 다수에게 그의 강연이, 심지어 독일 통일에 관한 부분조차도 전적으로 새로운 것은 별로 없었다 하더라도, 그의 국제적 명성과 권위로 인해 여러가지 매우 중요한 점들이 부각될 수 있었다는 것은 우리들에게 예사롭지 않은 특전이었다. 예컨대 독일 모델을 좇아 통일의 '빠른 길'을 채택하지 않는 게 낫다는 그의 경고는, 한편으로 남한이 '독일식' 흡수통일을 이루어내고 또 그 결과를 감당할 능력을 지녔

*　이 글은 독일의 철학자 위르겐 하버마스(Jürgen Habermas)가 1996년 4월 서울대학교 서남초청강좌로 서울에서 행한 강연 「민족통일과 국민주권」을 영국의 격월간지 『뉴 레프트 리뷰』(*New Left Review*)가 영역 게재하면서 그에 대한 현지로부터의 논평을 필자에게 청탁하여 집필한 것이다. 영문 원본은 하버마스의 글과 같은 호(1996년 9·10월호, 통권 219호)에 실렸으며, 원제는 "Habermas on National Unification in Germany and Korea". 국역본은 한상진 편 『하버마스 한국방문 7강의: 현대성의 새로운 지평』(나남 1996)에 설준규(薛俊圭) 역으로 처음 발표되었으며 이번에 다시 약간의 손질을 가했다. 판권소유자로 본서에 재수록하는 것을 허락해준 *NLR*지와 수고해준 설교수께 감사드린다.

는가에 대해 지배집단 내부의 다수를 포함한 많은 사람들조차 회의를 품고 있는가 하면 다른 한편 흡수통일을 향한 압력이 여전히 강한 현시점에서 각별히 유익한 영향을 미칠 법하다. 마찬가지로 주목에 값하는 것은——이는 민족주의에 관한 하버마스의 잘 알려진 유보적 입장에 비춰볼 때 특히나 그러한데—— '다행히도' 한국에서는 민주운동세력이 통일을 촉진하는 민족운동세력이기도 함을 그가 인정했다는 점이다. 이러한 인정은 그같은 세력의 자신감을 북돋우는 한편 민주와 민족의 연계가 결코 자동적인 것이 아님을 경고하기도 해준 시의적절한 지적이었다.

한반도 바깥에서는 한반도 통일의 문제가 전지구적 중대사안이라는 인식이 미처 형성되어 있지 않다. 이 대목에서도 하버마스의 강연과 그의 강연록 영역본을 싣기로 한 『뉴 레프트 리뷰』의 결정은, 국제적 담론이라는 것이 여전히 대부분 서구어 담론이고 심지어 주로 영어권 담론이랄 수 있는 현실에서, 한반도 문제를 국제적 담론 속으로 끌어들이는 데 도움이 될 것이다. 물론 문제의 전지구적 의의에 관한 하버마스 자신의 인식이 다소 불확실한 형태로 제시되는 것은 사실이다. 그런 까닭에 '현지'로부터 몇가지 논평을 제시할 기회를 기꺼이 받아들일 이유는 더욱 커진다. 하버마스가 서울에서 시작한 공개적 논의——그는 항상 이런 공개논의를 매우 중요시해온 바 있거니와——를 이어나간다는 점에서도 그렇고, 실질적 연대의 가능성들을 어쩌면 그가 구상한 범위를 넘어서까지 모색하기 위해서도 그렇다.

한반도의 맥락에 비춘 '독일 모델'

남한의 지배집단들이 1989년에서 1990년 사이 서독의 동독 흡수를 보며 빠져들었던 도취감은 오래 지속되지 않았다. 유럽에서 가장 강한 경제에조차 극심한 부담을 지운 통일 이후의 갖가지 곤경은 도취감에서 깨어나도록 하기에 충분했다. 따라서 연전에 내가 『뉴 레프트 리뷰』 지면에 기고[1]했을 당시의 판단은, '또다른 의미의 흡수'에 대한 새로운 합의가 형성되고 있다는 것이었다. 곧, "북한의 현 국가구조가 스스로 자기보존을 위해서뿐만 아니라 남한 및 전지구적 자본의 이득을 위해서 북한 주민을 통제하는 일을 돕는 상태로, 분단된 한반도의 두 부분을 세계시장에 좀더 철저히 통합하는"(79면) 길로 나아가리라는 것이었다. 4년 가까이 지난 오늘, '독일식' 흡수통일이 불러오리라 예상되는 댓가는 여전히 엄청나 보이며, 이 점은 더욱 널리 인식되고 있기도 하다. 그러나 여러 다른 복잡한 사태들이 얽혀든 나머지, 독일 모델에 반대하는 합의가 예견했던 만큼 단단히 자리잡지는 못했다. 그 가운데서도 1994년 7월 북한 지도자 김일성의 사망은 그 달로 잡혀 있던 남북 정상회담을 무산시켰을뿐더러, 북한정권은 물론 한반도 전체의 기존 권력층에 많은 불안과 동요를 안겨줌으로써 남북한의 상호개방이 이렇다할 진전을 보지 못하고 있다. 이런 맥락에서 보면, 서울의 정부와 주류 언론이 김일성의 사망에 대해 보인 반응이 거의 북한측만큼 도에 지나친 것이었

---

1) Paik Nak-chung, "South Korea: Unification and the Democratic Challenge," *New Left Review* 197, 1993년 1·2월호.

음은 흥미있는 점으로, 이 글에서 나중에 다시 언급될 '분단체제'의 성격에 관해 무언가를 시사해주는 사실이다.

그러던 와중에 1995년 여름 참혹한 홍수가 발생해 북한 곳곳에 타격을 입혔고 96년에도 그 전해보다는 덜한 규모지만 또 한 차례 홍수가 덮쳤다. 사실 북한이 겪는 여러 경제적 곤경의 원인 가운데는, 유난히 고립되고 경직된 명령경제가 수반하는 구조적 요인과 아울러 쏘비에뜨블록 시장 및 공급원의 갑작스런 상실과 같은 종합국면적 요인들이 큰 부분을 차지한다. 하지만 두 차례 홍수가 북한을 전에 없이 옹색한 처지로 몰아넣은 것은 분명하다. 이 모든 것이 조선민주주의인민공화국의 붕괴가 임박했으며 남한은 북한을 '불가피하게' 접수하게 될 상황에 대비해야 한다는 등의 주장에 새삼 무게를 더했다. 실제로 김영삼 대통령의 최근 발언 가운데 몇몇은 이같은 관점이 현재 그가 개인적으로 품은 확신임을 나타내 보이기도 한다(물론 일관성이 그의 장기와는 거리가 멀지만).

그런데 이같은 일시적 요인들을 젖혀두고라도——일시적이라고 하는 것은, 한반도 무대에서 아직껏 주역을 맡고 있는 미국 정부가 한반도의 안정을 바란다는 무엇보다 중요한 이유도 있지만, 한국 정부의 처지에서도 안정 이외의 길이 지나치게 위험부담이 클 수밖에 없는 다른 이유들이 있기 때문인데——남한이나 미국의 지배집단이 장기적 통일전략으로서는 '흡수'가 아닌 다른 어떤 방안을 갖고 있지 않다는 것은 사실이다. 가까운 미래의 합병을 예상한다는 뜻이 아니라, 그럴 계제가 왔을 경우 그것이 신속한 '독일식'이 될 것으로 상정하고 있다는 말이다. 왜냐하면, 마틴 하트-랜즈버그가 설득력있게 논증했듯이, "독일 통일의 가장 중요한 교훈 가운데 하나는 흡수에 의해서는 점진적 통일을 이루는 것이 가능하지 않다는 점"이기 때문이다.[2] 그러므로 빠른 길이냐 느린 길이냐 하는 선택은, 만약 그것이 시기상의 이르고 늦음만을 의미하는 것이라면, 주된 쟁점이 되지 않는다. 바로 이 대목에서, "공중의 좀더 광범위하고 또 무엇보다 좀더 잘 준비된 참여와 아울러, 폭넓은 토론과 여론 형성을 허용하는 절차"가 필요하다는 하버마스의 견해가 관건적인 것이 된다.[3] 하지만 독일에서 가능하지 않았던 그같은 진행방식을 어떻게 우리가 한반도에서 확보할 수 있을까? 하버마스가 "**급속하게, 어쩌면 지나치게 성급하게조차 이루어진 독일의 통일과정 체험**"(5면)이라고 부른 것이 과연 충분히 강력한 교훈의 구실을 할 수 있을지 의심을 품음직하다. 더욱이나 그가 서체를 바꿔가면서 강조하고 있음에도 불구하고 스스로 그 체험을 재난으로 여기는 듯하지는 않으니 그런 의심이 더욱 커진다.[4] 실제로 많은 시민들이 통일의 결과 곤경을 겪고 있고 특히 구동독 주민들에게 고통이 집중되어 있음에도 불구하고 '재난'이라는 말은 적절한 표현이 아니기도 하다.

한반도 분단의 독자성

우리는 그러므로 독일과 유사한 과정을 거친다면 한반도에 실로

---

2) Martin Hart-Landsberg, "Korean Unification: Learning from the German Experience," *Journal of Contemporary Asia*, vol. 26, no. I (1995), 72면.
3) Habermas, "National Unification and Popular Sovereignty," *NLR* 219, 12면(하버마스 인용은 영문으로부터 번역했음─옮긴이).
4) 그는 강연의 좀 앞 부분에서 심지어 다음과 같이 말하기도 한다. "민족통일은… 세계사의 요행스런 한순간에 옛 연방공화국 시민들의 품에 굴러들었다."(4면)

'재난'의 이름에 더욱 값하는 사태를 불러올 상이한 현실적 조건들이 무엇이며, 아울러 한반도 사람들이 독일과 견주어 불리한 여건을 많이 안고 있음에도 대안적인 시도에 성공할 수 있게끔 해줄 요소들은 무엇인지를 궁리해보아야 할 것이다. 하버마스는 두 가지 점 모두에 관해 몇몇 값진 통찰을 내놓는다. 예컨대 '상이한 출발점들'에 관한 그의 설명은 어째서 독일의 미심쩍은 성공사례조차 한반도에서 되풀이될 법하지 않은가를 암시하며, 독일 경우와 달리 한국의 '민족세력'과 '민주세력'이 다행히 동일하다는 그의 언급은 중요한 실마리를 제공하기도 한다.

그런데, 하버마스 자신이 두 상황을 등식화하지 말도록 경각심을 일깨우고 있음에도 불구하고 한반도 현실에 대한 그의 인식은 여전히 독일의 체험과 한반도 경우를 유비(類比)하는 논법으로 짙게 채색된 인상이다. 예를 들어, "내부적인 원인에 따른 **불가피한** 내부파열은 동독의 경우에 비해 개연성이 적다"라는 그의 온당한 지적은, "조선민주주의인민공화국의 비폭력적 자기변혁이나 해체는 북한 주민들이, 시기가 무르익었을 때, 남한의 경제적 성공뿐만 아니라 그 사회적 관계들과 정치적 자유에 얼마만큼이나 이끌리는가에 주로 달려 있게 되리라"는 추론으로 이어진다.[5] 여기서 그는 자기도 모르는 사이에 다름아닌 독일 모델, 적어도 서독이 접수하기 전 동독의 체험으로 되돌아가는 것이다. 뿐만 아니라 유비의 적절성 문제를 접어두더라도 그 자신의 전제에서 정반대의 결론이 나올 수 있다. 짐작이지만 남쪽의 사정은 여러모로 완벽하지 못함에도 불구하고 북쪽 사람들 처지에서 보면——적어도 좀더 널리 알려졌을 경우

5) 같은 글 6면. 강조는 하버마스.

──이미 그들에게 충분히 매력적이 아닐까 싶다. 그러나 그와같은 끌림의 필연적 귀결이 반드시 동독식의 '비폭력적 자기변혁이나 해체'를 의미하지는 않는 것이다. 그것은 루마니아의 경우처럼 폭력적 봉기로 이어질 수도 있고, 가까운 미래라면 좀더 가능한 결과로서, 전면전의 재발까지 가지 않는 경우에도 체제 변혁이나 해체의 시도가 폭력적으로 진압되는 사태로 이어질 수도 있다. 조선민주주의인민공화국은 동독과 달리, 엄청나게 불리한 조건에서 외적과 싸운 전통뿐만 아니라 군의 간부들이 남한군의 접수를 받아들이느니 차라리 또 한 차례 전쟁을 무릅쓰려 하기에 족한 쓰라린 기억과 기득권마저 지닌 강력한 군사력을 거느리고 있는 것이다.

사실 이같은 엄혹한 현실은 '상이한 출발점들'을 논하면서 하버마스가 빠뜨린 동독과 북한 간의 핵심적인 한가지 차이다. 이러한 현실이 "폭넓은 토론과 여론 형성을 허용하는" 통일절차에 대한 그의 바램을 너무도 가망없어 보이게 하는 것은 사실이다. 그러나 바로이 폭력적 폭발의 잠재성이야말로 하버마스가 말한 "두 국가의 연합을 거치는 에움길"(a detour through a confederation of the two states)을 제외한 그 어떤 해결방안에도 일정한 제약을 가한다. 이 우회로는 하버마스가, 정책 문제에 관해서는 그 어떤 구체적 조언을 제시하기도 꺼리는 충분히 이해가 가는 태도를 취하는 가운데서도, 사실상 달리 진행된 독일의 상황뿐 아니라 한반도의 상황을 두고서도 분명하게 선호하는 해결방안이다. 그렇지만 그것을 실행하려면, "남쪽에서는 일차적으로 응집력을 강화함으로써 자유로운 모델에 입각한 사회체제가 통일과정의 정신적·경제적 긴장을 견뎌낼 정도에 이르도록 하는 한편, 북쪽 동포에게는 삶의 여러 조건이 좀더 매력적인 것이 되게 하는""진보적 민주화"[6]를 분명 포함하기는 하되 그보다 더 급진적인 민중동원 방식이 또한 필요할 것이다.

다른 무엇보다 먼저 인식되어야 할 점은 한반도 분단의 독자적 성격이다. 물론 모든 구체적 상황은 그나름으로 독자적이라고 할 만하다. 그러나 한반도 분단의 독자적 성격을 특히 기억할 필요가 있는 까닭은, 베트남이나 독일, 예멘 또는 중국 등 견줄 만한 그 어떤 경우보다 오래 지속되는 과정에서 한반도 분단은, 내가 다른 데서도 주장했듯이, 베트남의 민족해방전쟁 시대에는 거의 없던 일정한 체제적 성격을 띠게 되었으며, 이는 또한 과거 독일의 분단──이 경우는 냉전체제의 핵심이긴 했지만 어디까지나 그 국지적 표현에 지나지 않았다고 볼 수 있겠는데──과도 질적으로 다른 것이기 때문이다.[7] 이같은 특수성을 인식하지 못했다고 해서 하버마스를 심히 책망할 수는 없다. 왜냐하면 하버마스와는 매우 다른 부류의 사상가인 이매뉴얼 월러스틴조차 똑같은 문제점을 보여주는바, 월러스틴이야말로 극도로 복잡다기한 양태들을 포괄하는 자본주의 세계경제에 관한 그의 개념으로 하여 한반도의 분단체제에서 세계경제 하위체제의 또다른 독자적 변형태를 인지하게 되었을 법도 한데, 그는 한국전쟁과 베트남전쟁의 차이를 올바로 강조하는 데 치중한 나머지

---

6) 같은 글 8면.
7) Paik, 앞의 글, 특히 76~78면 참조. 한결 짧기는 하지만 유사한 논의가 독일어로 나와 있기도 하다. Paik Nak-chung, "Die Lehren aus der Vereinigung Deutschlands für Korea," Bernhard Moltmann and Rainer Werning 엮음 *Deutschland und Korea: Begegnung in der Teilung*, Schmitten 1993, 42~43면. 분단체제 개념에 관한 좀더 상세한 논의는 한국어로 나와 있다. 예컨대 졸저『분단체제 변혁의 공부길』에 실린 글들 참조. 뒤이은 논쟁은『창작과비평』1994년 여름호와 가을호, 1995년 봄호와 가을호에 실린 글들 참조.

한반도에도 베트남과 유사한 민족해방투쟁의 요소가 있었음을 주목하지 못한다. 그리하여 그는——물론 한반도가 그의 글에서 초점이 아니라는 사실은 감안해야겠지만——한국전쟁과 베를린 봉쇄를 "세계적 냉전체제의 동일한 일부"[8]로 보는 단순화된 시각에 만족함으로써 냉전 이후 세계에서도 한반도 분단이 지속되는 까닭을 해명하지 못할뿐더러, 이 특정 분단의 극복에 담겼을 수도 있는 상이한 해방적 잠재력에 주의를 기울이지도 못한다. 한마디로, '분단체제'는 독일 및 베트남 두 경우 모두와 일정한 유추를 가능케 하는 면이 있고 그중에서는 베트남보다 독일과의 유추가——북한 지도층 및 남한 통일운동의 (지금은 많이 줄어든) 한 분파의 반대 주장에도 불구하고——더 적절하다는 것도 인정해야겠지만, 궁극적으로 그런 유추들로써는 해명해낼 수 없는 독특한 결합을 제시한다고 해야 옳다.

분단체제의 극복

하버마스가 지적한바 "'진보세력'(progressives)으로 불리는 집단의 심적 상태"가 한국에서 다르게 나타나는 것도 바로 이 독특한 결합 때문이다. 하버마스에 따르면, "한반도에서는 일본제국주의의 기억이 살아 있는 까닭에 정치적·사회적 비판이 밖으로 향하면서 강력한 민족의식과 결합할 수도 있다. 이와 대조적으로 독일연방공화국에서는 전면적인 민족주의가 자기 나라에서 저지른 범죄들을 상

---

8) Immmanuel Wallerstein, "The Agonies of Liberalism: What Hope Progress?", *NLR* 204, 1994년 3·4월호, 10면[국역본으로 『창작과비평』 85호(1994 가을)에 실린 「자유주의의 고뇌: 진보에 희망이 있는가?」 참조].

기해야 할 상당한 근거가 있다. 독일사람으로서는 민족적인 주제를 다루는 데 신중을 기해야 할 타당한 역사적 이유가 있다. '자기의식을 지닌 민족'이라는 구호가 1989년 이래 신우익에게 징발당하게 되는 것도 우연이 아닌 것이다."[9]

이에 대한 나의 첫번째 논평은, 한반도 분단의 독특한 성격을 염두에 둘 때 한반도 민족의식이 상대적으로 진보적인 데는 비단 일본제국주의의 기억뿐만 아니라 **남북한 모두가** 겪은 미국의 제국주의에 대한 체험도 작용한다는 지적이 될 것이다. 둘째, 분단체제는 수평적으로 허약한 만큼이나(다시 말해 외세의 조종과 개입에 대해 유달리 취약한 만큼이나) 수직적으로는(다시 말해 남북 각각의 주민들과의 관계에서는) 강력한 체제로서, 이 반민주적 체제가 빚어내는 고통이 비록 동일한 형태로는 아니더라도 공유되고 있는바, 이 고난이 공통된 반제국주의 체험과 결합함으로써, 민족세력과 민주세력의 일치를 가능케 하는 연대운동을 한반도 전역에 걸쳐 창출할 수 있는 잠재력을 낳는다는 점이다. 이 연대운동에 참여하는 세력들 각각의 힘과 단기적 목표 또한 동일하지 않을 테지만, 이들은 분단체제극복이라는 중기적 목표 및 더 거대한 세계체제변혁이라는 장기적 목표를 공유할 수 있을 것이다. 그같은 운동의 성공 여부는 물론 별개의 문제로서 많은 예측불가능한 상황전개에 달려 있다. 그러나 의미있는 국제적 연대의 성립, 그리고 관련 권력자들이 한층 폭발적인 과정보다 '국가연합이라는 에움길'을 택하는 것이 자신들의 이해관계에도 부합한다는 점을 충분히 깨닫는 일이 필수적인 요건이다.

세번째 논평은 한반도를 넘어선 사안으로서 특히 하버마스와의

---

9) Habermas, 앞의 글 8면.

7. 독일과 한반도 통일에 관한 하버마스의 견해 181

대화에서는 조심스럽게 언급할 수밖에 없는 문제, 곧 독일의 정치적·지적 상황과 관련된 문제이다. "독일사람으로서는 민족적인 주제를 다루는 데 신중을 기해야 할 타당한 역사적 이유가 있다"는 점을 인정하더라도, 그것은 통일이 자기네 발등의 불로 닥치기 전에 그 문제와 씨름하기를 게을리한 서독측 진보적 지식인들의 잘못을 다소 완화할 뿐 정당화하지는 못한다. 만약 그 귀결로 하버마스 자신이 인정하듯 "'자기의식을 지닌 민족'이라는 구호가 1989년 이래 신우익에게 징발당하게" 되었다면 더욱이나 그렇다. 사실 그같은 태만이 콜 수상 및 그가 대변하는 서독 기득권층이 '빠른 길'을 거의 제멋대로 달리도록 허용하지 않았던가? 내 생각에 그 빠른 길은 쏘비에뜨제국이 대표하던 "대안적 사회의 모델"[10]이 붕괴한 데 대한 단순히 근시안적이고 조급한 반응 이상으로서, "통일된 새 독일에서 기존 서독 제도들의 경제적·정치적 헤게모니를 확보하고 어쩌면 강화하기까지 하려는 계획적이고 그나름으로 현명한 조처였다."[11] 실제로 이런 일이 벌어진 것은, 구동독 안의 대중운동이 어떤 다른 결과를 추구하는 전독일적 연대운동의 가능성을 열어가고 있는데도 양쪽 진보세력들 모두가 다름아닌 효과적 민족담론의 근본적 결여로 한계에 부딪혀 있기도 한 상황에서였던 것이다.

아무튼 한반도의 맥락에서는, "둘 사이에 갈등이 존재하는 경우, 국가의 구성원인 '민주시민'이 민족공동체 구성원인 '종족'보다 우선권을 지녀야 한다"[12]는 권고는 문제의 핵심에 미달한다. 물론 나

---

10) 같은 글 6면.
11) Hart-Landsberg, 앞의 글 67~68면. 하지만 '민족담론의 근본적 결여'에 관한 발상은 나 자신의 것임.
12) Habermas, 앞의 글 9면.

는 하나의 일반명제로서 이 주장에 반대할 이유가 없을뿐더러, 한국의 특정한 국지적 맥락에서도 그 명제가 갖는 유익한 효과를 반갑게 받아들일 용의는 있다. 왜냐하면 우리 '민족세력'의 진보적 잠재력에 관한 하버마스의 너그러운 언급에도 불구하고 분단체제가 지속됨에 따라 민족주의의 한층 유해한 형태들의 조짐이 휴전선 양쪽에서 점점 더 두드러져가고 있기 때문이다. 사실 다소 놀랍게도, 북한판 공산주의는 공통의 혈통——기원전 2333년에 고조선을 건국했다고 하는 시조 단군의 자손으로서의 혈연——과 조선 민족의 독자성·우월성을 강조하는가 하면 때로는 '위대한 수령'을 현대판 단군으로 암암리에 내세우는 등, 그야말로 '종족적 민족주의'(ethno-nationalism)의 좀더 강한 특성까지 내보이는 듯하다.

진보적인 민족공동체세력

그렇다고 해도, '종족적 민족관'에 맞서 "민족(the nation)에 관한 공화주의적 또는 민주적 관점"[13]을 옹호하는 것은 '평화적이고 민주적인 통일'이라는 우리네 구호에 이미 담겨 있는 막연한 원리에서 크게 더 나아가지 못한다. 종족적 내지 민족공동체적 관점은 예외적으로 높은 인종적 동질성을 지니고 있으면서도 타율적으로 분단된 한국 민족의 경우 여전히 강력한 역할을 할 수 있을뿐더러, 또한 '종족적 민족주의'의 함정에 대한 경고를 제공하는 차원을 넘어서 어쩌면 전지구적 의의를 띨 수도 있는 이론적·실천적 문제들을 제기하는 데도 한몫을 할 수 있다. 예컨대, 한반도의 민주적 통일을 이루는

13) 같은 글 10면.

데 매우 중요한 요소로 내가 이미 언급한 바 있는 국제적 연대의 노력에서, 전략적으로 중요한 미국·중국·일본·러시아 등 네 나라에서만도 약 4백만 명에 이르는 해외이산 한민족이 현재도 그렇지만 장차도 중요한 역할을 해야 할 것이다. 이들 해외동포는 이미 다국적 민족공동체(multi-national ethnic community)를 형성하고 있거니와, 통일 뒤에도 비록 그 구성과 분포, 자기인식 등은 일정한 변화를 겪을 테지만 계속 다국적 공동체로 남을 것이다. 그런데 이같은 민족공동체들이야말로 좀더 평화적이고 민주적인 세계에서 다인종 국민국가(multi-ethnic nation state) 및 국가들의 연합 못지않게 소망되는 바 아니겠는가? 종족적 민족주의를 '각 종족(ethnos) 당 일개 국민국가'라는 엄밀한 의미(그 정확한 뜻이 무엇이든간에)로 받아들인다면 그것은 전지구적 혼돈을 불러오는 처방에 다름아닐 테지만, 그러한 민족주의와 흔히 연관되곤 하는 문화적 연속성 문제는 전혀 경우가 다르다. 문화적 연속성은 때로 단기적 선전 목적에서 매우 자의적으로 날조되기도 하지만, 많은 경우 분명 실재할뿐더러 지구 전체를 획일화하는 상업문화의 위협에 노출된 까닭에 그만큼 더욱 소중하기도 한데, "'진보세력'이라 불리는 집단"이 진정한 다양성을 포괄하는 평등세상에 관해 사고하는 과정에서 어쩌면 이 문제를 너무 소홀히하고 있는지도 모른다. 만약 사정이 이러하다면, (하버마스가 상기하는 제반 위협이 분명 더 크게 문제되는 국민국가의 삶을 포함한) 공동체적 삶에 관한 민주적 관점과 종족적 관점은 후자가 전자를 압도할 위험과 아울러 양자가 서로 갈라설 위험에도 항상 직면하고 있다고 이해되어야 할 터이다. 따라서 한반도건 독일이건, 지역적 틀에서건 좀더 큰 전지구적 제휴관계에서건 간에, 일차적인 목표는 그 둘의 올바른 결합을 찾는 일이어야 하며, 그같은 결합은 어느 평자의 표현을 빌리면 하버마스의 "선천적으로 동력부족 상태인"(congenitally underpowered)[14] 정치적 민주주의 이론을 훨씬 넘어서는 것이 되기 십상이다.

나는 하버마스가 선호하는 '국가연합이라는 에움길'이 지금이든 앞으로든 우리가 재난을 피할 수 있는 아마도 유일한 길일 거라고 말했다. 분단체제를 영속화함으로써 재난을 당분간 미룰 수도 있다는 바로 그 이유 때문에 이 우회로의 달성 여부가 결코 확실하지 않다. (그리고 분단체제는 그 자기재생산에 이해관계가 달린 강력한 기득권세력이 한반도 안팎에 존재한다는 뜻에서 일종의 체제임이 사실이다.) 하지만 그 '에움길'의 끝에는 무엇이 올 것인가? 지금까지는 남북한의 당국자들뿐 아니라 남쪽의 많은 통일운동가들 사이에서도 지배적인 담론은 고전적 모델의 국민국가, 즉 외세(주로 미국)의 개입이 없었더라면 한민족이 1945년에 달성했을 법한 국민국가에 초점이 맞추어진다. 하지만 나 자신의 생각은, 남북이 반세기 넘게 상이한 역사를 살아왔고 우리 민족이 좋든 나쁘든 피와 땀으로 그 역사의 댓가를 치러왔다는 사실에 비추거나, 새로운 복합국가구조의 창출이 시대적 요청이 된 이미 달라진 세계사적 국면을 염두에 두더라도, 그같은 태도가 사리에 맞지 않는다는 것이고, 나와 비슷한 생각을 가진 동료와 동포들이 점점 늘어나는 추세다.

한반도 사람들이 구상해야 할 것은 우리의 구체적 역사체험에 걸맞은 새로운 연방적 구조이며, 그같은 구상이 없이는 '국가연합이라는 에움길'마저도 실패하기 마련이다. 이 새로운 연방 구상에 반영

---

14) Perry Anderson, *A Zone of Engagement*, Verso 1992, 331면.

될 체험은, 한편으로 적어도 10세기에 걸친 정치적 통일성과 아울러 예외적으로 높은 인종적·언어적 동질성을 지금껏 지니고 있으면서 다른 한편 분단의 오랜 지속과 엄혹함 탓에 이미 상이한 국민형성의 몇몇 단초적 양상을 보이고 있기도 한 주민집단의 경험을 당연히 포함한다. 동시에 그 구상은 국가연합적 '에움길'의 체험 그 자체도 반영해야 할 텐데, 국가연합의 성립은 영구분단론자들에게는 십중팔구 돌이킬 수 없는 타격을 가하는 한편, 현재의 경계선을 넘나드는 인구이동의 적절한 통제 및 점진적이고 상호협상에 의한 군비축소를 위해 '민족에 대한 공화주의적 또는 민주적 관점'에서는 일반적으로 감안되지 않는 합법적 근거를 제공할 것이다. 그같은 창의적 국가구조의 출현은, 지구 전체에 퍼져 있는 새로운 유형의 다국적 민족공동체의 형성을 수반하면서, 겉으로만 다양하고 실제로는 불평등이 날로 심화되는 현 세계체제를 독자적으로 끝장내지는 못할지언정 심각하게 위협할 수는 있을 것이다. 내가 보기에 그 도전은 베트남전에서 과거 미국이 패배한 것보다 분명히 더 발본적일 터이며, 유럽연합이 가능한 미래에 진정한 의회·공화주의의 길로 접어드는 것에 못지않은 도전이 될 것이다. 〈1996〉

8

21세기 한민족공동체의 가능성과 의의

1. 머리말: '한민족공동체'의 개념

이 대회의 큰 주제에 명시된 혈연공동체로서의 '한민족'(the Korean race)은 한반도의 민족국가 내지 국민국가의 성원을 뜻하는 '한국 민족'(the Korean nation)과는 별개의 개념이다. 그런데 한국에서 이들 개념은 곧잘 혼동되곤 한다. 한반도는 주민들의 인종·언어·문화적 동질성이 유달리 높고 중앙집권적 국가생활의 역사가 남달리 오래되었기 때문에 한 핏줄을 나눈 겨레를 근대적인 정치단위로서의 민족과 동일시하는 일이 당연하게 느껴지기 쉬운 것이다. 게다가 일본의 식민통치와 그 과정에서 많은 사람들에게 강요된 해외이산, 그리고 뒤이은 남북분단 등 최근의 민족사는 '국적' 및 '시민권' 개념과 혈연공동체(race 또는 ethnos)에의 소속 문제를 구별할 여유를 허락하기 어려운 상황이기도 했다.

---

* '21세기 한민족의 비전'(Vision for the Korean Race in the 21st Century)이라는 주제로 1996년 10월 11~12일 익산시에서 열린 원광대 개교50주년기념 국제학술회의 발제문에 각주 등 약간의 손질을 보탰다.

    그러나 이 대회에 세계 도처에서 다양한 처지와 신분의 동족 지식
인들이 참가하고 있는 데서도 드러나듯이, 바로 그러한 우리의 근대
사는 한민족 성원 중 적지 않은 사람들이 한반도 바깥 여러 나라의
국적 또는 영주권을 지니며 살고 있는 현실을 낳았다. 해외동포들을
포함하는 한민족이 구성하는 공동체가 있다면 이는 벌써 하나의 다
국적 민족공동체(多國籍民族共同體, multi-national ethnic commu-
nity)이다. 또한 영어나 러시아어, 일본어 등이 모국어이고 심지어
우리말을 외국어로서도 모르는 동포가 꽤 많다는 점에서 이 다국적
공동체는 다언어(多言語) 공동체이기도 하다. 아니, 한반도 자체만
놓고 보더라도 한민족은, 비록 절대 다수의 주민과 쌍방 정부당국이
모두 잠정적인 상태라고 규정하고는 있지만, 실질적으로 두 개의 국
적을 가진 민족으로 살고 있는 실정이다.

    따라서 21세기 한민족의 비전을 말할 때 한반도 주민에 국한되지
않는 그 성원들이 도대체 어떤 공동체로 존립할 수 있을 것이며 그
렇게 존립하는 의의가 무엇일까를 생각해볼 필요가 절실하다. 이는
원광대학교의 설립종단인 원불교의 입장에서도 긴요한 문제가 아닐
까 한다. 원불교는 한반도에서 한민족의 역사가 낳은 종교임을 자랑
으로 삼는 동시에 처음부터 '후천시대(後天時代)'의 세계종교를 지
향해왔다. 따라서 세계 곳곳에 퍼진 한민족공동체와 남다른 친연성
을 가질 수밖에 없지만, 이것이 인종주의나 민족주의로 귀결하는 것
은 원불교가 표방하는 '대세계주의'와 어긋나는 일이 될 터이다.

2. 21세기 한민족공동체의 가능성

　사람에 따라 그리고 지역에 따라 차이가 있겠지만, 오늘날 남북한의 약 7천만 인구와 대략 5백만을 헤아리는 해외동포를 망라하는 한민족 성원들의 민족적 유대의식은 꽤 강한 편이라 하겠다. 대부분 고국을 떠난 지 여러 세대가 안 되어서 그런 것도 있고, 근년에 한국(남한)의 경제력이 커지고 국제적 위상이 높아진 것이 민족의식의 강화에 일조한 것도 사실이다. 현대사회의 전반적인 국제화·세계화 추세도 멀리 떨어진 동족간의 소통을 수월케 해줌으로써 아직까지는 민족의식을 약화하기보다 강화하는 쪽으로 작용하는 것 같다. 하지만 이러한 추세가 21세기에도 지속될 것인가? 또 그것이 한민족을 위해서나 인류를 위해서 바람직한 일인가?

　먼저 가능성의 문제부터 생각해보자. 너무나 변수가 많고 21세기라 하면 비록 그 시발은 몇 해 안 남았지만 시작하고부터는 백년이 되는 긴 세월인데 어떤 단정을 내린다는 것은 어리석은 짓이다. 하지만 여러 변수 가운데 한반도의 통일 문제가 특히 중요한 변수라는 사실만은 분명하다. 전세계에 걸친 다국적 공동체일수록 장기적으로 존립하기 위해서는 강력한 구심점이 필요한데, 한민족의 경우 한반도에 사는 사람들이 그 몫을 맡을 수밖에 없음은 당연하다. 물론 유태인들처럼 오랫동안 이스라엘국조차도 없는 상태에서 공동체를 유지해온 사례가 있지만, 그 경우는 실질적으로 혈연공동체의 성격이 강하면서도 엄밀히 말하면 유태교를 중심으로 한 종교공동체로 규정된 것이었고 사실상 이산 유태인들의 문화적 동질성을 유지하는 데 종교가 결정적인 역할을 했다. 그러나 한민족에게는 그런 몫을 해줄 종교가 없으려니와──원불교도 그런 의미의 '민족종교'는 단연코 아니다──대대로 살아온 한반도가 있는데 굳이 유태인의 선례를 따를 까닭도 없다.

문제는 이 한반도가 남북으로 분단되었을뿐더러 이에 따른 민족의 분열이 심각하고 이질화도 무시할 수 없는 정도며 남북의 동족간 소통이 여러 면에서 해외동포와의 교류보다 훨씬 힘들다는 것이다. 그리하여 한반도가 전세계 한민족공동체의 구심적 역할을 하기는커녕 각 지역 한족사회의 분열 요인으로 작용하기 일쑤였고, 해외동포들의 민족적 자존심을 손상하여 민족공동체로부터의 이탈을 부추기는 예도 적지 않았다. 일각에서는 비록 통일이 안 된 상태라도 어느 한쪽이 월등히 잘돼서 구심력을 제대로 행사할 수가 있다고 생각하기도 한다. 남한의 정부당국이나 언론매체에서 요즘 곧잘 내비치는 것이 바로 그런 생각이며, 한때는 북한측에서 그런 생각을 했는지도 모른다. 그러나 한때의 북한이든 지금의 남한이든, 세계화의 대세 속에서 21세기에도 범지구적 민족공동체를 건강하게 유지하는 구심력을 행사할 만한 모범사회는 못 된다. 그리고 분단이 고착된 상태에서는 남북 어느 쪽에도 모범사회라 할 만한 것이 나타나기 힘들지 싶다.

이 점은 냉전종식과 한국의 경제발전 및 일정한 민주화에 따라 해외동포들에 대한 남한의 영향력이 눈에 띄게 커진 현상황을 좀더 자세히 들여다보면 뚜렷해진다. 민주화만 하더라도 김영삼정권의 출범 이래 획기적인 성과들이 없지 않았으나, 작금의 한총련 사태나 동해안 북한요원 침투 사태 그리고 이에 힘입은 반개혁세력의 대대적인 발호가 보여주듯이 분단상황에서의 개혁성과란 취약하기 그지없는 것이다. 이 지경이 되기까지는 정부의 대북정책 실패도 있었고 북한 당국의 일방적인 조치들도 작용했다. 그러나 어쨌든 분단극복의 과정으로 이어지지 않는 남한 단독의 민주화에는 엄연한 한계가 있음이 새삼 실감된다. 경제 역시, 현재의 불황과 난경이 얼마나 심각하고 어디까지 갈지는 확언할 수 없지만 남북교류(및 궁극적 통합)의 물꼬가 트이지 않는한 지속적인 고도성장의 전망은 어둡다고 봐야 할 것이다.

더욱 중요한 물음은 성장 여부를 떠나 어떤 사회, 어떤 인간형이 득세하게 되느냐는 것이다. 얼마 전 페스카마호 선상에서 벌어진 대규모 살육사건은 아직 정확한 진상이 밝혀지진 않았지만 순전히 반란을 일으킨 중국 동포 선원들이 악독해서만은 아니었을 것이고 그 사건의 의미를 페스카마호라는 특정 선박에 국한시켜 생각해도 안 될 터이다. 해외동포와의 관계를 결국은 못 가진 자에 대한 가진 자의 지배·착취관계로 몰고가는 상당수 남한인들의 자세——및 자본주의의 경제논리——는 한국에 대한 해외동포들의 반감과 원한을 낳고 있으며 '다국적 민족공동체'의 비극적 파탄 가능성을 키워가는 중임을 직시해야 한다.[1] 이는 국내의 이민족 외국인 노동자들에 대한 더욱 공공연한 차별이나 동남아 등지에 진출한 한국 기업이 비인도적·반사회적 행위로 악명높은 현실과 결코 별개의 현상이 아니다. 배타적 민족주의 내지 인종주의는 항상 자기 민족 내부의 모순

---

1) 이 점은 대회에 참석한 중국측 동포 학자들에 의해 특히 강조되었고, 중국 조선족과의 화합도 못하는 한국민이라면 과연 북한 동포들을 끌어안는 통일을 할 수 있겠느냐는 지적도 나왔다.

과 착취관계를 은폐하는 이데올로기로 작용해온 것이다.

분단의 질곡에 매인 채 세계화의 높은 파도마저 넘어야 하는 남한 자본주의가 이러한 경향을 근본적으로 바꿀 수 있다고는 기대하기 힘들다. 그런데 일부에서는 북한을 남한체제에 병합함으로써 한국 자본주의의 획기적인 발전이 가능하리라고 보며 이를 위한 준비를 강조하고 있다. 북한체제의 여러가지 가능한 장래에 대한 진지한 연구와 이에 대응하는 우리 나름의 철저한 준비는 아무리 강조해도 모자랄 게 없다. 그러나 동독을 흡수통일한 지금의 독일이 결코 옛 서독보다 더 민주적이거나 사회복지가 향상됐다거나 외국인들에게 더 개방적인 사회가 아닌 것을 보면, 남한이 설혹 흡수통일의 경제적 충격을 이겨낸다고 해도 다국적 한민족공동체의 바람직한 구심점과는 더욱 거리가 멀어질 것이 분명하다.

물론 악성 민족주의로 무장한 강력한 통일한국의 주도 아래 전세계 한민족의 유대가 일시적으로 강화되는 사태는 예견할 수 있다. 그러나 이런 인종주의적 단합은 곧바로 해당 지역 및 국가에서 소수민족인 조선족과 다른 민족들 간의 갈등을 불러일으킬 것이며, 무엇보다도 조선족사회 내부의 가장 진취적이고 창조적인 성원들의 이탈을 가져오기 십상이다. 21세기의 세계가 종족들간의 난투장이 되지 않는한 그런 식의 민족공동체가 굳이 존속해야 할 이유가 없기 때문이다.

3. 다국적 민족공동체의 역할

이처럼 한민족공동체의 장기적 존립이 한반도의 바람직한 통일에 의존할 뿐 아니라, 그러한 통일의 과정과 민족공동체의 유지·발전 과정이 내용상으로 일치하기도 한다. 바람직한 통일이란, 나 자신이 즐겨 써온 표현으로는 단순한 분단극복이 아닌 '분단체제'의 극복 ——다시 말해 아무렇게든 통일만 되면 그만인 것이 아니라 민족분열적일뿐더러 그 속성상 반민주적이고 비자주적인 분단체제를 다수 민중이 자력을 길러서 이겨냄으로써 지금보다 훨씬 민주적이고 자주적인 사회를 한반도에 건설하는 일——이다.

그렇다고 어떤 이상향이 한반도에 도래하리라는 이야기는 아니다. 다만 한쪽이 다른 한쪽을 삼키는 통일이 아님은 물론, 양쪽 기득권세력들 및 주변 강대국들 간의 야합에 의한 통일도 아닌 진정으로 민주적인 분단극복이라고 할 때는, 현재의 남북 어느 사회와도 크게 다르며 현대세계 전체를 보더라도 괄목할 만한 몇가지 특징을 지니게 되리라는 것이다. 예컨대 이러한 통일은 그 진행과정에서 남북 각기의 체제개혁운동이 자리잡고 드디어는 양자간에 분단체제극복을 위한 연대가 형성됨을 뜻하며,[2] 이 운동의 성공은 남북 주민의 서로 다른 역사적 경험과 현실을 포용하면서 시민들에 대한 국가의 강제력을 획기적으로 제약하는 새로운 형태의 복합국가 건설을 요구할 것이다. 또한 세계화의 시대에 경제적으로나 문화적으로 앞서가는 지역에는 어차피 타지역의 주민들이 유입되게 마련이고 남한

---

2) 으레 그렇듯이 대회 당일의 토의과정에서도 이러한 연대의 가능성을 회의하는 발언이 여럿 나왔다. 본서 1장과 10장의 해당 대목들은 그에 대한 추가 답변의 시도인 셈이다. 다른 한편 나의 발제가 남한 현실에 지나치게 비판적이고 나의 복합국가 건설 구상이 북측의 '고려연방제' 제안을 닮은 것이 아니냐는 어느 토론자의 질문에 대해서는, 그날 더 중요한 화제가 많아서 정면으로 답하지 않고 넘어갔고 이 자리에서도 굳이 변명할 거리가 못 되리라 믿는다.

에서도 이미 경제성장의 결과 그러한 현상이 시작되었음을 감안할 때, 통일 한반도의 새로운 복합국가는 동시에 다민족국가로서의 기틀을 잡아야 할 것이다.

 이러한 엄청난 과업이 해외동포들의 열성적이고 슬기로운 개입 없이 가능하리라고는 믿기 어렵다. 물론 국제적 지원은 동포 아닌 외국인들로부터도 폭넓게 제공되어야겠지만 이것 자체도 재외 조선족들의 중개작용에 크게 좌우될 것이다. 그런데 어쨌든 오랜 군사통치가 끝장난 한국 내부의 현실을 보건 분단고착만이 아니라 흡수통일이 또 하나의 위험으로 대두한 분단시대의 새로운 국면을 보건, 해외동포의 통일운동 지원도 종전과는 다른 성격을 띠게 되었다고 생각된다. 이제는 단순한 반독재투쟁 후원이나 반통일세력 규탄으로는 실효를 거둘 수가 없고, 분단이 오래도록 계속되면서 일정한 자기재생산 능력을 갖춘 하나의 범한반도적 체제가 어떻게 성립했고 이 분단체제가 남북이 각기 판이하면서도 닮은꼴 또한 적지 않은 현실에서 구체적으로 어떻게 작동하며 어찌 해야 약화될 수 있는지에 관한 알음알이를 갖춘 대응이 필요해진 것이다.

 소수민족으로서 더구나 어떤 경우에는 여전히 외국인의 신분으로서 그날그날 살아가기도 벅찬 재외 조선족 인사들이 이 복잡한 과업에 어떻게 참여할 수 있을지 의문을 가짐직도 하다. 실제로 현지에서의 생활상의 문제와 연결되지 않는 통일운동은 당자에게 지나친 희생을 요구하게 마련이고 때로는 무책임한 '장거리 민족주의'를 낳을 위험 또한 없지 않다. 그러므로 의문에 대한 해답은 오히려, 통일이라도 분단체제극복에 값하는 통일을 해야 한다는 그 복잡한 과제가 바로 재외 조선인들 자신의 한층 나은 삶을 위한 현지에서의 노력과 많은 부분 겹치는 데서 찾아야 한다. 앞서 말한 민주적이고 자주적인 다민족(multi-ethnic) 복합국가가 한반도에 건설됨으로써 전세계 한민족의 긍지를 드높이고 현실적으로 든든한 뒷배가 됨은 물론이지만, 바로 그러한 성격의 국가가 자신이 거주하는 지역에서도 성립하고 발전하는 것이야말로 재외 조선족의 생활상의 이익에 부합하는 일이며 다국적 한민족공동체가 세계 속에서 순탄하게 존속할 터전이 되기도 하는 것이다.

그런데 다민족 복합국가가 한민족뿐 아니라 21세기 대다수 민중에게 이익이 되듯이 다국적 민족공동체 또한 21세기 인류문명에 요긴한 존재가 될 것인가? 오늘날 민족·인종간의 갈등이 곳곳에서 유혈사태를 낳고 있는 현실을 볼 때 21세기는 민족과 인종의 구별 자체가 사라진 하나의 거대한 '도가니'(melting pot)가 되는 것이 바람직하다는 생각도 나옴직하다. 또, 그러한 융합이 미국의 공식이념이자 많은 세계화론자들의 주장이기도 하다. 그러나 지구 전체는 물론 미국 내에서도 인종차별을 비롯한 온갖 차별이 녹아 없어질 기미가 안 보이는 것이 엄연한 현실일뿐더러, 이런 불평등의 증대와 다양한 민족문화 및 문명유산을 포함하는 온갖 정당한 차이들이 사라져가는 현상은 서로 모순되기보다 표리일체를 이룬다고 보아야 옳다. (이는 문화유산이 문화상품으로 보존되거나 개발되는 경우에도 그대로 들어맞는 이야기다.) 21세기의 인류가 살아남고 인간답게 살기 위해서는 지금보다 물질적으로 훨씬 균등한 사회가 이루어져야 하듯이, 경제적인 이해타산에만 좌우되지 않는 다양한 공동체들이 지금보다 훨씬 튼튼하게 자리잡아야 할 것이다.

이런 공동체의 대표적인 예의 하나가 다민족국가라 한다면 또다른 예는 다국적 민족공동체가 아닐까 한다. 기존 사회과학의 통설에 따르면 혈연·지연 등으로 묶인 전통적 '공동사회'(Gemeinschaft)가 근대에 들어와 구성원들이 합리적 계산에 따라 자발적으로 참여하는 '이익사회'(Gesellschaft)로 점차 대체된다고 한다. 그러나 근대사회의 전형적인 보기의 하나인 국민국가 자체가 실은 Gesellschaft보다는 Gemeinschaft에 가깝다. 국민이 되고 안 되는 것이 개인의 결단에 맡겨지는 일은 아직도 극히 예외적이며 국민으로서의 행동 역시 타산을 초월해서 이루어지는 바가 너무나 많은 것이다. 이처럼 근대 특유의 상황에 맞춰 재구성된 공동체로서의 국민국가가 이제는 그 공동사회적 성격도 약화되었을 뿐 아니라 이익사회로서의 자기완결성도 점차 축소되어가는 것이 사실이다.

그렇다고 이제야말로 공동체의 시대가 끝나고 전지구적 이익사회의 시대가 왔다고 주장한다면 이는 인간이 이해관계의 관철과 조정만으로 살아갈 수 있다고 믿는 망상이다. 반면에 전인류 단위의 거대한 공동체가 그보다 작은 여러 공동체의 매개작용이 없이 성립하기를 기대할 수 없으며, 그런 획일화된 거대 공동체에 매력을 느끼기도 힘들다.

다른 한편, 무수한 작은 공동체들의 중요성을 강조하면서도 민족이라거나 국가 등 규모가 좀 크고 힘있는 집단에 대해서는 거부감을 보이는 주장들이 '포스트모던'의 이름으로 제기되곤 한다. 물론 고전적인 국민국가나 인종적 단일성을 고집하는 민족공동체라면 적어도 21세기 인류사회에는 맞지 않을 것이다. 그러나 세계화가 더욱 진행된 21세기의 현실에 적응하고 그 현실이 요구하는 이익사회적 요소를 수렴하면서 새롭게 형성되는 공동체로서의 다민족 복합국가나 다국적 민족공동체라면 이야기가 다르다. 또한 이런 공동체를 추구한다고 해서 더 작은 규모의 공동체나 인류 차원의 더욱 큰 공동체에 등을 돌릴 필요는 없다. 그런데도 유독 이들 '중간 규모'의 공동체에 거부감을 갖는 태도는 단순히 상상력의 빈곤일 수도 있으려니와, 자본의 획일화 논리 앞에서 힘을 못 쓰는 군소 공동체만을 고집함으로써 사이비 다원주의로 자본의 논리를 치장해주는 이바지일 수도 있는 것이다.

4. 맺음말: 한민족공동체의 독특한 몫

참다운 균등세계를 위해 새로운 형태의 민족공동체가 필요하다는 일반론이 성립한다 해도 한민족공동체의 특이한 몫이 따로 있느냐는 문제가 남는다. 여기서는 몇가지 고려사항을 간략히 열거하는 것으로써 맺음말을 대신할까 한다.

첫째는, 한민족공동체의 당면과제인 한반도 분단체제극복사업이 어떤 세계사적 의의를 갖느냐는 점이다. 이것이 단순히 특정 국가의 분할이 청산된다든가 동북아 지역의 불안정 요소 하나가 제거된다든가 세계에서 전쟁발발 위협이 감소된다는 정도의 성과에 그친다면 21세기의 인류역사에 대한 결정적인 공헌이랄 것은 못 될 터이다. 반면에 분단체제극복이 곧바로 세계체제의 변혁으로 귀결되지는 않더라도 한반도에 지금보다 훨씬 민주적이고 자주적이며 개방적인 사회가 건설되어 선천시대(先天時代)와는 근본적으로 다른 세상을 향한 결정적인 한 발자국이 내디뎌진다면, 이러한 통일사업에 대한 다국적 민족공동체의 기여는 인류 전체에 대해서도 더없이 소중한 보시(布施)가 될 것이다.

둘째, 동아시아 문명의 일원이면서 중국대륙과 연결된 반도임에도 민족적 독자성을 면면히 지켜온 역사가 새로운 인류문명의 창출 과정에서 어떤 힘을 발휘하게 되느냐는 문제가 있다. 더욱이 과거의 동아시아 세계에서 한반도가 중화문명의 압도적인 위력에 굴복하고 흡수당할 위험을 견뎌왔다면 근대 자본주의문명으로의 편입 과정에서는 같은 아시아국인 일본의 식민지가 된 유일한 나라였는데, 일본 제국주의의 공공연한 민족말살정책도 이겨낸 경험이 어떻게 활용될지 또한 중요한 변수이다. 그러한 역사를 지닌 동아시아 국가가 종래의 국민국가들과는 질적으로 다른 국민생활을 성취하면서 동시에 세계적 규모의 다국적 민족공동체의 중심지로 작동한다고 할 때, 적어도 동아시아 지역의 장래가 크게 밝아질 것만은 분명하다. 통일 한반도가 동아시아의 전통적 이웃인 중국과 일본 그 어느 쪽과 견주더라도 여전히 상대적으로 작은 나라이리라는 점도 문명적인 기여에는 오히려 이로울 것이다.

마찬가지로 해외 조선족 약 5백만은 수적으로 해외이산 민족들 중 거의 다섯 손가락 안에 든다고 하며 그들 중 대다수가 중국·미국·구소련·일본 등에 집중되어 있는데, 이 또한 유리한 여건이다. 곧, 주요 강국에 집중되어 있기 때문에 그만큼 영향력의 터전이 넓은 동시에, 대국 내의 소수민족이기 때문에 동남아 일대의 화교처럼 해당 국가에 대한 위협으로 받아들여질 확률이 그만큼 적은 것이다. 따라서 한민족이 동아시아에서 독특한 영향력을 확보하기만 한다면 그것이 자연스럽게 전세계로 퍼져나가는 일도 어렵지 않을 터이다.

물론 이 모든 것은 분단체제극복사업의 성패에 달렸다. 하지만 역으로 이러한 영향력의 확보 여부가 통일과정에 영향을 주기도 할 것이다. 그러므로 한민족이면 누구나 우선은 통일의 달성에만 치중하고 바람직한 다국적 한민족공동체의 건설은 통일 뒤의 원대한 사업으로 밀어놓으라는 주문은 설득력이 없다. 아니, 통일 자체가 단순한 분단극복이 아닌 분단**체제**의 극복이므로 그런 식의 선후 구분이 애당초 무의미하다. 우리가 변혁하려는 분단체제는 어디까지나 자본주의 세계체제의 일부요, 이 세계체제는 원불교에서 말하는 '물질개벽'의 주체이지 '정신개벽'의 주인은 못 되며, 오히려 한민족 구성원들을 포함한 세계 민중의 참된 깨어남과 새로운 공동체 건설을 통해 개벽해야 할 선천시대의 질서인 것이다. 〈1996〉

9
김영호씨의 분단체제론 비판에 관하여

본론[1]에서도 짐작되듯이 한반도의 '분단체제'에 대한 필자의 인식은 민족문학에 관한 주장과 긴밀히 연결되어 있다. 민족문학론을 단순한 민족'주의' 문학론과 구별해주는 이론적 근거의 하나이기도 하며, 이른바 민족문학의 위기를 현행 지구화·세계화 과정이 세계문학 전체에 대해 조성하는 위협의 일부로 해석하는 데도 중요한 몫을 맡는 것이 분단체제론인 것이다. 따라서 지난 11·12월호 『작가』지의 통일운동 관련 '특별기획'의 필자 두 분이 모두 나의 분단체제론에 관심을 기울여준 것은 더없이 감사한 일이다.

먼저 최원식(崔元植) 교수는 「민족문학작가회의가 보는 통일운동의 방향」에서 분단체제론의 시각을 별다른 비판 없이 원용했는데, 이는 주로 지면의 제약 때문이고 최교수가 나의 논의에 전적으로 동의하는 것만은 아니라는 점은 그의 다른 글들을 챙겨 읽은 독자라면

---

1) 이 글은 원래 「지구화시대의 민족과 문학」(1994년 미국 듀크대학에서 열린 국제학술대회에서의 영문 발제문 "Nations and Literatures in the Age of Globalization"의 번역)을 『내일을 여는 작가』(약칭 『작가』)지 1997년 1·2월호에 실으면서 여기 말하는 '본론'의 부록으로 집필한 것이다. 부록을 쓰게 된 경위에 관해서는 본론 서두에 붙인 짤막한 머리글에 설명한 바 있다.

모르지 않을 것이다. 게다가 이번 글의 제목이나 그 내용이 그간 작가회의 내부에 존재했고 지금도 남아 있다고 생각되는 다른 의견들을 너무 쉽게 '통일'해버리지 않았는가 하는 느낌도 든다. 그러나 분단체제론의 큰 테두리에 동의하면서 이를 작가회의 전체의 대표적인 시각으로 굳히는 데 기여할 것이 예상되는 그의 열정적인 발제에 대해 이 자리에서 나는 공감을 표하는 것 외에 따로 덧붙일 말이 없다.

「작가와 통일문제」라는 김영호(金煐浩) 박사의 글은 본래의 소재가 분단체제론이 아님에도 불구하고 "민족문학작가회의의 통일관은 백낙청의 '분단체제론'과 밀접한 관련이 있"(33면)다는 인식 아래 이에 대한 비판적 검토를 덧붙여주었다. 나는 분단현실을 좀더 체계적이고 총체적으로 인식해야겠다는 문제의식을 처음 제기할 때부터 그 본격적인 작업은 사회과학을 전공한 학도들에 의해 수행되어야 한다고 믿어온 터라——그런데도 나의 시발적인 문제제기나마 진지하게 검토해준 사회과학도들을 손가락으로 꼽자면 한쪽 손은 여전히 심심하게 놀고 있다시피 하는 처지라——김박사의 이러한 검토는 이번 특별기획이 내게 가져다준 망외의 수확이라 아니할 수 없다.

더욱이나 김박사는 남북의 두 분단국가가 체제라고 불릴 만큼 상호의존적이지 못하다는 기왕의 비판에 대해, "남북이 여러 측면에서 상호의존적이기 때문에, 이러한 상호의존성이 분단체제의 구성요소가 되는 데 아무런 문제점이 없다"(35면)고 나의 입장을 두둔해주기도 하고, 결론으로는 "분단체제론도 분단구조 개념을 정의하여, 이 개념에 기초하여 분단현실의 지속성뿐 아니라 분단현실의 변화, 즉 분단극복도 거시적인 측면에서 설명할 수 있을 것이다. 이렇게 이론체계를 갖춘 후, 이 이론에서 몇가지의 가설들을 도출하여 경험적으로 검증해나간다면, 분단체제론은 복잡한 분단현실을 포착하고, 그 극복의 방향을 찾는 데 기여할 수 있을 것이다"(37면)라는 고무적인 말을 남기고 있다.

물론 이런 말을 들을 때마다 내 마음에 먼저 떠오르는 생각은, 그 좋은 일을 사회연구를 업으로 삼는 자기네들이 하지 하필이면 문학평론도 제대로 못하고 사는 나더러 또…… 대충 이런 것이다. 실제로 김박사의 경우든 그가 언급한 다른 비판자인 손호철 교수의 경우든 또 다른 누가 되든, 언젠가 이런 내 희망에 부응해주리라는 믿음을 나는 버리지 않는다.

그런데 그날을 앞당기기 위해서도 김박사의 글에 드러난 오해랄까 분단체제론 본연의 발상과의 거리를 솔직히 지적해둘 필요를 느낀다. 예컨대 분단체제론의 체제 개념이 제대로 세분화되지 않았음을 지적하면서, "우리가 사용하는 체제(system)라는 개념은 구조(structure)와 상호작용하는 행위주체들(interacting units)로 구성되어 있다. 따라서 분단현실을 포착하기 위해 발전된 백낙청의 분단체제론은 분단구조와 남북의 두 분단국가로 구성되어 있다고 볼 수 있다"(34면)고 했는데, 이는 분단체제론이 줄곧 겨냥해온 어떤 기본적인 발상의 전환을 간과한 것이다. 다시 말해, 이제까지 대부분의 분단논의가 남북 두 국가 또는 정권 또는 그들이 대표하는 이념간의 대결을 뼈대로 삼아온 데 반해, 분단체제론은 상호대결하면서도 묘하게 공생하는 남북의 기득권세력들과, (각기 정도와 방식이 다르지만) 기본적으로 반민주적이고 비자주적인 이 범한반도적 체제에 억눌리는 남북의 (역시 그 억눌림의 정도와 양상은 다른) 민중들을 '모순의 대립항'——또는 김박사의 용어로는 '상호작용하는 행위주

202

체들'——으로 보자는 것이다. 그렇다고 양쪽 정권은 무조건 다 나쁘고 백성들만이 옳다고 말하는 것은 무책임한 양비론이요 공허한 말잔치에 불과하다. 다만 분단체제의 기득권세력이라는 큰 틀 안에서 남북 각기의 정권, 그리고 각 정권 안에서 더러 갈등하기도 하는 유파들을 민중의 시각으로 인식하고 평가하자는 발상인 것이다.

그럼에도 김박사가 시종 분단'국가'들의 대결·상호의존만을 논하는 것은 국제정치학도답게——적어도 한스 모겐소(Hans Morgenthau)의 학통을 잇는 공부를 한 학도답게——'국가주권'이라는 것을 사고의 중심에 두고 이를 거의 절대시하기 때문이 아닌가 한다. 따라서 최원식 교수의 글과 관련해서도, 최교수가 유럽연합을 기존의 국민국가 모델을 위로부터 **용해시켜나가는** 하나의 예로 든 데 대해 "유럽공동체는 주권국가가 아니기 때문에…기존의 국민국가를 위로부터 용해**시킨** 새로운 국가형태로 볼 수 없다"(24면, 강조는 인용자)고 한 발언은, 그 자체로는 너무나 타당한 진술이지만 최교수가 염두에 둔 진행과정이나 가능성과는 초점이 안 맞는 비판이 되고 만다.

알려졌다시피 국제정치학자들은 흔히 주권국가를 '당구 공'에 비유한다. 일단 주권국가로 인정이 되면 그때부터는 그 당구 공이 다른 공(들)과 어떻게 부딪쳐서 어느 방향으로 어떻게 나가느냐를 따질 뿐, 과연 그 주권국가가 반듯한 공인지, 혹 진흙이나 밀가루로 빚은 어설픈 공은 아닌지, 구멍이 숭숭 뚫려 바람이 새는 공인지, 또는 원래 하나이던 공을 둘로 쪼개서 대충 공 모양으로 다시 빚어놓았지만 다른 공들하고는 구르는 모양도 분명히 다르거니와 쪼개진 다른 절반과는 묘한 인력(引力)이나 척력(斥力)을 여전히 보유하는 공인지, 이런 문제는 별로 따지지 않는 것 같다. (이것이 국제정치학자 모두가 그렇다는 말이라면 분명 과장이요 중상이겠지만, 적어도 김박사의 글에서 이런 인상을 강하게 받은 것만은 사실이다.)[2]

그런데 "일정한 영토를 가진 국민국가 내의 주민에 대해 최종적이고, 절대적인 권력과 권위의 존재를 설명하기"(25면) 위한 개념으로서의 '주권'은 김박사 자신이 지적하듯이 특정 시기, 즉 16세기 서구에서 개발되었다. 그 구체적인 배경이나 이론적 전개과정에 대해서 나는 지극히 무지하지만, 내가 여기서 언급하고 싶은 점은 다른 것이다. 첫째, 그때나 지금이나 개념은 어디까지나 개념이요 관념이며, 이른바 주권국가의 "최종적이고, 절대적인 권력과 권위"라는 것도 하나의 관념이자 특정 시기의 특정 체제 유지에 필요한 이데올로기의 성격이 짙었을 것이라는 점이다. 둘째, "프랑스의 사상가 보댕(Jean Bodin)이 발전시킨 극히 현대적 개념"(같은 곳)이라고 김박사

---

2) 최교수의 복합국가론이 "국민국가의 가장 중요한 구성원리인 주권 개념의 문제를 간과하였다"(27면)는 비판도, "따라서 복합국가론이 더 완결된 모습을 갖추기 위해서는 남북 사이의 미해결상태인 주권문제의 실질적 해결방안을 더 철저히 연구하지 않으면 안된다"(같은 곳)는 당연한 충고의 말문을 여는 수사라면 몰라도, 복합국가론이기 때문에 주권문제 해결방안이 안 나온다거나 실제로 최교수가 주권문제를 간과했다는 주장이라면 동의하기 어렵다. 김박사 자신의 말대로 주권문제는 현재 각자가 단일국가를 지향하는 "남북 사이의 미해결상태"로 남은 문제고 이를 해결할 묘안은 그 누구도 찾아내지 못한 상태다. 이런 마당에 '복합국가'(compound state)라는 개념은 내가 알기로는 '단일국가'(unitary state)가 아닌 온갖 종류의 국가형태, 즉 각종 국가연합(confederation)과 연방국가(federation)를 포용하는 가장 외연이 넓은 개념으로서, 이 미해결상태의 주권문제를 단일 국민국가의 모델에 집착함이 없이 창의적으로 해결하자는 극히 포괄적이고 원론적인 제안이며, 지금 단계에서 그 이상의 "실질적 해결방안"을 어느 한 문인이나 문학단체에서 내놓으라는 것은 무리라 믿는다. 나 개인으로서는 얼마 전 하버마스가 그의 방한 강연에서 제기한 '국가연합이라는 에움길'이라는 개념에 원칙적으로 동의하면서 그 에움길의 종착점도 단일국가이기보다는 우리 사정에 맞는 새로운 형태의 연방국가가 되어야 한다는 견해를 최근에도 되풀이한 바 있다.(본서 7장 참조)

가 언급하는 이 개념이 대두하는 시기가 바로 월러스틴이 얘기한 자본주의 세계경제 및 그 상부구조로서의 열국체제가 서유럽에서 성립하는 시기와 일치하는데, 그전의 국제관계에서는 이러한 현대적 내지 근대적 주권 개념이 통용되지 않았다는 점을 감안한다면, 김박사가 월러스틴이 "16세기 서유럽에서 자본주의 세계경제가 생겨나기 이전에 유럽 내 국가들이 그들 사이의 상호작용"을 하고 있었으며, "이들과 유럽 밖 지역 국가들이 상호작용하여 국제정치구조를 이미 이루고 있었다는 사실을 무시하고 있다는 것"(37면 주29)을 그의 세계체제론의 문제점이자 나의 분단체제론의 "설명력을 저하"시키는 요소로 지적하는 것은 납득하기 힘들다. 설마 월러스틴이 16세기 전에도 국제정치가 있고 국제정치구조가 있었다는 걸 모르기야 했겠는가! 나는 월러스틴의 저작을 다 읽은 사람도 아니고 읽은 것을 그대로 따르는 사람도 아니지만, 그의 세계체제론을 분단체제론의 필요에 맞게 응용하려는 나의 노력을 좀더 이해심과 연구심을 갖고 숙고해주었으면 싶다.

그런데 월러스틴에 대한 비판에 이어, "따라서 한반도에 존재하는 두 개의 분단국가를 국제정치현실과 어떻게 연관시켜서 자신의 분단구조를 개념화시키느냐 하는 것이 분단체제론의 또 하나의 커다란 이론적 과제이다"(같은 곳)라고 말을 맺는 데서도, '국가'에 대한 지나친 집착이 역시 문제임이 드러나는 듯하다. 분단체제의 양대 대립항을 어디까지나 '두 개의 분단국가'로 보고 그들과 주변세계의 관계도——그것을 국가들간의 '대외적' 관계이자 그보다 더 기본적인 세계경제의 '내부' 문제이기도 한 것으로, 다시 말해 세계체제라는 기본단위 내부에서 상이한 하위체제간에 발생하는 문제로 보는 대신에——당구 공이 밖에 있는 다른 당구 공과 서로 부딪치는 '국제 정치현실'로만 파악하는 발상의 한계가 작용하지 않았는가 하는 것이다.

'구조'의 개념 또한 문제가 없지 않다. 분단체제론이 피상적인 관찰이나 실증적 자료에서 쉽게 드러나지 않는 심층적 '구조'의 산물에 눈을 돌리고자 하는 발상임을 인정해준 것은 고맙지만, 나는 '과학적 실재론'(scientific realism)에 철학적으로 의존하는 '구조' 개념(35면)에는 회의적인 편이다. 그 점에서 나는 어떤 고정된 실체로서의 '구조'라는 것을 설정하는 발상 자체가 일종의 형이상학적 고질임을 지적하는 해체론자 혹은 탈구조주의자들의 작업에 사회과학도들도 주목할 필요가 있다고 보며, "이는 분단체제뿐 아니라 모든 복잡한 사회현실에 해당하는 이야기로서, 개념에 상응하는 어떤 물체가 현실 속에 덩그렇게 자리잡고 있는 일이란 없다. (아니, 우리가 '평범한 물체'로 흔히 알고 있는 것조차 일종의 '복잡한 사회현실'이요 개념의 지시대상을 단순하게 설정할 수 없다는 점을 해체론자들을 포함한 많은 사람들이 강조하고 있다)"[3]는 생각에 변함이 없는 것이다. 내가 '체제' 개념을 엄격히 정의해보라는 사회과학도들의 요구를 외면해온 것은 역량이 모자라서만은 아니며(실제로 모자라는 건 틀림없지만), 영어로 'division system'이라고 주로 써오면서도 'division regime'이라 불러도 무방하다고 말한 것 역시, 가령 어떠한 사회체제보다 훨씬 구조적 고정성이 강한 'solar system'(태양계)조차도 불변의 폐쇄적 체계가 아닌 판에[4] 'system'의 정의를 놓고 부질없는 말씨

3) 졸고 「분단체제의 인식을 위하여」, 『분단체제 변혁의 공부길』, 17면.
4) 앞의 글에 덧붙인 「보론: 분단체제 논의의 진전을 위해」, 같은 책, 43면.

름에 끼여들고 싶지 않았기 때문이다.[5]

아무튼 나의 분단체제 개념이 이론적 엄밀성에 결함이 있다면 이를 지적해주는 것은 얼마든지 환영하는 바이지만, 나의 더욱 간절한 소망인즉 분단된 남북한의 현실을 구체적으로 살피면서 이를 체계적·총체적으로 보려는 전문학도들의 연구성과가 훨씬 더 많이 나왔으면 하는 것이다. 동시에 한반도 전역에 걸친 분단체제에 대항할 남북 민중의 연대 가능성에 대해, 처음부터 '문인적 상상력'이란 식으로 젖혀버리지 말고 그에 대한 확신을 갖고 연구와 실행에 임했으면 한다. 이 경우 북쪽의 민간운동을 너무 남쪽 재야운동의 기준으로 판단하지 않는 것도 중요한데, 가령 (적어도 우리 쪽에 알려진) 공식통계상으로는 거의 생존이 불가능해 보이는 북한 민중의 생활상의 욕구가 그쪽의 '지하경제'(=민간주도의 경제활동!)에 의해 큰 부분이 채워지고 있다는 추론도[6]——물론 그 정확성을 장담할 길은 없지만——북한 역시 매사가 분단정권의 지시대로 '일사불란하게' 돌아가고 있지 않음을 말해준다. 여기서 분단체제극복을 위한 어떤 실마리가 주어질지는 속단할 수 없지만, 분단체제에 중대한 변화가 남북을 막론하고 진행중인 것만은 명백하며 우리의 새롭고 슬기로운 대응을 요구하는 것 또한 분명하다. 아니, 요즘 부쩍 세인의 관심을 모으는 탈북자 문제만 하더라도 이들을 '귀순자'로 정의하는 정부——그중에서도 정보기관——의 품에만 영영 맡겨둘 것인지 민족문학작가회의로서도 결단할 때가 왔다는 것이 나의 개인적인 견해

---

5) 이와 관련하여 김박사가 프랑스어 régime의 어원까지 들어가며 regime과 system
   이 정확히 동일한 개념이 아님을 설명해준 것(30면 주19)은 지나친 친절이었다.
6) 서재진 「북한의 지하경제」, 인제대학교 사회과학연구소 펴냄 『북한의 경제정책과
   지하경제』(1996. 12) 참조.

다. 이 문제에 대해서, 그리고 더 크게는 북한 민중의 인권과 생존권 문제를 포함한 북한의 실상에 관해서, 어떤 결단을 내려 어떤 실천적 대응을 할 것인지에 대해서는 솔직히 작가회의 내부에서 본격적인 논의조차 시작되지 않은 상태다. "이번에 제시한 민족문학작가회의의 통일관이, 우리 사회의 통일논의를 단순한 정치적 구호의 수준을 넘어서 실질적으로 한 단계 진전시키는 데 계기가 되기를 기대한다"(38면)는 김영호 박사의 주문을 접하면서, 나는 한편으로는 그가 인정해준 것보다는 더 많은 기여를 우리가 이미 했다고 자부하지만, 다른 한편 우리 앞에 가로놓인 일감을 생각하면 그의 결론적 주문을 우리가 겸허히 받아들이는 것이 마땅하다고 믿는다. 〈1996〉

10

6월민주항쟁의 역사적 의의와 10주년의 의미

1. 충분히 기념되지 못한 6월항쟁

1987년 6월의 전국적 항쟁은 4·19, 부마항쟁, 5·18 광주항쟁 등과 더불어 한국사회의 민주화과정에서 기념비적 위치를 차지하는 반독재 민중운동의 하나이다. 더구나 6월항쟁은 저들 선행 운동을 밑거름 삼은 새로운 성취로, 저들과 달리 결정적인 반전을 겪지 않았다는 점에서 특별한 자리를 차지하고 있다. 이로써 민주화의 대세가 일단 확립되었고, 앞으로 전쟁이라든가 급작스러운 통일로 인한 대혼란 같은 일이 벌어지지 않는한 이 대세를 뒤집기는 어렵게 된 것이다. 그런데도 이후 10년 가까운 세월의 대부분, 6월항쟁이 그 역사적 의의에 값하는 기념의 대상이 되지는 못한 듯하다. 이 사실은 4·19나 5·18과 견주어보면 한층 눈에 띈다.

6월항쟁 직후의 87년 대선에서 문민정권 실현이 좌절되는 등 실망스러운 결과가 너무나 많아서 항쟁을 기념하기가 부적합했던 탓도 있다. 또한 5·16 군사쿠데타나 광주항쟁 무력진압 같은 비극이 뒤따르지 않았다든가 6월 자체도 대규모 유혈사태를 동반하지 않았다는 점이 극적인 효과를 반감하기도 했으며, 항쟁 이후 꾸준히 이루어진 문민화·민주화의 성과들이 간헐적이며 부분적인 것이었기에 '개량주의적' 성과를 경시하는 운동권으로부터 충분한 평가를 받지 못한 것도 사실이다.

6월항쟁이 우리 사회에서 제대로 대접받지 못한 그간의 사정을 좀더 부연해보자. 우선 6·29선언의 장본인인 노태우 대통령과 그의 정권은 6·29선언의 기만적 성격——그 작성과정의 불투명성과 내용의 정략적 측면 모두에 내포된 기만성——을 스스로 잘 아는 터라, 정권 초기에 어정쩡한 기념행사를 시도하다가 나중에는 오히려 6·29의 기억이 잊혀지기를 바라는 태도로 바뀌었다. 그런가 하면 6·29를 이끌어낸 항쟁의 가장 힘있는 지도자라 할 두 김씨는 자신들의 분열로 직선 대통령직을 군부세력에 헌납한 참이라 6월을 대대적으로 기념하기가 쑥스러운 처지였다.

기념사업을 제대로 못한 것이 정치지도자들에 국한된 일은 아니었다. 또 하나의 주체이자 가장 첨예한 전위세력이었던 학생운동의 지도부는 '호헌철폐'를 주로 '민족해방'과 '조국통일'을 위한 전술적인 전제조건으로 인식하여, 6·10봉기 1주년을 판문점을 향한 대대적 행진의 날로 만들었고 이후 매년 6월을 국민정서와 점점 멀어지는 통일운동의 달로 바꾸는 데 앞장섰다. 그런가 하면 급진적 운동권의 또다른 축을 이룬 '민주변혁' 내지 '민중혁명' 주창자들은 '7·8월 노동자 대투쟁'과 더불어 한국현대사의 새 단계가 도래했다고 남한사회의 내부변혁 가능성을 과장하면서, 그들대로 6월은 하나의 전주곡에 불과한 것으로 평가절하했다. 6월항쟁으로 비로소 활동공간을 찾게 된 온건한 (개량주의적) 시민운동들도 6월을 제대로 기넘하기에는 역부족이었다. 대부분의 관련자들이 6월의 봉기나 그에 앞선 반독재투쟁에 소극적인 참여 이상을 한 바가 없는데다가, 스스로 '민중운동'과 엄격히 구별되는 '시민운동'으로 국한하려는 경향 때문에 거대언론의 호의적인 반응에 걸맞은 실력을 확보하는 데에 한계가 있었던 것이다.

이런저런 이유로 근년에는 6월이 6·10이나 6·29의 달이기보다 6·25의 달로 다시금 자리를 굳히고 수구세력이 마음먹고 활개치는 계절로 전락하였다. 작년에 '6월항쟁 10주년사업 범국민추진위원회'가 발족한 것은 단순히 열 돌이라는 숫자를 의식해서만이 아니고 이런 전반적인 흐름을 바꿔보려는 충정의 산물일 터이다.

2. 분단체제 속의 6월항쟁

그런데 추진위원회가 미처 사업을 벌이기 전에, 항쟁의 주역이었던 국민 스스로가 96년 말 안기부법과 노동법의 국회 날치기통과에 항의하여 일어섬으로써 10주년이 되는 1997년을 최상의 기념행사로 장식하며 출발하는 형국을 이루었다. 특히 민주노총(전국민주노동조합총연맹)이 주도하고 한국노총(한국노동조합총연맹)마저 부분적으로 동참한 1월의 총파업투쟁은 정부와 수구세력 및 재벌의 강공을 꺾는 데 결정적인 역할을 했다. 이 사실이야말로 87년과 다른 점이면서 6월항쟁이 한국사회를 지속적으로 바꾸어온 성과를 반증하는 결정적인 사실이다. 10년 전에는 항쟁의 막바지에 가서야 움직이기 시작했고 6·29 이후에나 본격적인 투쟁을 펼 수 있었던 노동자들이 이번에는 국민적 항의의 중심에 서고 이른바 '넥타이부대'의 동원마저 주도한 것이다. 노동법 문제에 관한 정부측의 후퇴에 뒤이어 한보사태, 대통령 아들 김현철(金賢哲)씨 문제 등등으로 문민정권의 주도력에 치명타가 가해지고 정치권 전체가 혼란에 휩싸이게 된 상황 자체도 6월의 성취와 무관하지 않다. 한국사회는 이미 군부세력뿐 아니라 문민정부의 권위주의도 안 먹히는 수준으로 성장한 것이다.

하지만 다른 한편, 1월 민중투쟁의 열매는——민주노총의 합법화라는 역사적 성과에도 불구하고——대부분 또다시 정치권의 흥정감으로 전락했고, 전두환·노태우 두 전직 대통령의 군사반란 및 내란죄에 대한 역사적인 확정판결이 나자마자 사면 논의가 자자해지며, 김영삼 개혁노선의 실패가 개혁노력 자체의 잘못으로 매도당하기도 하는 것이 오늘의 현실이다. 이런 상황에서 6월의 효능을 한 차원 더 높여야 할 필요는 너무나 절실하다. 그리고 이를 위해서는 단순히 정치인들의 '배신'을 탓하거나 막연히 민중역량의 부족을 개탄하기보다 6월항쟁의 역사적 의의에 대한 좀더 주밀하고 체계적인 분석이 요청된다. 그 작업은 다각적으로 진행되어야 마땅하겠거니와, 나 자신은 한가지 방법으로서, 6월항쟁을 단지 남한의 역사 속에서 보는 대신 남북한을 아우르는 분단체제 속의 사건으로 파악하고 평가할 것을 제의하고 싶다.

분단체제의 불철저한 인식과 그에 따른 환상들

'분단체제'라는 표현을 썼는데, 이는 아직 하나의 개념으로서 학계의 인증을 받았다고는 보기 힘들다. 다만 나 자신 미흡한 대로 여러 곳에서 그에 대한 설명을 시도한 바 있으므로 중복된 논의는 피하기로 하고, 분단체제론을 따를 경우 6월항쟁이 어떤 의의와 성격을 드러내는가를 말하는 가운데 얼마간의 설명도 가능해지리라 기대해본다. 어쨌든 분단체제론을 굳이 끌어들이는 것은 문자 그대로 6월항쟁의 '역사적 의미'——곧 민족사적이자 세계사적 의미——를 좀더 충실하게 규명해보려는 뜻이지, 기념행사를 빌미로 자신의 가설을 홍보하려는 것이 아님은 더말할 나위 없다.

우선, 6월항쟁이 남한의 역사에서 아무리 획기적인 사건이었다 해도 분단 한반도의 절반에 국한된 만큼은 그 '획기적' 성격 또한 제한되게 마련이라는 점을 상기하는 것이 항쟁의 의미를 제대로 부각시키기 위해서도 필요할 듯하다. 그 한계를 정확하게 인식하지 못하는 옹호론은 정당한 실천적 대응을 낳을 수 없을 터이며, 항쟁의 의의 자체를 부정하는 논리 앞에서 조만간에 힘을 잃게 마련이다. 실제로 오늘날 민주화세력이 겪는 적지 않은 혼란과 좌절은, 6월항쟁(및 민주화과정 전반)에 관한 정확한 평가를 공유하면서 이를 저마다 자신의 생활현장에서 실천해나가는 인구층의 엷음, 다시 말해 개혁운동이 개혁문화로서 자리잡지 못했음에 기인하는 바 크다.

예컨대 87년의 양김 분열은 물론 당자들의 정권욕이 큰 원인이기는 했다. 그러나 분단체제 아래서는 혁명은 물론 자유민주주의 실현에도 원천적인 제약이 가해진다는 관점에서 본다면——다시 말해 분단현실이 일종의 체제를 형성하고 있어서 이 체제를 허물어가는 과정이 수반되지 않은 채 그 반민주성을 근본적으로 제거하는 변화 또는 변혁이 어느 한쪽에서만 일어날 수 없다고 할 때——6·29로써 최소한 문민화는 이미 보장되었고 문민화의 주역이 어느 김씨가 될지만 미결로 남은 상태라는 생각은 분단현실을 오진한 환상이었으며 이는 두 김씨뿐 아니라 그 추종자들 다수도 공유하는 환상이었다.

분단체제에 관한 불철저한 인식이 이런저런 환상을 낳은 예는 제
도권 정치에 한정되지 않았다. 가령 위에 언급한 '민족해방' 세력은
분단극복의 열의는 대단했으나 분단이 남북한을 아우르는 일종의
체제 성격을 띠고 있다는 인식이 없이 외세의 개입과 남쪽의 반공주
의만을 나무라는 일방적인 노선을 취했다. 그런가 하면 남한사회의
성격에 대한 '과학적' 분석을 시도하면서 통일에 앞서 이 사회의 '변
혁'을 이룩할 것을 제창한 '민중민주의' 노선은 자유민주주의를
표방한 '선민주 후통일' 노선 못지않게 분단체제 아래서 남한만의
변화 가능성을 과장하고 있었던 것이다.[1] 따라서 6월항쟁으로 크게
넓어진 사회공간을 좀더 효과적으로 활용한 것은 이들 급진운동권
보다 제도권 정당과 새로운 시민단체 등 이른바 개량주의 세력일 수
밖에 없었다. 그러나 이들 역시 분단체제에 대한 인식부족으로 자기
들이 지향하는 남한사회의 변화가능성을 과대평가하기는 마찬가지
여서, 수구세력을 제압하지 못했을뿐더러 어느덧 스스로 그들 진영
으로 이동하는 모습을 보여주기도 했다. 뒤에 다시 논하겠지만 '변
혁 대 개량'의 양분법은 본디 특수한 상황에나 적용될 논리로서, 우
리 사회에서는 적어도 6월항쟁 이후——즉 5공 폭압정치의 붕괴로
개량의 길이 열리고 '개량'의 축적이 다시 분단체제의 극복이라는
'변혁'으로 이어질 전망이 보이게 된 단계——에는 더이상 설 자리가
없는 것이었다. 이는 계속 혁명을 외쳐대는 쪽은 물론이고 변혁 없
는 부분적 개량만을 고집하는 쪽에도 똑같이 해당되는 말이다.

---

1) 이와 관련해서 졸저 『민족문학의 새 단계』에 실린 「통일운동과 문학」(1989) 중 특
   히 제4절 '유월 이후를 보는 시각' 참조.

분단이데올로기로서의 지역주의

87년에 두 김씨 진영뿐 아니라 수많은 재야단체에도 내부 갈등과 분열을 안겨주었고 그후 한국정치의 가장 큰 병폐 가운데 하나로 자리잡은 것이 지역주의 현상인데, 이 또한 분단체제론의 관점에서 파악할 필요가 있다. 남북의 기득권세력들이 분단의 유지에 어느정도 이해관계를 공유하는 분단체제라는 것이 존재한다면, 분단이데올로기는 남한의 극우반공논리로 한정될 수 없다. 북한식 통일지상주의 역시 그것이 북쪽의 분단정권 유지에 필요할뿐더러 객관적으로 남쪽의 반공세력을 강화하는 작용마저 한다는 점에서 북한판 분단이데올로기라 하겠으며, 이렇게 극좌와 극우를 오가며 변신할 수 있는 것이 분단이데올로기라면 상황에 따라 또다른 변종도 낳을 수 있다고 보아야 옳다. 6월항쟁으로 군사독재의 서슬이 무디어지고 극우반공주의의 효능이 반감하게 된 1987년의 싯점에 지역주의가 바야흐로 기승을 부리기 시작한 것은 분단체제 재생산을 위한 또 하나의 이데올로기가 본격적인 가동에 들어간 것이라고 인식해야 하지 않을까? 이후 10년의 역사를 볼 때 실제로 지역주의는 한때 저항성이 두드러졌던 부산·경남 및 호남의 지역감정을 자기 고장 출신 대통령 만들기를 위해서는 수구세력과 손잡는 일도 무방하다는 맹목적 지역주의로 바꾸어왔으며, 전국적으로 개혁세력·변혁세력을 분열시킬뿐더러 해당 지역 내에서 이들 세력을 무력화하는 데에 공공연한 극우논리 못지않은 위력을 발휘해온 것이 엄연한 사실이다.

지역주의의 이런 때맞춘 구조작업에 힘입어, 뭐니뭐니 해도 '안보와 경제'가 지상과제라는 집권층의 해묵은 논리는 최근에 마치 국민적인 합의인 양 화려하게 부활했다. 실제로 '국민적 합의'는 아니지만 최소한 '여야의 합의'는 되는 것이 사실이다. 제2야당인 자민련이야 더말할 것 없고, 원내 제1야당조차도 '안보궐기대회'를 제안하고 '경제대통령' 선출을 주장하는 등으로 화답한 바 있으며, 최근 한보사태 이후 경제난국이 심화되고 기성 정치권의 공멸가능성이 두드러지자 '경제 살리기' 여야 영수회담이 김대중씨의 선창으로 열리는 등, 이 점이 더욱 명백해졌다. 이는 남북한의 기득권세력들이 '분단체제의 기득권세력'으로서 일정한 공통 이해관계를 지녔을뿐더러, 남한에서 군부정권의 종말로 타격을 입은 분단체제가 보수적인 지역정당들의 '천하통일'을 통해 그 자생력을 복원하고 있음을 말해주는 증거이다.

다만 이러한 복원의 결과가 최근 우리 사회에서 흔히 일컫는 '총체적 난국'으로 나타났다는 사실이——뒤에 논할 북쪽의 위기상황과 함께——분단체제의 자생력에도 한계가 있음을 시사해준다. 경제가 위태롭고 나라꼴이 엉망이라는 말들을 요즘 너나없이 주고받는데, 분단체제가 초기 산업화에 유리하지만 다음 단계로의 도약에는 불리하다는 점이야 새삼스러울 것도 없는 분단체제론의 기본명제다. 더구나 정치의 영역에서는, 분단체제 아래서나마 지난 10년간 꾸준히 이루어진 남한의 민주화가 문민정부의 권위주의조차 안 통하는 수준에 달했음을 이미 언급했지만, 파산한 문민정권과 지역분할에 의존하는 보수야당들이 손잡은 3김씨의 권위주의도 '안정'을 담보하지 못하기는 마찬가지다. 한보 뇌물 스캔들만 해도 저들 중 어느 집단도 수준있는 국민을 통치할 만한 도덕성을 지니지 못했음을 보여주었으며, 동서냉전의 종식으로 청산이 불가피해진 극우세력까지 아우름으로써 겨우 가능해진 보수대연합이 개혁의 숨통을 조일 수는 있을지언정 안정된 보수문화를 창출할 수 없음은 뻔한 일이다.[2]

안보논리와 경제성장 이데올로기의 현실적 근거

그러나 '안보'든 '경제성장'이든 3김 합의의 형태를 통해 당장은 거의 '국시'에 준하는 위력을 발휘한다고 할 때는, 그것이 이처럼 지배적 이데올로기로 성립할 만한 나름의 현실적 근거가 있음을 뜻한다. 먼저 안보문제로 말하면, 한국전쟁의 참혹한 경험과 전쟁 재발시 전민족이 겪을 더욱 큰 재앙에 대한 두려움이 있는데다가, 분단국가의 경우 양쪽의 경계선이 국제법상 공인된 국경이 아니라는 사실은——휴전선에 불과할 경우 더더군다나——원천적으로 불안정한 상황을 뜻할 수밖에 없다. '전쟁=공멸'을 거의 보장하는 수준의 억지력이 필요하다는 논리가 성립하기에 충분한 것이다. 소련의 붕괴와 북한의 경제난 때문에 남북의 세력균형이 남쪽에 크게 유리해진 현실도 이 점을 근본적으로 바꾸지는 못한다. 전쟁이란 반드시 쌍방의 실력이 엇비슷할 때만 일어나는 것은 아니며 오히려 한쪽의 형세가 기울 때, 특히 기우는 쪽이 군사력에서는 다른 분야보다 막강할 때 일어날 확률이 더 큰 법이다.

---

2) 추기(1998): 이른바 DJP연합이 15대 대통령선거에서 승리하여 최초의 여야간 평화적 정권교체가 가능해진 직후, 이 대목의 현실인식이 과연 타당했는지에 대한 질문을 어느 자리에서 받았다. 내 답변의 골자는, 첫째 3김을 대체할 만한 세력이 제대로 자라나지 못한 상태에서 정권교체를 위한 야당연합의 의의를 한때나마 과소평가한 것은 부정확한 현실진단이었으며, 둘째 "보수대연합이 개혁의 숨통을 조일 수는 있을지언정 안정된 보수문화를 창출할 수 없"다는 명제는 그것과 별도로 여전히 유효하다는 것이었다. 회화 「백낙청 편집인에게 묻는다」, 『창작과비평』 99호 (1998 봄), 8~11면.

'경제발전'에 이르면, 비록 그 추진방식과 이론은 서로 다를지라도 남북한의 집권층이 더욱 당당하게 공유하고 있는 이데올로기임이 분명하다. 이 목표가 장기적으로는 분단체제의 존속과 모순될지 몰라도, 단기적으로 분단체제의 붕괴나 심한 동요가 그에 대한 심각한 위협이 되지 않을 수 없다. 따라서 '경제'가 전쟁방지와 함께 체제재생산의 명분으로 위력을 발휘하는 것은 당연한 일이다. 더구나 '발전'은 분단체제의 상위체제를 이루는 자본주의 세계체제의 지배 이념이기도 한 것이다.

이렇게 기본적으로 공유된 이념과 그들 이념을 생산하며 그에 의해 지탱되는 분단구조가 표면적인 대결로 표출되고 그러한 대결을 통해 강화되기도 하는 복잡미묘한 체제 속에서, 민주화의 과정이 복잡하고 험난할 것은 족히 짐작할 만하다. 이 점을 감안한다면 4·19 이래, 아니 그 전부터 오늘까지 지속된 남한 민주화운동의 꾸준한 전진, 특히 6월항쟁 이후 결정적인 반전을 용납하지 않았고, 성공한 군사정변도 내란이요 반란이라는 법률적 단죄를 결국은 이루어낸 그 진행은 전세계에 내놓고 자랑해도 좋을 듯싶다.

다만 분단체제의 어느 한쪽에서만의 '획기적'인 승리로써는 통일도 순탄한 민주화도 보장될 수 없다. 동시에 남북 각각에서 반민주적이고 비자주적인 제도와 관행을 혁파할 꾸준한 내부개혁이 수반되지 않는 통일운동 역시, 분단체제의 재생산에 오히려 이바지하거나 기껏해야 '분단 없는 분단체제'의 등장을 예비하고 말 가능성이 큰 것이다.[3]

---

3) '분단 없는 분단체제'라는 역설적 표현에 관해서는 졸고 「지구시대의 민족문학」, 『창작과비평』81호(1993 가을), 121면 및 본서 94~95면 참조.

3. 의미있는 10주년을 위하여

앞서 말한 대로 1997년은 날치기 규탄 및 노동법 재개정을 위한 총파업과 전국적 항의운동으로 6월항쟁 10주년의 상서로운 출발을 이루었다. 그러나 진정으로 의미있는 10주년을 만드는 큰 사업으로 보면 이는 그야말로 출발에 불과하며, 이 사업을 제대로 해내려면 세계체제와 분단체제의 실상에 대한 올바른 인식을 토대로 슬기로운 대응이 따라야 할 것이다. 이 과제 또한 다각적인 연구가 필요함은 물론인데, 이 대목에서도 나는 분단체제론에 근거한 몇가지 방향제시를 하는 것으로 만족할까 한다.

대항적 안보논리와 경제성장론의 필요성

대체적인 방향은 이제까지의 진단에서 이미 드러난 셈이다. 예컨대 분단체제의 주요 이데올로기인 안보논리가 집권층의 한갓 속임수만은 아니라고 할 경우, 민주화와 분단체제극복을 겨냥하는 세력은 그들 나름의 안보논리를 제시할 필요가 절실해진다. 6월이 어느덧 '6·25의 달'로 복귀하고 수구세력이 판치는 계절로 전락했음을 지적했지만, 6월이 한국전쟁이 터진 6·25의 달이라는 사실 자체는 우리 민족이라면 그 누구도 잊어서는 안된다. 문제는 전쟁의 참화를 입은 것은 남북을 통틀어 주로 일반 민중이었는데 어째서 '6·25'가 (그들대로 고생은 물론 했겠지만) 전쟁통에 관운이 열리고 별도 달고 돈도 번 사람들의 전유물처럼 되어야 하느냐는 것이다. 물론 그들이 휴전과 더불어 정착된 분단체제에서 온갖 유리한 고지를 선점

했기 때문이기는 하다. 그러나 이 체제를 허물고 좀더 나은 세상을 만들겠다는 사람들이 심지어 6월항쟁의 성취가 있은 뒤에도 '6·25의 달'을 '6월항쟁의 달'과 결합하는 새로운 논리를 개발하지 못한 탓 또한 없지 않을 터이다. 특히 이는 진보적 학술단체를 자처하는 집단에 안겨진 과제이기도 한데, 분단체제 특유의 불안정성과 유연성을 동시에 감안하는 발상이 요구된다. 즉 한반도에서의 전쟁방지를 위한 정치적·군사적 처방과 나아가 통일 후의 국방문제에 대한 경륜을 제시하되, 이것이 툭하면 '분단이라는 특수상황'을 들먹이는 수구세력의 논리에 대한 진정한 대안이어야 한다. 즉 평화공존으로 출발하여 급격한 흡수통일을 방지하면서 분단체제를 제대로 극복한 새로운 민족공동체를 건설하고 그에 걸맞은 국가형태를 창출하는 논리가 되어야 하는 것이다.

경제문제 역시, 그것이 분단체제의 명분일뿐더러 '체제'의 이름에 값하는 모든 사회구성의 기본요건임에 비해 대안적 체제를 주장하는 쪽에서 너무 소홀히한 감이 없지 않다. 안보에 관해서도 그랬듯이, 먹고사는 문제는 마치 우리가 알 바 아니라는 것처럼 대응하는 경우가 흔했던 것이다. 이런 자세로는 기성체제에 대한 부분적인 비판은 가능하겠지만 진정한 대안세력을 형성할 수 없으며 대중의 삶 속에 개혁문화를 정착시킬 수도 없다. 분단체제를 더 나은 체제로 대체하려는 운동이라면 당연히 바람직한 통일을 위해 필요한 남한 경제의 역량과 성격이 정확히 어떤 것인지에 대한 입장정리가 있어야 하며, 나아가 통일 후의 한반도 경제 또한 기본적으로 자본주의 세계시장의 논리로부터 자유롭지 못한 상태일 것임을 전제로 그 논리에 얼마큼 순응하고 얼마만큼 항거할지에 대한 복안을 제시해야 한다. 그리고 이 두 차원은 긴밀히 연관되어 있다. 이미 다가온 '무한경쟁의 세계'를 외면하고서 어떤 현실성있는 대안이 나오기 어렵지만, 그런 세계니까 우리도 무한대로 경쟁하는 것밖에 다른 생각을 말자고 할 때 먼 장래의 대안이 저절로 나올 리도 만무한 것이다.

북한의 식량위기와 분단체제극복운동

그런데 북한의 식량난이 크게 부각된 최근의 한반도 사태는 이러한 원론적인 고찰에만 머물 수 없는 절박한 과제를 제기한다. 먼저, 자기 주민을 먹여살릴 능력이 모든 체제의 기본조건이라고 할 때 분단체제의 일익을 맡은 북한체제의 자생력 상실이 실제로 얼마나 진행되었는지 재점검할 필요성이 절실해졌고, 동시에 어느 한쪽이든 체제위기가 심각해지면 분단체제가 전쟁을 통해 붕괴될 가능성도 더 커지는 것이 사실이다. 그런 의미에서 '안보와 경제'라는 지배층의 현안설정이 결코 터무니없는 것만은 아님이 다시금 분명해진다. 분단체제를 유지하려는 세력이나 자기쇄신은 없이 그 어느 한쪽이 상대방을 집어삼키려고 하는 세력과는 달리, 한결 나은 체제로의 변혁을 겨냥하는 분단체제극복운동이라면, 최근의 이 사태에 대해서도 일관되고 경륜있는 대안논리를 제시할 수 있어야 할 것이다.

굶주리는 동포를 우선 돕고 보자는 공감대는 이제 남한에서도 뒤늦게나마 확산되고 있다. 이때 제시되는 가장 흔한 논리는, 기근 또는 그에 준하는 상황에서는 인류애와 동포애가 먼저고 이런저런 정치적 고려를 개입시킬 일이 아니라는 것이다. 이는 전적으로 타당한 논리인 동시에, 극우세력 일부가 최소한의 인도적인 조치에 대해서조차 '군량미로의 전용' 운운하면서 아직도 제동을 걸려고 하는 작태를 볼 때 이 '비정치적' 논리가 그나름의 정치적인 효험을 지니기도 한다. 사실 남한의 민간운동이 보내는 식량이 설혹 군량미로 쓰인다 해도 그로 인해 북한군의 전투력이 괄목할 만큼 늘어날 것은 아니며, 북한 집권층의 입지가 크게 강화되리라고도 믿기 어렵다. (군량미로 전용되지 않아도 전투력이 조금이라도 강화되게 마련이라는 주장이라면 차라리 철저해서 좋다.) 반면에 식량지원의 거부로 전쟁의 유혹이 커질 확률은 분명히 있고, 남한 자본주의의 냉혹성에 대한 북한 주민의 적개심도 고조될 것이 확실하다. 이 모든 것이 분단체제의 남쪽 기득권세력에는 적어도 단기적으로 이익을 가져다주는 일이다.

북한의 현체제에 대한 장기적 위협으로 말한다면 오히려 북쪽의 식량난 해결에 남쪽 민간운동이 무시할 수 없는 기여를 해냈을 경우가 더할 것이다. 이로써 분단체제극복에 필수적인 범한반도적 민중연대의 단초가 본격적으로 열릴 것이기 때문이다. 실제로 '분단체제의 기득권세력 대 남북한 민중'을 기본대립항으로 설정하는 분단체제론을 두고, 민중주도의 통일을 위한 남북 민중연대의 부재 또는 불가능성이 분단체제 개념에 대한 중요한 반론으로 제기되어온 것이 사실이다. '불가능성'은 그것을 주장하는 사람 쪽에 입증의 책임이 있으므로 여기서 군이 논할 일이 아니지만, '부재'라고 한다면 보기에 따라 이제까지의 현실에 합치했다고 말할 소지도 없지 않다. 물론 이것도 어디까지나 상대적인 표현으로서, 비록 그동안의 남북 민간교류 대부분이 곧 민중연대는 아닐지라도 그것을 특권층만의 교류라고 규정할 이유는 없으며, 그 파급효과를 고려한다면 더욱이나 그렇다. 하지만 지금 싯점에서 가장 중요한 것은, 북한의 수많은

주민을 굶주림에서 건져줄 식량의 상당부분이 남한 주민의 대대적
이고 자발적인 동원에 의해 공급된다고 하면 양상은 일거에 달라지
게 마련이라는 사실이다.

　실제로 대대적인 동원이 이루어지더라도 그 결과로 한반도 전역
에 걸친 실속있는 민중연대가 형성될지는 아직 미지수다. 다만 이것
이 가능하기 위해서는 소박한 인도주의나 동포애의 차원을 넘어서
는 동원논리가 필요할 것이다. 예의 '비정치적' 논리가 극우세력의
일그러진 정치논리에 대항하는 매우 효과적인 수단이요, 그나름의
정치적 의의가 작지 않음은 이미 지적한 대로다. 그러나 일시적인
긴급원조로 분단체제의 여러 질곡이 풀릴 수도 없으려니와 북한 농
업의 구조적 문제가 그대로 남을 가능성도 있다. 이럴 경우 '감상적
통일론' 또는 '대책없는 인도주의'에 대한 비판이 새로 힘을 얻을 터
이며, 그 전에라도 인도적 원조에 동참한 국내외의 여러 주체들 가
운데 분단체제 극복이라는 구체적 목표를 지닌 쪽이 분단고착이나
'분단 없는 분단체제'를 겨냥한 이들보다 현국면을 더욱 결연하고
효율적으로 활용하도록 해줄 독특한 논리가 필요하다. 예컨대 북한
의 민중을 돕는 일이 정권을 돕는 일과 다를뿐더러 분단체제의 일익
에 해당하는 그 정권을 심판할 일차적인 주체를 보호하는 일이기도
하다는 인식, 남북분단의 본질이 사회주의와 자본주의의 '진영대
립' 내지 '체제대립'이 아니기 때문에 북한 정권의 실패가 남한 정권
의 일방적 주도에 따른 통일이 아닌 남북 민중의 주체성과 창의력이
최대한으로 발휘된 통일로 이어질 수도 있다는 인식 등은, 민주노총
을 비롯하여 대중적 기반을 지닌 노동단체들이 처음으로 북한 문제
에 간여하기 시작한 이 싯점에서 앞으로 남한 민중운동의 향방에 큰

영향을 줄 수 있는 것이다.

탈북자와 북한 주민의 인권 문제

마찬가지로 지금은 주로 남한의 수구세력을 강화하는 데 이바지하는 탈북자 문제도 분단체제극복운동을 위해 새로운 기회가 될 수 있다. 남한의 민족민주운동은 인권을 부르짖고 민족공동체의 회복을 내세우면서도 최근의 식량위기 이전까지는 정작 같은 민족인 북한 민중의 생존권 문제를 남의 일인 양 젖혀두기 십상이었고, 특히 그곳의 삶을 버리고 떠나온 사람들의 인권 문제에 관해 냉담했던 것이 사실이다. 이는 물론 북한의 인권이나 생존권 문제에 관해 남쪽 집권자들에 의한 악용이 심했고 신빙성있는 정보가 부족했기 때문이긴 하다. 그러나 분단체제 자체의 반민주성과 비자주성에 대한 전면적 대응으로는 미흡한 것이었으며, 특히 6월항쟁과 93년 문민정부의 출범 등으로 남한사회가 한결 개방적이 된 현상황에서는 종전의 변명이 더이상 통할 수 없게 되었다. 북한에 관한 정보와 탈북자 관리를 공안당국이 독점하는 법적·제도적 장치를 바꾸는 노력이 병행되어야 함은 물론이지만, 북한 주민을 단순히 자본주의 남한의 품에 안기기를 기다리는 동포들 아니면 어떻든 사회주의를 달성한 공화국의 성원으로 보는 이분법을 벗어나 우리와 함께 분단체제로부터 억압받는 한반도 민중의 한 분파로 이해하는 시각이 요구된다. 그리하여 탈북자들도 각기 그나름의 고뇌와 욕망과 가능성을 지닌 인간이자 동포로 받아들이고 그 가운데서 분단체제극복운동의 동역자를 찾아내기도 할 길을 열어나가야 할 것이다.[4]

---

4) 마침 이 글을 마무리지은 날 황장엽(黃長燁) 전 조선노동당 국제담당비서가 서울

4. 결론을 대신하여

분단체제론을 중심으로 6월항쟁을 논의하다 보니 남북분단과 직결된 문제들만이 주로 부각된 느낌이다. 항쟁이 내걸었고 그후의 성과를 특징짓는 남한사회의 민주화와 내부개혁 문제를 분단과 직결시켜 이해하는 일이 얼마든지 강조할 만한 것임은 물론이다. 그러나 논의를 마무리하면서 이제까지 소홀히 된 측면을 우선 새삼 강조해 둘 필요가 있겠다.

첫째, 분단체제는 어디까지나 세계체제를 구성하는 하나의 하위범주(sub-class) 내지 하위체제(sub-system)로서, 자본주의 세계경제를 특징짓는 환경파괴·계급갈등·성차별·인종차별 등이 한반도에서도 기본적으로 관철되고 있다는 것이다. 당연히 이는 분단체제의 독특한 매개를 거치고 다시 남북 각각의 상이한 사회구조에 따라 상이한 양태로 관철되는 것이지만, 아무튼 분단체제 극복을 위해서도

에 도착했다. 도착성명에서 그는 '남쪽 형제들과 손잡고' 전쟁방지와 평화통일을 도모하기 위해 남행을 결심했노라고 했다. 이런 그의 목표를 놓고 남쪽 시민들과의 연대활동이 어떤 수준까지 가능할지는 첫째 그 자신이 얼마나 철저히 학자적 양심에 따라 활약할지, 둘째 정부와 공안당국이 그에게 얼마만큼의 자유를 허용할지, 그리고 마지막으로 사상가로서 그가, 당이나 수령의 결정을 실행만 하는 것이 아니라 스스로 판단하고 때로는 저항하는 민중의 존재를 얼마나 수용할 수 있을지에 달린 것이다. 황장엽씨의 입국은 오랫동안 예견되었던 것이므로 '탈북자와도 연대' 운운하는 이 토막을 쓰면서 그의 경우도 의식하지 않았던 것은 아니다. 그러나 내가 주로 생각한 것은 훨씬 원칙적이면서도 어찌 보면 막막한 과제였다. 이제는 제법 많아진 탈북자 중 북에서 특권층에 속하던 사람들은 남에 와서도 잘살고 '인민'에 불과하던 이들은 여기서도 별볼일없는 인생이기 십상이라는 것이 일반적인 사실인데, '민족'과 '민중'을 들먹이는 운동가나 지식인, 문학인 들이 후자를 연대의 대상에서 아예 제외하는 경향은 불식되어야 하리라는 것이었다.

좁은 의미의 '분단문제'뿐 아니라 이런 문제들 또한 분단체제론의 일관된 시각으로 정리해볼 필요가 있다. 이는 무슨 일이든 모두 분단 탓으로 돌리자는 것이 아니라, 기왕에 안보나 경제 또는 지역주의 문제를 일정한 시각에서 해석했으면 나머지 문제도 동일한 시각으로 정리할 수 있어야 그 시각의 정당성이 검증될뿐더러 사회의 다양한 세력들을 다양하면서도 일관된 실천방안으로 결집시킬 수 있기 때문이다. 나아가 그러한 문제들이 세계체제의 어떠한 기본적인 성격에서 연유하여 분단체제의 어떤 매개를 거쳐 남북 각기의 사회에 그 구체적인 모습을 드러내는가를 이해할 때, 전지구적 연대의 가능성이 열리는 것이다. 둘째, 같은 이야기의 다른 표현에 불과하지만, 단순한 분단극복이 아닌 분단체제극복이라 할 때는 이러한 중대 모순들에 대한 분단사회 특유의 적절한 대응이 결집됨으로써 체제변혁의 이름에 값하는 질적으로 다른 사회를 창출하는 과제를 뜻하는 것이지, 이들 모순을 외면한 채 통일만을 따로 추구하는 작업은 아니라는 점이다. 즉 본고에서 충분히 다루지 못한 생태계 문제라든가 남녀간의 좀더 공정하고 원만한 관계를 새로 정립하는 문제들을 일관된 관점에서 여타 과제와 결합하는 통일운동만이 분단체제론이 요구하는 민중주도의 통일작업이 될 수 있다.

이 복합적인 작업에는 '개혁'(또는 '개량')에 해당하는 사업과 '변혁'(또는 '혁명')으로 일컬어지는 사업이 두루 포함되는바, '개혁 대 변혁'의 양분법을 넘어서는 일이야말로 6월항쟁의 의미를 제대로 살리기 위해서도 필수적이다. 그런데 양분법을 넘어선다는 것은, 단지 그것이 너무 기계적임을 지적하는 일로는 부족하고, 당면한 '개혁' 또는 '변혁'의 여러 과제들이 어떻게 서로 연관되고 어떤 순차적인 해결이 가능한가에 대한 경륜을 요한다. 본디 이 양분법은 현실적으로 가능한 부분적 개량이 거의 무의미한 극한상황에서 (아니면 역으로 폭력혁명의 무분별한 전파가 우려되는 상황에서) 그나름의 전략적 효용을 갖는 일종의 수사적 표현이다. 한국의 경우, 식민지시대의 민족해방운동이나 남한의 군부독재에 항거하는 투쟁의 과정에서는 기성체제의 부분적 개선에 안주하려는 세력을 '개량주의'로 낙인찍을 명분이 충분했다고 할 수 있다.

6월항쟁 이후의 상황에서도 분단체제를 온존시킨 채 그것의 개량으로 만족하려는 분단고착론을 그런 식으로 공격해서 안될 것은 없다. 그러나 이런 상식적인 차원을 넘어 개혁과 변혁 사업의 절묘한 결합을 이룩하지 못한다면 결코 허물 수 없는 것이 분단체제다. 한편으로 그것은 체제로서 건재하는한 남북 어느 쪽에서도 극히 한정된 개량 이상을 허용하지 않는 체제이며, 따라서 남한만의 완전한 자유민주주의나 민중민주주의의 실현과 북한에서의 사회주의 달성이 모두 원천적으로 불가능한 그런 체제이다. 동시에, 남한 민주화의 계속된 진행이든 북한의 본격적인 개혁·개방이든 '개량적인' 성과가 누적됨으로써 심각하게 흔들릴 만큼 취약한 체제이기도 하다. 지난 10년간 남한 민주화의 진행은 한편으로 이 원천적 불가능성의 입증과정이면서, 다른 한편 국내의 통일운동과 세계적인 탈냉전 정세에 반응한 제6공화국의 '북방정책'이 수반함으로써만 '극히 한정된 개량'보다는 좀더 눈에 띄는 성과가 가능했음을 보여준다. 그리하여 항쟁 10주년을 맞은 오늘, 남북한 각기의 심각한 위기상황으로 분단체제 전체가 새 국면에 들어섰으며, 오랜만에 다시 활력을 찾은 한국의 민중운동도 새로운 기회를 맞이하게 된 것이다.

중·장기적 변혁의 비전 없는 개혁조치들이 누적효과를 갖기 힘들며 드디어는 반전의 위험에 놓이게 마련임은 그간의 경험으로도 드러났다. 김영삼정권의 개혁작업이 표류하고 거의 실종하게 된 데에는 일관성없는 대북정책, 특히 돌출적인 대북 강경정책으로 자기 발등을 찍은 일이 결정적이었음은 알려진 사실이다. 지역주의라는 '복병' 앞에서 우리 사회의 개혁세력·변혁세력이 무장해제되다시피 했던 것 또한, 그것이 문자 그대로 느닷없는 복병이라기보다 분단체제의 작동방식의 하나라는 확고한 인식과 그에 따른 결연한 대응이 부족했기 때문이다. 아직껏 우리 사회에 '개혁문화'가 정착되지 못했다고 앞에서 말한 것도 그런 뜻이다. 당장에 할 수 있는 개혁작업을 원칙적으로 외면하는 변혁운동이 대중의 일상 속에 터를 잡기 어려움은 물론이지만, 장기적인 변혁의 전망이 결여된 개혁운동 또한 '문화'의 차원에 이를 수가 없는 것이다. 개혁문화는 개량주의자들만이 모여서는 결코 만들어내지 못한다. 장기적 변혁의 전망을 잃었을 때 시야 밖으로 먼저 사라지는 것이 민중의 존재이며, 그런 상태에서 '민중'이 빠진 '시민'에 집착하던 개혁운동은 머지않아 '넘을 수 없는 현실의 벽'을 고백하며 주저앉게 마련이다.

　따라서 변혁의 전망은 분단체제를 넘어 당연히 그 상위체제인 세계체제까지도 대상으로 삼을 줄 알아야 한다. 이 경우에도 일정한 역사적 여건이 무르익기 전에는 부분적인 개선 이상을 허용하지 않는 것이 자본주의 세계경제요, 따라서 특정 지역에서의 혁명조차도 세계체제의 맥락에서는 개량에 불과하거나 심지어 개악일 수 있다는 인식이 중요하다. 다시 말해 분단체제의 변혁 또한 세계시장의 논리 자체를 철폐하는 세계사 차원의 변혁에는 미달하리라는 것이

냉엄한 현실인데, 그러나 이 부분적인 개선작업이 성공하기 위해서, 그리고 그것이 어쨌든 인류사회의 개선이지 개악이 안 되도록 하기 위해서, 세계체제의 실상에 근거한 변혁의 비전이 절실히 요구되는 것이다. 예컨대 흔히 거론되는 급격한 흡수통일의 위험과 연관해서도, 그에 따른 사회적 혼란이라든가 세계경제 속에서 한반도의 위상 저하 등 그것이 한민족에 끼칠 폐해만을 생각할 것이 아니라, 설령 흡수통일이 성공하여 한반도에 또 하나의 선진경제가 출현한다고 하더라도 이러한 선진경제들의 잇따른 출현이——특히 중국이 그 대열에 합류할 경우——지구환경파괴의 가속화로 인한 인류의 멸망을 초래하게 마련이라는 차원까지 사고할 필요가 있다. 그럴 때 분단체제극복운동은 전지구적 연대의 또 하나의 끈을 잡게 되며, 한반도의 통일이 인류를 위한 진정한 대안을 찾는 결정적인 이바지가 된다는 담보가 한층 굳어지는 것이다.

이처럼 변혁과 개혁의 상보적 관계를 통찰하면, 6월항쟁 이래 남한 사회의 간헐적·부분적 개혁에 대해서도 한층 높은 평가가 가능해진다. 그것은 통일의 달성이 못 됨은 물론 남한 민주화운동의 최종적 승리도 아니었지만, 민주화과정에서의 획기적인 전환점이었을뿐더러 알게모르게 분단체제변혁의 과정이었고 세계체제변혁을 향한 대장정의 일부였던 것이다. 다만 이 과정이 장차 그러한 목표로까지 이어질지 여부는 우리 스스로가 6월항쟁 10주년 및 그후의 역사를 얼마나 뜻깊은 것으로 만들 수 있을지에 좌우될 것이다. 〈1997〉

11

통일사상으로서의 송정산의 건국론

정산(鼎山) 송규(宋奎, 1900~62) 원불교 2대 종법사가 『건국론(建國論)』을 발표한 것은 1945년 10월의 일이다. 건국에 관한 경륜을 펼친 것 자체가 종교지도자로서 특이하려니와, 8·15 뒤 불과 2개월이 지난 싯점에서는 정당이나 정치인 가운데도 이만큼 구체적인 논의를 제시한 예가 드물었다고 생각된다.[1] 그러나 1948년의 남북 단독정부 수립과 뒤이은 동족간 전쟁으로 치달은 우리 현대사에서 그의 주장은 거의 받아들여지지 않았다. 바로 그랬기 때문에 6·25와 같은 민족사적 대참화를 겪어야 했다는 점에서도 『건국론』의 구체적 제언들이 당시의 상황에서 어떤 의미를 지녔는가를 재검토할 필요성은 충분하겠다. 하지만 이 발표에서는 그러한 역사적 고찰[2]보다는, 송정산의 논의가 현시국에 대해서도 여전히 의미를 갖는 것인지를 주로 통일작업에서 제기되는 쟁점들과 연관시켜 점검해볼까

---

* 1997년 10월 27일 서울에서 열린 정산종사탄생백주년기념 '남북화해와 송정산의 『건국론』' 주제 한국원불교학회 '97추계학술대회에서의 발제문을 수정·보완했다. 애초의 발제문은 『한국원불교학회회보』 제6호를 겸한 자료집에 실려 당일 배포되었고 뒤이어 월간 『원광(圓光)』 1997년 12월호에 게재되었다. 뜻깊은 자리에 문외한을 초청하여 발표의 기회를 준 한국원불교학회에 감사드린다.

한다.

1. 건국사업으로서의 통일작업

현시기 통일운동의 기본적 과제는 첫째 통일의 필요성에 대한 정확한 인식이요, 둘째 원만한 단계적 통일의 구상을 제시하는 일이다.

'통일의 필요성'이라고 하면 새삼스럽게 들릴지 모른다. 그러나 분단시대가 장기화되면서 통일에 대한 막연한 염원과는 별도로, 통일 않고도 남북 모두 잘살면 되지 않는가, 심지어는 나만 잘살면 되지 않는가라는 정서가 꽤 넓게 자리잡았고, 단일민족이라고 반드시 단일국가를 가져야 하는가라는 문제제기도 만만치 않다. 실제로 하나의 민족마다 한 개의 독립국가를 가져야 한다는 주장은 이론적 근거가 박약할뿐더러, 현실적으로도 지구상의 수많은 복수민족국가 및 다국적 민족들 사이에 일대 혼란을 불러일으키기 십상이다. 아니, 우리 한민족 자체가 이미 다국적 민족공동체로서 한반도가 통일이 되더라도 단일한 국적을 갖고 모여 살 가망은 없는 상태이다.

그러므로 통일의 필요성을 한민족의 구체적인 역사와 현재 삶에 대한 과학적 분석을 통해서 제시하는 일 또한 중요하다. 한반도의

---

1) 당시 정당들의 정강과 『건국론』의 내용을 비교한 글로 朴相權 「宋鼎山의 『建國論』에 대한 意義와 그 現代的 照明」, 『원불교사상』 19집 참조.
2) 다행히도 이날 강만길 교수가 약정토론자로 참여하여 근현대사 연구자로서 '역사적 고찰'에 해당하는 여러가지 논평을 해주었고 그 내용이 앞의 『원광』지에 「『건국론』의 역사적 이해」라는 제목 아래 기자가 정리한 형태로 수록되었다. 개고(改稿)의 기회를 맞아 강교수의 발언을 일부 소개하고 더러 나 자신의 논평을 덧붙임으로써 이 방면의 검토를 보완한다.

분단이 민족 대다수의 의사와 반대로 강요되었고 그렇게 형성된 분단현실 역시 반민주적이고 비자주적인 방식으로 지탱되어왔음을 역사적으로 밝히는 작업도 그 일환일 것이며, 오늘날 한반도에 자리잡은 두 개의 분단국가는 어디까지나 **분단**국가로서 '분단체제'의 매개를 통해 세계체제에 참여하는 특수성 내지 불구성을 지닌다는 사실을 규명하는 작업도 필요할 것이다. 이처럼 아직도 '정상적인' 국가를 이루지 못했다는 점에서 한민족은 여전히 미건국(未建國) 내지 반 건국(半建國) 상태라는 주장이 가능하다. 그리고 이 주장은 국제통화기금(IMF) 구제금융을 계기로 시작된 '경제신탁통치'의 시대에 더욱 실감되는 바 있다. 그렇다면 송정산의『건국론』을 포함한 모든 진지한 건국론이 다소간의 현재성을 여전히 지니는 상황인 셈이다.[3)]

통일의 필요성을 의심하는 논의 중에는 '통일비용'에 관한 것도 있다. 이 경우 민족통일을 논하는 마당에 그 비용을 따지는 반민족적 자세를 나무라기도 하고, 통일비용이 아무리 크다 한들 분단비용보다 더하겠느냐고 응수하기도 한다. 그런데 분단비용을 따지는 것도 돈 계산을 하는 일이니만큼 엄밀히 말하면 '반민족적'이라는 혐의를 쓸 위험은 마찬가지려니와, 그렇다고 통일이라는 대사를 놓고 비용문제를 미리 생각지 않는 것도 무책임한 처사다. 사실 근년의 통일비용론에서 정말로 문제삼아야 할 것은, 대한민국의 건국——또는 적어도 최근의 고도성장——으로 한민족의 건국사업이 완료되었

---

3) 이 점에서 본고는, 원불교 교단 내에서『건국론』을 평가하면서 대한민국의 건국과 그후 역사를 통해 송정산의 경륜이 얼마나 실현되었는지를 자랑하는 흔한 방식과는 기본적으로 다른 발상이다.

고 이렇게 완성된 나라가 북한 지역과 그 주민을 (어쩌면 과다할지도 모를 비용을 들여) 흡수할지 여부만이 남았다는 발상이다. 반면에 분단체제는 일종의 '반 건국 상태'이고 앞으로 건국사업을 잘못하다가는 민족 전체의 재앙이라는 엄청난 댓가를 치를 수도 있다는 비용론이라면 전혀 다른 이야기다. 마찬가지로 분단체제 유지에 들어가는 금전적·인간적 '비용'이 막대하지만 예컨대 전쟁에 의한 통일보다 더 많은 것은 아님을 인식하는 가운데, 그보다 적은 '비용'의 통일, 즉 분단체제의 진정한 극복에 따를 희생과 댓가를 미리 예견하고 각오를 새로이하는 일은 통일의 필요성을 재확인하는 작업의 일부일 것이다.

원만한 단계적 통일에 관해서는 남북의 정권 모두가 표면상 합의하고 있다. 그러나 실제로는 정권 안팎의 많은 사람들이 딴 생각을 가졌다고 봐야 할 것이다. 남쪽의 경우, 적어도 'IMF시대' 이전에는, 남한 주도의 '흡수통일'이 지배층의 대세였고 그것이 안 되면 차라리 분단의 영구화를 희망하고 있었다고 하겠는데, 지금은 후자가 더 힘을 얻게 되었으리라 짐작된다. 북쪽 당국 역시 궁극목표로서 적화통일을 지향하면서 현하 불리한 정세에서는 분단고착을 희망하고 있는 점에서 대동소이한 셈이다. 그러나 한반도의 분단현실을 '분단체제'로 파악하는 발상은, '남북간 대립'을 무시하지는 않으면서도 '남북한의 분단체제와 남북한 다수 민중의 대립'을 더욱 근본적인 모순으로 보는 발상이므로, 이들 민중의 한층 보람있는 삶을 가져오는 분단체제의 극복이 목표가 되고 이를 위해 민중의 주도성이 최대한 발휘되는 단계적인 통일작업을 요구하게 된다.

『건국론』 '부록'에서의 '건국 3기' 설정이나 그 바탕이 되는 '중도

정책'은 바로 이러한 통일구상과 일치하는 발상이다. 송정산이 건국에 필요한 훈련기간을 "1기 5년으로 3기"[4]를 설정한 것은 15년의 준비기간을 마치고서야 정부를 세우자는 뜻이 아니고 '건국'을 나라다운 나라를 만들어가는 하나의 긴 과정으로 파악한 까닭인데, 이는 '통일'에도 적용될 수 있는 발상인 것이다. 예컨대 정산이 이 3기의 내용을 '정치'와 '경제'로 나누어 각기

1. 훈련기　　각 계급 병력기(幷力期)
2. 정리기　　국가 집중기(集中期)
3. 완성기　　생활 균평기(均平期) (346~47면)

로 세분한 것을 문자 그대로 통일과정에 적용할 것은 아니지만, 1) 상호교류와 국가연합의 예비단계를 거쳐, 2) 연방제든 단일국가든 우리 실정에 맞는 한층 집중된 국가형태를 창출하면서, 3) 이를 통해 좀더 고른 삶으로 나아가야 한다는 분단체제극복작업의 큰 방향과 단계를 여기서 읽음직하다. 특히 우선은 중도적인 정책으로 출발

---

4) 『건국론』 제8장 1절, 박정훈 편저 『한 울안 한 이치에』 증보판(원불교출판사 1987) 343면. 그런데 이 판본은 『圓佛教教故叢刊』 제4권의 부록으로 실린 『건국론』 본문과 (한자를 줄이고 맞춤법을 현대화한 것 외에도) 일치하지 않는 데가 적지 않다. 우선 343면에서 '부록'이라는 낱말이 빠져서 '1. 건국 3기'와 '2. 요언(要言) 21조'가 '부록'이었음이 분명치 않고, '좌우익'이라든가 '공산주의' 등에 대한 언급을 다른 말로 바꾸기도 했다. 반면에 『교고총간』본의 오식을 교정한 것으로 인정함직한 대목도 있어 가늠하기가 쉽지 않았는데, 학술대회 당일 배포된 자료집에 마침 정산의 육필원고 사본이 포함되어 정확한 원본 파악에 큰 도움이 되었다. 여기서는 인용 자체는 독자가 입수하기 쉽고 읽기 편한 『한 울안 한 이치에』본을 일단 바탕으로 삼고 그 면수를 본문 중에 표시하되, 독자의 편의를 위해 더러 괄호 속에 한자를 넣었으며, 육필 사본을 불필요하게 수정했다고 생각되는 대목은 (맞춤법과 한글화, 최소한의 구두점 등을 빼고는) 원래대로 환원했다.

하여 "그간 인심의 발달 상태와 국가의 건설 상태와 재력의 평균 상태를 보아서 이상적 진보가 있는 때에는 좌우 중[5] 어느 정책이든지 용이하게 완정(完定)할 수 있을 것"이라고 하며 이를 "곧 시련(試鍊)하는 정책이요 상극이 없는 진보적 정책"(343~44면)으로 자평했는바, 이러한 유연하고 실험적인 자세는 민중의 각성과 창발적 공헌을 중시하는 통일작업에서 마땅히 본받아야 할 것이다.

2. 『건국론』과 7·4성명의 3원칙

『건국론』의 현재성을 점검하는 한가지 방법은 1972년 남북 당국이 합의한 통일원칙과 1945년의 이 문건을 대비해보는 일이겠다. 7·4 남북공동성명의 세부사항들은 채 실행도 못 되고 사문화했지만, 성명의 발표가 민중의 통일의식을 획기적으로 자극하고 남한에서의 통일논의를 크게 북돋운 것은 돌이킬 수 없는 현실로 남았다. 더구나 '자주·평화·민족대단결'의 3대 원칙은 그후의 모든 통일논의에서 중요한 하나의 준거가 되어왔고 1991년의 남북기본합의서에서도 재확인되었다.

그중 '평화'의 원칙이 『건국론』의 입장과 일치함은 더말할 나위 없다. 정산은 이미 국내 여러 세력들의 대립이 첨예하고 동족상잔의 위험마저 느껴지던 상황에서[6] 무엇보다도 평화로운 건국사업을 위

---

5) '좌우 중'은 원문과 『교고총간』본에 있지만 『한 울안 한 이치에』에서는 빠진 구절의 한 예이다.
6) 약정토론에서 강만길 교수가 지적한 바에 따르면 좌우대립이 본격화된 것은 신탁통치 문제가 대두한 12월부터로서, 『건국론』이 발표된 10월은 아직 대립이 '첨예'해지기 전이었다고 한다. 그만큼 정산의 사태파악이 더 심도있고 앞서갔다는 뜻일

해『건국론』을 썼던 것이다.

'자주'에 관한 주장도 분명하다. 예컨대 제2장 2절 '자력확립'에서 다음과 같이 말한다.

우리는 공평한 태도, 자력의 정신으로써 연합국에 똑같이 친절할지언정 자기의 주의나 세력 배경을 삼기 위하여 어느 일개 국가에 편부(偏附)하여 다른 세력을 대항하려는 이 어리석고 비루한 생각은 절대로 말아야 할 것이다. …

그런즉, 우리는 내부의 단결을 주로 하고 불편불의(不偏不依)한 조선의 정신을 새로이 찾아야 할 것이다. 만약 그렇지 못하고 이리저리 흔들리며 어느 한 쪽에 기울어진 사상으로써 호갑반을(好甲反乙)하고 호을반갑(好乙反甲)하는 행동을 취한다면 이것은 스스로 외국 간섭을 원한 것이요, 건국 사업을 방해하는 공작이라 아니할 수 없으며, 그뿐만 아니라 만약 우리로 인하여 연합국 사이에 혹 어떠한 감정(憾情)[7]이 생긴다든지 또는, 국내에 무슨 불상사가 있는 때에는 거기에 대한 죄과는 그 얼마나 클 것인가? (324면)

물론 연합국과의 관계나 연합국 상호간의 관계 모두 지금은 크게 달라졌다. 하지만 한민족의 자주성 결여가 국내의 '불상사'와 국제적인 충돌을 가져올 것을 염려한 선견도 주목할 만하려니와, '자력확립'과 함께 '대국관찰(大局觀察)'을 강조하면서 주변 강대국들에

터이며, 이 점에 대해 강교수도 찬탄의 뜻을 표했다.
7) 이 낱말은『교고총간』본과『한 울안 한 이치에』본에 모두 한글로 '감정'이라고만 나와 있어 '感情'으로 이해하는 것이 상식인데, 육필원고의 흘림체 글자는 '憾情'으로 읽는 게 옳을 듯싶고 문맥상으로도 걸맞은 듯하여 괄호 속에 명기한다.

대해서도 '중도주의'를 취할 것을 주장한 것은 오늘날 통일과정에서도 경청할 만하다. 한편으로 특정 외세를 등에 업고 통일을 해보려는 낯익은 태도를 비판하는 동시에, '자주'의 원칙을 편협하게 해석하여 맹목적인 배외주의로 치닫는다든가 대국을 읽지 못한 채 통일과정에서 참된 자주성이라기보다 객기(客氣)에 가까운 독자노선을 추구하는 어리석음을 경계하기도 하는 발언이다.

7·4성명의 '민족대단결' 원칙 또한 『건국론』에서 쉽게 찾아낼 수 있다. 격렬한 좌우대립이 예견되는 상황에서 중도주의와 중도정책을 내세우며 '국내 단결'을 최우선시한 것이 송정산이었다. "현하 정세를 직관한다면 이 중도정책이 아니고는 각계 각급(各階各級)과 각당 각파가 필경 결함 없는 제휴와 희생 없는 해결로써 한가지 건국에 귀일하기가 어려울 듯"(343면)하다는 주장이나 "건국이 있는 후에야 주의가 있고 평등도 있고 자유도 있고 이권도 있어서 우리의 행복을 우리 스스로 사용할 것이나, 만약 건국이 없는 때에는 주의와 평등과 자유와 이권을 그 누구에게 요구하겠는가"(346면)라는 호소는 사상과 이념, 제도의 차이를 젖혀두고 통일을 위해 우선 민족의 대동단결부터 하고 보자는 7·4성명의 취지에 곧바로 이어지는 것이다.

그런데 7·4성명의 3원칙 중 남쪽에서 가장 논란을 일으킨 것이 바로 이 '민족대단결' 조항이다. 사상과 이념, 제도를 초월한 '대단결'은 한편에서는 공산정권도 좋다는 '불온사상'으로, 다른 한편에서는 실질적인 내용이 결여된 무이념·무사상의 구호로 비판받아온 것이다. 이 점에서 『건국론』은 7·4성명에 비해 한결 분명한 데가 있다.

조선의 현상을 정확히 파악한 후에야 적당한 정치가 발견되리니, 그 적당한 정치는 먼저 조선의 내정을 본위로 하고 밖으로 문명 각국의 정치 방법을 참조하여 가감취사(加減取捨)하는 데에서 성안될 것이다. 만약, 내외 정세를 달관하지 못하고 어느 한 편에 고집하거나 또는, 어느 일개 국가의 정책에 맹목적 추종해서는 적당한 정치가 서지 못할 줄로 안다.

단, 민주주의의 강령만은 공동 표준으로 함. (328면)

이처럼 '민주주의의 강령'을 명시한 것은 7·4성명에서는 빠진 중요한 대목이다.

실제로 성명 내용에서 민주주의 원칙이 누락된 점과 성명의 준비 및 발표 과정에서 민주주의적 절차가 결여됐던 점은——둘다 현실적으로 불가피했다고는 하더라도——민족통일의 장전(章典)으로서 7·4성명이 지닌 중대한 결함이다. 과정의 비공개성과 서명자의 비공식성(즉 책임있는 정부 당국자라기보다 통치자의 개인 밀사 자격) 문제는 일련의 총리급 회담을 통해 성안된 남북기본합의서에 이르러 부분적으로 시정되기는 했다. 그러나 이때에도 남쪽 국회의 비준과정이 생략되는 등 미비한 바가 많았거니와, 민주주의적 통일이어야 한다는 요구는 남쪽의 '한민족공동체' 제안(1991)에 들어갔고 민간단체들에 의해 제기되었을 뿐 아직껏 정부간의 어떠한 합의에도 반영되지 못했다.

이는 물론 남북 모두가 '민주주의'를 표방하면서도 그 해석이 너무나 달라서 이 문제를 끌어넣는 것이 협상에 도움이 안 되기 때문이기도 하지만, 남북의 상이한 민주주의 해석마저 그 지역에서 제대

238

로 실현되지 못하는 상황이어서 당국자들이 내용있는 '민주주의의 강령'에 합의할 성의가 있는지도 의심스럽다. 그럴수록 이 문제는 민간운동 쪽에서 지속적으로 제기하고 언젠가는 남북 민중간에 구체적인 합의가 형성되어야 할 것이다. 그 합의내용을 미리 못박고 들어갈 필요는 없다. 그러나『건국론』의 '정치' 장에서 '1. 조선 현시에 적당한 민주국 건설'에 잇따라 나오는 '2. 중도주의의 운용' 원칙이라든가, 일정한 지방자치를 포함하는 '3. 시정 간명(施政簡明)', 법치에 기반한 '4. 헌법 엄정' 등의 원리와 비슷한 수준의 민주주의 개념이 시발점으로서는 적절할 듯싶으며, '5. 훈련보급'과 '6. 실력양성' 또한 50년이 지난 오늘에도 여전히 절실한 요구임이 분명하다.[8]

정산의 이러한 건국구상은 통일원칙으로서도 앞서 말한 '불온사상'론이나 '무사상'론에 만만찮은 응답을 포함하고 있다 하겠다.

---

8) 다만 마지막으로 '7. 종교장려'를 논한 것은 비종교인들의 입장에서 어떻게 들을지 의문의 소지가 있다. 그러나 이 대목 또한 무조건적인 종교장려와는 판이한 발상으로서, "또는, 종교를 믿는 자 중에도 혹은 미신에 침혹(沈惑)하고 혹은 편심(偏心)에 집착해서 국민의 참다운 생활과 대중의 원만한 도덕을 널리 발휘하지 못한 바 있나니, 이를 신중히 검토하여 국민지도에 적당한 종교 등을 장려하여(그 반면에 부적당한 종교 등은 개선 또는 금지함도 가함) 정치와 종교가 서로 표리가 되어 치교병진(治敎幷進)하면 이것이 또한 국가의 만년 대계의 하나가 아닌가 한다"(330~31면)라고 한 것은 오히려 종교인들로부터 반발을 사기 쉬운 제안이다. 여기에는 '정교동심(政敎同心)'이라는 송정산 특유의 사상——옛날 신정주의(神政主義)식의 교정일체(敎政一體)는 아니면서 현대 민주주의의 일반적 원리인 완전한 교정분리 및 상호불간섭주의와도 다른 사상——이 깔려 있으며, 이른바 선천시대(先天時代)의 종교들에 대한 비판의식도 엿보인다.

3. '민주주의 강령'의 사상적 기반

'민주주의의 강령'을 덧붙이더라도 구체적인 실천방안을 제시하는 문제가 남을뿐더러 더욱 중요한 것은 민주주의의 정확한 내용과 그 이론적 근거가 무엇이냐는 문제이다. 실제로 '민주주의'는 오늘날 너나없이 내세우는 명분으로서 현대판 바리새인들의 말치레처럼 되었다. 아니, 민주주의에 대해 그나름으로 깊이 생각하고 몸소 실행하는 사람들의 경우라도, '민'의 참된 자각과 훈련의 바른 길이 전제되지 않는한 민주주의는 실상 위험천만한 사상인 것이다.

『건국론』은 분단체제 성립 전에 씌어진 것이므로 분단체제극복의 구체적인 방안을 거기서 기대할 수 없음은 물론이려니와, 민주주의 개념에 대해서도 정면으로 다루는 바가 없다. 다만 앞서 지적했듯이 새로 건설할 나라의 정치에 대한 이런저런 제언에서 '조선 현시(現時)에 적당한 민주국'에 대한 정산의 구상을 짐작할 수 있을 뿐이다. 동시에 『건국론』이 8·15 직후의 싯점에서 정치나 교육뿐 아니라 국방·건설·경제 등 여러 분야에서 '긴급대책'까지 포함한 구체적인 방안들을 제시하고 있음은 주목할 일이다. 이들 방안이 당시의 현실에 얼마나 적절했는지는 별도의 연구가 있어야겠지만, 이러한 현실적인 자세가 과연 그나름의 확고한 사상적 원리에 근거한 것이었고 그러한 원리와 긴밀한 연관을 맺고 있었다면 오늘의 싯점에서도 그만큼 참고할 바가 많을 것이다.

송정산의 사상적 원리라면 물론 원불교 교리일 터이다. 그러나 『건국론』에서는 교리에 관한 직접 언급은 당연히 피했고, 건국사업에서 "정신으로써 근본을 삼"아야 한다는 주장에서 종교인다운 면모를 드러낼 뿐이다.

> 그[건국론의] 요지는 정신으로써 근본을 삼고, 정치와 교육으로써 줄기를 삼고, 국방·건설·경제로써 가지와 잎을 삼고, 진화의 도로써 그 결과를 얻어서 영원한 세상에 뿌리깊은 국력을 잘 배양하자는 것이니, … (제1장 緒言, 321면)

그런데 이러한 자세가 종교지도자들에게서 흔히 보듯이 원론적인 호소에 그친 것이 아니고, '줄기'와 '가지와 잎' 등에 이르기까지 일관되고 비교적 상세한 논의로 이어졌음은 지적한 대로다.

이 점에서 우선 『건국론』의 정신 강조는 통상적인 의미의 정신주의나 '도덕재무장운동'류의 도덕주의와 성격을 달리한다. 이는 원불교 『정전(正典)』에서 "정신이라 함은 마음이 두렷하고 고요하여 분별성과 주착심이 없는 경지를 이름이요"(교의편 4장 1절 1)라고 했듯이 '정신'에 대한 이해가 정신주의의 그것과 기본적으로 다르다는 점과 무관하지 않은데, 이런 의미의 정신은 곧 '영육쌍전(靈肉雙全)'의 경지요 그러한 정신의 수양은 곧바로 구체적인 실행 즉 '작업취사(作業取捨)'로 이어지는 것이다.

수양을 근본으로 삼으면서 구체적인 경세방안을 내놓는 이러한 자세는 유교적 덕치주의를 상기시키는 바도 있다. 실제로 정산은 유학의 전통 속에서 자란 인물이기도 하다. 그러나 원불교인으로서 정산은 '덕치' 이전에 '도치(道治)'를 강조하는 입장이었음을 간과해서는 안될 듯하다.

다스리고 교화하는 도에는 여러 가지가 있을 것이나 강령을 들어 말하자면 첫째는 '도로써 다스리고 교화함'이니, 모든 사람으로 하여금 각각 자기의 본래 성품인 우주의 원리를 깨치게 하여 불생 불멸과 인과보응의 대도로 무위이화의 교화를 받게 하는 것이요, 둘째는 '덕'으로써 다스리고 교화함이니, 지도자가 앞서서 그 도를 행함으로써 덕화가 널리 나타나서 민중의 마음이 그 덕에 화하여 돌아오게 하는 것이요, 셋째는 '정(政)'으로써 다스리고 교화함이니, 법의 위엄과 사체(事體)의 경위로 민중을 이끌어 나아가는 것이라. 과거에는 이 세 가지 가운데 그 하나만을 가지고도 능히 다스리고 교화할 수 있었으나 앞으로는 이 세 가지 도를 아울러 나아가야 원만한 정치와 교화가 베풀어지게 되나니라.

(『정산종사법어』〔이하 『법어』〕 「世典」 제6장 '국가' 2)[9]

이는 단순히 정산이 의지하는 '도'가 궁극적으로 유교보다 불교에 맥을 대고 있음을 지적하려는 것이 아니다. 유교의 덕치주의는 민(民)을 위한 정치이기는 하나 기본적으로 지도자 위주의 발상인 데 반해, 『건국론』의 '민주주의 강령'은 "모든 사람으로 하여금 각각 자기의 본래 성품인 우주의 원리를 깨치게" 해주는 한층 평등주의적인 도를 요구하는 것이다. 동시에 유교의 덕치주의가 대체로 폄하해온 법가(法家)식 '정치'를 아울러 포용해야 한다고 주장한 점도 주

---

9) 『법어』 도운편(道運篇) 30장에는 이런 말이 나오기도 한다. "과거의 도는 주로 천하 다스리는 도로써 평천하에 이르게 하려 하였으나, 미래에는 평천하의 도로써 근본을 삼고, 천하 다스리는 도를 이용하여 평천하에 이르게 할 것이니, 천하 다스리는 도는 정치의 길이요, 평천하의 도는 도치·덕치의 길이니라."(『원불교전서』 986면)

목을 요한다.

그러므로 정산의 경세사상을 개화기의 동도서기론(東道西器論)에 너무 쉽게 접맥시키려는 경향은 재고할 필요가 있다.[10] 물론 그의 사상 형성에 동도서기론이 얼마나 영향을 미쳤는지는 연구해볼 문제지만, 정산사상 자체를 현대판 동도서기론으로 보는 것은 그 의의를 지나치게 제약하는 결과가 된다. 유·불·선(儒佛仙)의 통합을 시도한 최수운(崔水雲)의 '동학' 자체가 이미 전통적인 '동도'에 대해서도 '개벽'을 단행한 셈인데, 유·불·선뿐 아니라 서양의 그리스도교와 현대과학까지 두루 아우르고자 한 정산이나 그의 스승 소태산(少太山) 박중빈(朴重彬)의 입장을 '서양의 물질문명 대 동양의 정신문명'이라는 틀로 접근하는 것은 적절치 못할 듯싶다.[11]

---

10) 이런 주장의 예로 韓鍾萬 「鼎山宗師의 『建國論』 考」, 『원불교사상』 15집, 413~14면 및 金基圓 「鼎山宗師의 生涯와 思想」, 『圓佛教70年精神史』, 304~305면 참조.

11) 불교·유교·도교 외에 '과학의 진수'까지 "모든 진수를 아울러 잘 활용"할 것을 주장한 『법어』 도운편 31장, "세계의 삼대 종교라 하는 불교와 기독교와 회교" 외에 "유교와 도교 등 수많은 기성 종교"와 세계 각처의 신흥종교들까지 모두 "그 근본을 추구해본다면 근원되는 도리는 다같이 일원의 진리에 벗어남이 없"다는 '동원도리(同源道理)'를 설파한 35장 등 참조. 물론 정산 자신이 '서양의 물질문명' '동양의 정신문명' 등의 표현을 쓰기도 했지만 그때도 내용과 취지는 동도서기론과 판이하다. "지금은 동서양이 두루 통하는 시대라, 모든 법을 한 법으로 융통시켜야 하나니라. 물질문명은 서양이 위주니 기회 따라 바꾸어 오고, 정신문명은 동양이 위주니 기회 따라 바꾸어 주면 이 세상이 전반 세계가 되리라. 대종사는 동서양의 대운을 겸하셨나니, 대종사의 도덕이 세계를 주재하게 될 것이며, 개벽의 공덕이 시방으로 미처 가나니, 곧 일원 대도가 시방 공덕이 되리라."(『법어』 遺囑篇 5)

4. 통일운동에서의 '정신'과 '수양' 문제

이러한 점들로 미루어, '정신'으로 근본을 삼자는 정산의 주장을
단지 종교인의 '거룩한 말씀'으로 치부하기는 어렵겠다. 물론 사람
마다 수양이 완벽해진 후에야 통일을 할 수 있다는 입장이라면 이는
통일이건 건국이건 아무것도 하지 말자는 이야기나 다를 바 없다.
하지만 그러한 절대적인 선후관계가 아니라 일의 본말로서 어느정
도의 정신자세 확립이 근본이 된다는 주장이라면 이는 얼마든지 용
납할 만한 주장이며, 그 실제 내용이 얼마나 사리에 맞느냐가 문제
일 따름이다.[12] 예컨대 『건국론』 제2장 '정신'에서 가장 앞세운 '1.
마음 단결' 대목에서 단결의 장벽으로 꼽은 열 가지를 오늘의 싯점
에서 다시 음미해볼 필요가 있겠는데, 좀 길지만 전문을 인용해본
다.

1은 각자의 주의에 편착(偏着)하고 중도(中道)의 의견을 받지 아
니해서 서로 조화하는 정신이 없는 것이요
2는 각자의 명예와 아상(我相)에 사로잡혀서 사기존인(捨己尊人)
하는 마음을 가지지 못한 것이요

---

12) 정산은 "측량하는 사람이 먼저 기점을 잡음이 중요하듯이 우리의 공부 사업에도
기점을 잡음이 중요하나니, 공부의 기점은 자기의 마음공부에 두고, 제도의 기점
은 자신의 제도에 둘지니라"고 하면서도 곧이어, "그러나, 자신을 다 제도한 후에
남을 제도하라는 말은 아니니, 마음공부에 근본하여 모든 학술을 공부하고, 자신
제도에 힘쓰면서 제도 사업에 힘을 쓰라 함이니라"고 덧붙이기를 잊지 않는다(『법
어』務本篇 13).

3은 불같은 정권야욕(政權野慾)에 침혹(沈惑)하여 대의정론(大義正論)을 무시하는 것이요

4는 그에 따라 시기와 투쟁을 일으키며 간교한 수단으로써 대중의 마음을 현란케 하는 것이요

5는 사체(事體)의 본말을 알지 못하고 일편의 충동에 끌려서 공정한 비판력을 가지지 못한 것이요

6은 지방성과 파벌 관념에 집착하여 대동(大同)의 정신을 가지지 못하는 것이요

7은 남의 세과(細過)를 적발하고 사혐(私嫌)과 숙원을 생각하여 널리 포용과 아량이 없는 것이요

8은 사심과 이욕이 앞을 서고 독립에 대한 정성이 사실 철저하지 못한 것이요

9는 그에 따라 진정한 애국지사의 충정(衷情)을 잘 받아들이지 못하는 것이요

10은 단결의 책임을 남에게 미루고 각자의 마음에는 반성이 없는 것이니… (322~23면)

8·15 직후의 혼란기는 또 그렇다 치더라도 남북 모두 '건국'을 마친 지 반세기가 지난 오늘까지도, 남북 사이에서뿐 아니라 각기 내부에서도 이런 장벽들이 너무도 많이 남아 있는 것이 아닌가? 예컨대 남쪽의 경우 "지방성과 파벌 관념"은 바로 작금의 선거에서도 뼈저리게 확인한 바이고 "사체(事體)의 본말을 알지 못하고 일편의 충동에 끌"린 판단과 행동들은 금융파탄의 과정에서 무수히 드러났다. 동시에 이러한 잘못을 지적하는 순간일수록 "단결의 책임을 남에게 미루고 각자의 반성이 없는 것이니"라는 조항이 자신에게 적용되지

않는지 반추해볼 일이다.

정산이 1945년의 싯점에서 우리 국민들의 병폐를 지적한 발언이 지금도 대부분 유효하다면, 통일을 위한——적어도 분단체제를 제대로 극복하는 통일을 위한——요건도 여전히 미비하다는 말이 되겠다. 여건이 미비하니 통일운동마저 뒤로 미루자는 말이 아니라, 이 시대가 요구하는 통일작업은 민중의 정신적 각성에서 출발하고 그들의 깨달음을 더욱 확장해가는 민초들의 자발적인 움직임이 주가 되지 않고서는 아무래도 건국다운 건국을 달성하기 어렵다는 인식을 새로이하자는 것이다. 실제로 우리가 무력통일이나 한쪽의 지배층이 주도하는 일방적인 흡수통일, 아니면 합의통일이라도 외세가 주도하고 남북의 기득권세력끼리 야합하여 이들이 여전한 기득권자로 '평화공존'하고 공생하는 통일[13] 중 그 어느것도 아닌 민중주도의 분단체제극복을 달성하고자 할 때, 정산이 말하는 '마음 단결'을 이룩한 사람들이 남북을 통틀어 최소한 어느 선 이상으로는 반드시 있어야 하리라는 점은 부인하기 어렵다.

실제로 개인의 수양과 현실적으로 필요한 집단적 행동을 어떻게

---

13) 강만길 교수가 역설해온 '대등통일'은 물론 이런 야합과는 거리가 멀다(강만길 「민족통일을 모색하는 국학」, 안동대학교 국학부 편 『우리 국학의 방향과 과제』, 집문당 1997, 특히 312~14면 참조). 다만 무력통일과 흡수통일에 반대하는 그 취지에 전적으로 공감하면서도 나 자신 '대등통일'이라는 용어를 피해온 것은, 첫째는 강약의 차이와 인과의 법칙이 엄연한 세상에서 ('일방적인 흡수 또는 정복'을 배제한다는 정도가 아닌) 문자 그대로 '대등한' 타결이란 불가능한 것이니만큼 대등통일을 말하는 것이 비현실적인 기대를 조장하기 쉽기 때문이요, 둘째로 분단체제론은 '남북대립'보다 '분단체제와 남북민중의 대립'을 우선시하는만큼 통일과정에 양쪽 정부의 입장이 얼마나 반영되어야 하느냐는 것은 각자의 입장이 얼마나 민중의 이해관계에 합치하느냐에 따라 결정될 문제이며 '대등한' 반영 여부는 부차적인 사항이기 때문이다.

결합할 것인가라는 문제는 오늘날 통일운동뿐 아니라 이 시대의 모든 중요한 사회운동에서 핵심적인 과제로 부각되었다고 해도 과언이 아니다. 이미 말했듯이 각자가 온전한 도인이나 성자가 된 뒤에야 세상을 바꾸는 일에 나설 수 있다는 주장은 기존질서를 지키려는 자의 속임수에 불과하지만, 환경·생명운동과 여성운동 등 개개인의 근본적으로 변화된 생활태도를 요구하는 '새로운 사회운동들'이 중요성을 더해갈수록 제도부터 바꾸고 보자는 식의 운동이 소기의 성과를 거두지 못하며 심지어 제도를 바꾸는 데도 실패하기 일쑤임이 분명해지고 있다. 사회운동이 무엇보다 **자기교육**의 과정으로서 남도 교화하는 운동이 아니고서는 성공하기 힘든 것이다. 이 점은 분단체제극복운동에 그대로 해당되는바, 분단체제론은 남북 민중과 범한반도적 기득권세력을 대립항으로 설정하기는 하지만, 민중 또한 분단체제에 의해 분열되고 그 일상의 삶이 심각하게 왜곡되어 자기갱신을 요하는 존재로 설정하고 있는 것이다.

정신 및 수양의 이러한 중요성에 비추어 교육에 관한 『건국론』의 제언도 새롭게 관심을 끌어 마땅하다. 예컨대 '정신교육의 향상'이나 '근로교육의 실습' 등은 북에서는 편협한 노선의 주입에 치우친 반면 남의 공교육에서는 거의 무시되어왔는데, 원만한 정신에 입각한 이런 교육이 없이 통일이라는 건국사업이 제대로 진행될 수 있을지 의심스럽다.

5. 균등사회를 향하여

환경이나 여성 운동뿐 아니라 전통적인 사회운동에 해당하는 노동운동에서도 개인적인 수행이 따르지 않는 운동이 과연 노동계급의 해방을 가져올 수 있느냐는 물음이, 특히 '현실사회주의' 몰락 이후 실감을 더해가고 있다. 8·15 직후의 건국과정에서 그러했듯이 통일의 과정에서도 계급차별 등 현존하는 불평등을 어떻게 처리할 것이냐가 초미의 관심사로 떠오르는데, 불평등으로부터 이득을 보는 세력들이 기득권을 지키려고 통일과정에의 민중참여를 가급적 배제하려는 데 반해, 일부 변혁세력은 기존의 불평등이 척결되지 않는 통일은 무의미하다는 성급한 주장을 펼치기도 한다.

　『건국론』의 '결론'에서 요약하는 '중도 정책'은, "어느 계급을 물론하고 평등하게 보호하여 각자의 안정을 얻게 하는 것이요"(343면)라고 하여 당장에 계급철폐 등 혁명적인 변화는 배제하고 있다.[14] 이는 우선 대외적으로 연합국이 두루 협조하고 대내적으로도 유산자들이 어느정도 자발적으로 협력하지 않고서는 건국사업이 불가능하리라는 냉철한 현실인식에 따른 것이라고 보아야 한다. 예컨대 강만길 교수는 정산이 '일산(日産)의 처리' 항목에서 "일본인 재산은 전부 국가 소유로"(338면) 할 것을 규정하면서도 "친일파와 민족반역자들의 재산을 몰수한다"라는 해외 독립운동가 공통의 강령은 빠뜨렸음을 그의 한계로 지적했는데,[15] 직접적인 언급을 피한 것은 일종

---

14) 혁명적 변화의 수용 여부를 떠나 계급문제에 관해 이 정도의 인식을 가졌다는 점을 강만길 교수가 토론에서 칭찬한 것은 타당하다고 본다. 다만 '각계 각급(各階各級)'이라는 표현에서도 보듯이 정산은 '계급'을 현대 사회과학에서 대체로 이해하듯이 사회구성 속에서의 경제적 위치에 따라 결정되는 계급으로 국한해서 말한 것은 아닌 듯하다.

15) 『원광』지 게재 「『건국론』의 역사적 이해」에는 "이 점이 바깥에서 독립운동을 하던 사람과 국내에서 종교활동을 하던 종교지도자와의 차이가 아닌가 생각합니다"(113면)라고만 정리되어 있는데, 현장에서 강교수의 발언은 종교지도자로서의 한계를 지적하는 취지였다고 기억한다.

의 방편인지 몰라도, "유산자의 자발적 선심으로써 공도기관(公道機關)이 점차 증장되고 그에 따라 인민의 생활이 자연적 평균해지게 하는 것이요"(343면)라는 말이나 '각 구역 공익재단 건설'에 관한 제안(337면)에서 엿보이듯이 정산은 '몰수'와는 다른 길을 구상했음이 분명하다. 이것이 민족의식 또는 계급의식의 한계로 비판받을 소지도 물론 있지만, 당시 미국의 존재를 포함한 국제정세와 국내의 세력판도를 올바로 읽은 '대국 관찰'의 결과이자 '진화의 도'에 대한 그나름의 경륜이 실린 처방임을 무시할 수 없다. 특히 죄질이 나쁜 범죄자들에 대한 (재산몰수를 포함한) 징치는 그도 반대하지 않았을 터이려니와, 나머지 친일분자들의 경우는 자발적인 헌납——물론 여론의 압력에 굴복한 자발성인 경우가 많겠지만——을 유도하여 공익재단을 설립하는 길이 실익 면에서 월등했을 뿐 아니라 민족정기를 바로 세우는 데에도 반민특위(反民特委, 반민족행위특별조사위원회)의 좌절을 겪는 것보다는 더 효과적이었을 것이라는 추론이 가능하다.

  좀더 근본적인 문제는 평등의 의미와 그 전제조건에 대한 정산의 원칙적인 견해이다. 즉,

  공산주의[16]로 말하면, 인류의 공도 생활에 근본 신성한 사상이거늘 그것을 잘못 이해하는 자는 우선 남의 이권을 무시하고 무상 취득(無償取得)하는 데에만 정신이 어둡게 되나니, 이것이 어찌 공산의 원리리오. 공산의 원리는 먼저 우주의 공도를 깨쳐서 자기 사유에 애착 없

16) 『한 울안 한 이치에』본에는 '공산주의' 대신 '평등 사상이나 주의'로 되어 있고, 아래 '공산의 원리'가 두 번 나오는 것도 각기 '균등사상의 원리'와 '평등사상의 원리'로 고쳐졌다.

는 정신을 가지며 노력(勞力)의 댓가 없이는 의식을 구하지 않는 의
무를 잘 인식하는 데에서 진실한 가치가 드러나며 (344면)

라고 했듯이 다수 민중의 수준높은 정신수양이 갖춰지기 전에 강압
적으로 물질적 평등부터 구현하고 보자는 '현실사회주의식' 방법은
잘못되었다고 보는 것이다.[17] 실제로 현실사회주의 실험의 실패는
바로 평등사상의 그러한 '진실한 가치'를 드러내지 못한 결과라는
해석이 오늘날 적지 않은 설득력을 지니고 있다.

이처럼 균등사회 실현의 노력에 있어 높은 도덕성을 요구하는 논
리가 한국을 포함한 전세계 불균등사회의 기득권자들 귀에 너무도
달콤하게 들릴지 모른다. 그러나 정산은 저들이 곧잘 내세우는 자유
에 관해서도, "생활의 자유를 좀 구속한 중에도 공로자의 대우를 분
명히 하여 공사간 진화의 도를 얻게 하는 것이다"(343면)라는 식으로
일정한 공적 규제와 개입을 요구할뿐더러, 자유주의 자체를 두고는,

자유주의로 말하면, 인류의 평등 원칙에 가장 발달된 사상이거늘 이
것을 잘못 이해하는 자는 우선 누구의 제재를 받지 아니하고 자행자
지(自行自止)하여 궤도없는 생활에 빠지게 되나니, 이것이 어찌 자
유의 원리리오. 자유의 원리는, 먼저 각자의 마음이 공중도덕과 통
제생활에 위반되지 아니할 만한 정도에 있으며, 남의 정당한 의견, 정
당한 권리를 침해 구속하지 않는 데에서 문명의 가치가 있는 것이며

(344~45면)

---

17) "물질 위주로 균등 사회가 되겠는가. 공도 정신이 골라져야 균등 사회가 되고, 투
쟁 위주로 평화 세계가 되겠는가. 은혜를 서로 느껴야 참다운 평화 세계가 되나니
라."(『법어』 도운편 19)

라는 대목 들에서 신보수주의는 물론 고전적 자유주의관과도 크게 다른 입장을 취하고 있다. 자유와 평등에 대한 송정산의 이러한 해석은 분단체제극복운동의 이념으로서도 손색이 없다고 생각된다.

이 원리에 입각해서 제시한 '중도 정책'들은 그의 말대로 "좌익사상가[18]에서는 너무나 보수적이라고 비평할 수 있고, 우익사상가에서는 또한 자유구속이라는 관념을 가질지도"(343면) 모르는 것이었으며, 실제로 좌우 남북 어느 쪽에서도 받아들여지지 않았다. 아니, 자유민주주의를 표방한 남한 자체에서 『건국론』은 오랫동안 공론화되기 힘든 '불온한' 문건이었다. 그러나 돌이켜볼 때, **만약에** 좌우합작을 통한 통일국가의 건설이 가능했다면 그 정책은 정산이 말한 '중도'에서 크게 벗어나지 않는 것이었을 테고 전제조건은 정산이 강조한 '마음 단결' 등 '정신'을 바로잡는 일이었을 것이라는 추론이 그리 어렵지 않다. 또한 그렇게 하여 세워진 나라라면 즉각적인 실현은 아니더라도 균등사회와 자유세상, 평화세계를 이룩하는 방향으로 큰 발걸음을 내디뎠으리라고 족히 짐작되는 바 있다.

그런 방향으로 가지 못하고 참혹한 전쟁과 오랜 분단의 고통을 당한 것이 우리 민족의 불행이자 인류사회의 불행이기도 하다. 그러나 시련을 겪어낸 덕에 우리는 분단체제의 극복을 통해 다시 한번 건국다운 건국을 추진할 수 있는 자리에 섰다. 그 방편은 '현하 정세'에 맞춘 우리 시대 나름의 중도정책이어야 할 것이며, 이를 실행하기 위한 훈련과 준비를 지금부터 다그쳐야 할 것이다.

〈1997, 개고 1998〉

---

18) 이 대목의 '좌익사상가'와 다음 줄의 '우익사상가'는 『한 울안 한 이치에』본에 '한편에서는… 한편에서는'으로 바뀌어 나온다.

참고문헌

*원불교 및 원불교학 관계 문헌으로 국한했음

金基圓「鼎山宗師의 生涯와 思想」, 원불교성업봉찬회 엮음『圓佛教70年
　　精神史』(원불교출판사 1989).

金永斗「원불교 통일노력의 상황과 平和統一思想」,『圓佛教思想』19집
　　(원광대학교 원불교사상연구원 1995. 12).

_____「宋鼎山『建國論』사상의 재조명」,『圓佛教學』창간호(한국원불
　　교학회 1996).

김용욱「통일한국의 이념과 체제」, 국제학술대회 자료집『21세기 한민족의
　　전망』(원광대학교 1996. 11).

朴相權「宋鼎山의『建國論』에 대한 意義와 그 現代的 照明——建國期
　　政黨들의 政綱과의 비교를 중심으로」,『원불교사상』19집.

朴正薰 편저『한 울안 한 이치에』증보판(원불교출판사 1987).

朴瑩鶴「鼎山宗師의 해방전후의 外勢인식」,『원불교사상』15집(원광대학
　　교 원불교사상연구원 1992).

圓光大學校 圓佛教思想研究院 편『鼎山宗師의 思想』(원불교출판사
　　1992).

『圓佛教全書』(1977; 22판, 원불교출판사 1995).

韓基斗「鼎山의 思想」, 崇山朴吉眞博士古稀紀念事業會 편『韓國近代
　　宗教思想史』(원광대학교 출판국 1984).

韓鍾萬「鼎山宗師의『建國論』考」,『원불교사상』15집.

원문출처

1. 분단체제극복운동의 일상화를 위해: 안동대학교 제2회 한국학 국제학술 대회 발표논문(1997. 10, 원제「분단체제극복을 위한 통일운동의 일상화」); 개고
2. IMF시대의 통일사업: 새 원고
3. 김일성 주석 사망 직후의 한반도 정세와 분단체제론:『창작과비평』85호, 1994 가을(원제「분단시대의 최근 정세와 분단체제론」)
4. 민족문학론·분단체제론·근대극복론:『창작과비평』89호, 1995 가을
5. 분단체제극복과 생태학적 상상력: ‘FRONT DMZ’ 국제학술대회 발제문 (서울 1995. 8); 이 반 엮음『비무장지대의 과거·현재·미래』(비무장지대 예술문화운동협의회 부설 비무장지대미술연구소 1995, 비매품)
6. 개혁문화와 분단체제:『황해문화』11호, 1996 여름
7. 독일과 한반도 통일에 관한 하버마스의 견해: 한상진 엮음『하버마스의 한국방문 7강의: 현대성의 새로운 지평』(나남 1996)
8. 21세기 한민족공동체의 가능성과 의의: 원광대학교 개교50주년기념 국 제학술회의 자료집『21세기 한민족의 비전』(1996. 10)
9. 김영호씨의 분단체제론 비판에 관하여:『내일을 여는 작가』1997년 1·2월호
10. 6월민주항쟁의 역사적 의의와 10주년의 의미: 학술단체협의회 엮음『6월민주항쟁과 한국사회』1권(당대 1997)
11. 통일사상으로서의 송정산의 건국론:『한국원불교학회회보』6호(1997); 개고

찾아보기

흔들리는 분단체제

ⓒ 백낙청 1998

초판 1쇄 발행 / 1998년 6월 20일
초판 7쇄 발행 / 2017년 9월 7일

지은이 / 백낙청
펴낸이 / 강일우
펴낸곳 / (주)창비
등록 / 1986년 8월 5일 제85호
주소 / 10881 경기도 파주시 회동길 184
전화 / 031-955-3333
팩시밀리 / 영업 031-955-3399 편집 031-955-3400
홈페이지 / www.changbi.com
전자우편 / human@changbi.com

ISBN 978-89-364-8501-6 03300